LATIN AMERICAN SERIAL DOCUMENTS

LATIN AMERICAN SERIAL DOCUMENTS

A HOLDINGS LIST

Volume 6: BOLIVIA

Compiled by
ROSA QUINTERO MESA
Latin American Documents Librarian

University of Florida Libraries
Gainesville, Florida

R. R. Bowker   New York & London   1972

Published by R. R. Bowker Co. (a Xerox company)
1180 Avenue of the Americas, New York, N.Y. 10036
Copyright © 1972 by Xerox Corporation
International Standard Book Number: 0-8352-0519-3
International Standard Serial Number: 0000-0108
Library of Congress Catalog Card Number: 73-180800
Printed and bound in the United States of America

CONTENTS

INTRODUCTION

This volume on Bolivia is the sixth in the projected series of nineteen volumes entitled Latin American Serial Documents. Each volume is an inclusive bibliography showing holdings in the United States and Canada for as many serial documents as could be identified for the country covered from the time of the country's formation (or from the date of independence).

These bibliographies are the result of a cooperative effort of the sixteen U. S. universities with the most extensive Latin American collections and the New York Public Library and the Library of Congress. They grew as a result of a request for the compilation of an official serials bibliography at the Sixth Seminar on the Acquisition of Latin American Library Materials (SALALM) in 1961. At the eighth SALALM meeting in Madison, Wisconsin, in 1963, the University of Florida presented the preliminary volumes for Colombia, Brazil and Venezuela. A resolution was made formally asking the University of Florida to continue these bibliographies, a request which Mr. Stanley L. West, who was then Director of Libraries at the University of Florida, agreed to heed if funding were possible. In 1964 the University of Florida Libraries, in conjunction with that University's Center for Latin American Studies, presented a grant request to the Ford Foundation, which was duly approved in December, 1964.

We began the work on these bibliographies in 1961 by noting first the serial holdings at the University of Florida. After this was completed, basic bibliographies in the area were checked. These include among others James Child's Guide to the Official Publications of the Other American Republics, Winifred Gregory's List of the Serial Publications of Foreign Governments, A Union Catalog of Books Represented by Library of Congress Printed Cards, and the National Union Catalog, Union List of Serials, Irene Zimmerman's Guide to Current Latin American Periodicals, the University of California (Berkeley) Library's Spain and Spanish America in the Libraries of the University of California, as well as regional lists from each country.

With the receipt of the Ford Foundation grant, the second phase of the project was started. Once the comprehensive list for a country had been developed at the University of Florida, it was sent to the Farmington Plan Library for that country and to those libraries having strong collections in the area. These libraries indicated holdings for the items on the University of Florida list and added to the list other titles not previously included. The New York Public Library was kind enough to send its complete Latin American documents file so that its holdings could be included. All lists were also checked by the Library of Congress. It should be noted that holdings are given for all libraries showing holdings in union lists such as the N.U.C., U.L.S., N.S.T., etc. as well as for the sister libraries which cooperated by checking lists.

In these bibliographies a rather broad interpretation of documents is used. Governmental agencies are included whether they are judicial, executive, or legislative. Publications of national museums, national libraries and national universities are cited, as well as those of agricultural experiment stations if they depend on either the national universities or the ministries of agriculture. Autonomous entities organized or financed by the federal government are also in these lists. Newspapers and publications of inter-american or international organizations are excluded. Provincial or municipal publications are not included, nor are the printed works of those scientific and cultural institutions which are not dependent on the federal government. The organization manual of each country was the authority whenever one was available.

The arrangement is by an alphabetical order of authors or titles. In cases of confusion the Library of Congress <u>Catalog of Authors</u> was given preference, except when it differed from the entry of the University of Florida. Many cross-references have been made when there was a problem of correct entry.

For each title the following data, in the following order, is given:

A. Author and title, or title and agency where it is a title entry

B. Beginning date of the serial

C. Place of publication

D. Frequency

E. Informative notes about the publication (change of title, change in numbering, change in the name of the issuing agency, change in frequency, temporary suspension, etc.)

F. Major holdings in U. S. and Canada.

It should be emphasized that these lists are the result of a cooperative effort of many institutions. Each list has been checked by a minimum of three institutions and holdings for these institutions indicated. In each case (except three) the library having responsibility for the Farmington Plan, the University of Florida, the New York Public Library, and the Library of Congress files have been included as well as other libraries which had strong collections. The principal libraries which helped are the University of California at Los Angeles, University of California at Berkeley, U. S. National Agricultural Library, Library of Congress, Columbus Memorial Library (Pan American Union), University of Florida, University of Illinois, University of Kansas, Tulane University, Harvard University, Duke University, University of North Carolina, Cornell University, New York Public Library, Columbia University, Syracuse University, University of Texas, University of Arizona, Yale University and University of Virginia.

The initial sequence which included Colombia, Brazil, Cuba, and Mexico was concluded last year. Of the rest of the volumes for the countries of South America, Argentina and now Bolivia have appeared and the rest will follow in alphabetical order: Chile, Ecuador, Paraguay, Peru, Uruguay, and Venezuela. The final volumes will be for the Dominican Republic and Haiti (in one volume) and then Costa Rica, El Salvador, Guatemala, Honduras, Nicaragua and Panama.

Each volume carries a short listing of general bibliographies checked, plus a list of regional bibliographies checked for that particular country.

These volumes represent only a part of the effort of the University of Florida to identify the official serial publications of Latin America and show what is available in the United States. Once the organizing and identifying is fairly well accomplished, it is our goal to acquire those items now lacking in our holdings wherever possible, giving more complete access to titles in this difficult area. It is hoped that as these volumes are used, other collections will be reported so that bibliographic information can be improved. Any suggestions for additions and corrections to these bibliographies will be welcomed.

Thanks are due, of course, to Mr. Stanley West, Director of Libraries from 1948 to 1968, who was very instrumental in obtaining the grant for this project, and to Dr. Gustave A. Harrer, his successor, and University Microfilms, Inc. who have continued the support we have needed. Finally, credit must be given to my assistant, Mrs. Myrtle Bracewell, who has worked so diligently typing all of the thousands of pages thus far produced.

Rosa Quintero Mesa
Latin American Documents Librarian
University of Florida

Gainesville, Florida
October 5, 1971

Arboleda-Sepúlveda, Orlando.
  Directorio de las publica-
  ciones periódicas de la Biblio-
  teca Conmemorativa Orton.
  Turrialba, Costa Rica,
  Instituto Interamericano de
  Ciencias Agrícolas, Centro de En-
  señanza e Investigación, 1966.

Banco Central de Venezuela, Caracas.
  Lista de las revistas recibidas.
  Extranjeras. In: (Its Boletín
  bibliográfico, 1946-)

Bibliografía de Centroamérica y del
  Caribe, Argentina y Venezuela 1956-
  Habana, 1956-

Bibliografías corrientes de la América Latina. 1962- . Medellín,
  Colombia, Ediciones Anuario Bibliográfico Cubano.

California. University. Library.
  Spain and Spanish America in the
  Libraries of the University of
  California, a catalog of books...
  Berkeley, California, 1928-30.

A Catalog of books represented by
  Library of Congress printed cards
  issued to July 31, 1942. Ann Arbor,
  Michigan, Edwards Bros., 1942-46.

Childs, James Bennett.
  Government document bibliography
  in the United States and elsewhere.
  3rd edition. Washington, Govt.
  Print. Off., 1942.

Childs, James Bennett.
  The memorias of the republics of
  Central America and of the Antilles...
  Washington, U. S. Government Printing
  Office, 1932.

Estadística. 1943-
  Washington, Inter-American Statistical Institute, 1943-

Handbook of Latin American Studies,
  a guide to the material published
  in 1935- by a number of scholars.
  Cambridge, 1936-

Indice general de publicaciones
  periódicas latinoamericanas; hu-
  manidades y ciencias sociales.
  Index to Latin American periodicals;
  humanities and social sciences.
  1, Jan./Mar. 1961- Boston, G. K.
  Hall, 1961-

Inter-American book exchange, Washington, D. C. Index to Latin American books, 1938- Washington, D. C.,
  The Inter-American book exchange, 1940-

Inter-American Statistical Institute.
  Bibliography of selected statistical
  sources of the American nations.
  Bibliografías de fuentes estadísticas
  escogidas de las naciones americanas.
  1st ed. Washington, 1947.

Inter-American Statistical Institute. Monthly list of publications received. Washington, 195 - (Issues 1958-1967)

International Committee for Social Sciences Documentation. Etude des bibliographies courantes des publications officielles nationales: guide sommaire et inventaire. A study of current bibliographies of national official publications: short guide and inventory. Redacteur: Jean Meyriat. [Paris] UNESCO [1958]

Jacobs, Katharine, comp. List of serials currently received in the Library of the U.S. Department of Agriculture, November 1, 1949. Washington, U.S. Govt. Print. Off., 1950.

Jones, Cecil Knight, 1872- A bibliography of Latin American bibliographies, by C.K. Jones. 2d ed. revised and enlarged by the author with assistance of James A. Granier...Washington, U. S. Government Printing Office, 1942.

LEA. Librarians, editors, authors. No. 1-12; March 1949-Feb. 1950. Washington, D. C., Pan American Union, 1949-50.

Levi, Nadia. Guía de publicaciones periódicas de universidades latinoamericanas. México, Universidad Nacional Autónoma de México, 1967.

List of the serial publications of foreign governments, 1815-1931, edited by Winifred Gregory for the American Council of Learned Societies, American Library Association, National Research Council...New York, The H. W. Wilson Company, 1932.

Medellín, Colombia. Universidad de Antioquia. Biblioteca General Hemeroteca. Catálogo de revistas extranjeras, por Arturo Ocampo Jiménez. [Medellín, 196 -].

Mexico (City). Centro de Documentación Científica y Técnica. Lista de publicaciones de su hemeroteca. México, D.F., Secretaría de Educación Pública, 1960.

The National Union Catalog; a cumulative author list representing Library of Congress printed cards and titles reported by other American libraries. 1953- . Washington, Library of Congress, 1958-

Newberry Library, Chicago. Edward E. Ayer Collection. Dictionary catalog of the Edward E. Ayer Collection of Americana and American Indians in the Newberry Library. Boston, G. K. Hall, 1961.

New serial titles: a union list of serials newly received by North American libraries. Jan. 1953- Washington, Library of Congress, 1953-

New York. Public Library. Reference Department.
Dictionary catalog of the history of the Americas. Boston, G. K. Hall, 1961-

Pan American Union.
Repertorio de publicaciones periódicas actuales latinoamericanas. Directory of current Latin American periodicals. Répertoire des périodiques en cours publié en Amérique latine. [Paris] UNESCO [1958]

Pan American Union. Columbus Memorial Library.
Catalogue of newspapers and magazines in the Columbus Memorial Library of the Pan American Union. Washington, D. C., 1931.

Pan American Union. Columbus Memorial Library.
Current Latin American Periodicals relating to the economic subjects in the library of the Pan American Union...Washington, Pan American Union, 1938.

Pan American Union. Columbus Memorial Library.
Index to Latin American periodical literature, 1929-1960. Compiled in the Columbus Memorial Library of the Pan American Union. Boston, G. K. Hall, 1962.

Pan American Union. Columbus Memorial Library.
List of books accessioned and periodical articles indexed for the month of - August 1950? - Washington, D. C., Departamento de Asuntos Culturales, Unión Panamericana, 1950-

Pan American Union. Division of Science Development.
Guide to Latin American scientific and technical periodicals; an annotated list...Washington, Pan American Union, General Secretariat, Organization of American States; México, Centro de Documentación Científica y Técnica de México, 1962.

Peraza Sarausa, Fermín, 1907-
Bibliografías sobre publicaciones oficiales de la América Latina. Gainesville, Florida, 1964. (Biblioteca del bibliotecario, 70)

Revista Interamericana de Bibliografía. Review of inter-American bibliography. v. 1, 1951-   [Washington, D.C., Pan American Union] 1951-

Rio de Janeiro. Instituto Oswaldo Cruz. Biblioteca.
Catálogo de periódicos da Biblioteca do Instituto Oswaldo Cruz. Rio de Janeiro, 1963.

Santiago de Chile. Universidad Católica. Biblioteca.
Publicaciones periódicas recibidas regularmente en las bibliotecas de la Universidad Católica. [Santiago de Chile] 1963. (Its Boletín de la Biblioteca Central y de las bibliotecas especializadas, no. 29).

Southern Regional Education Board.
A southeastern supplement to the union list of serials; a regional union list of serials commencing publication before Jan. 1, 1950, supplementing the Union List of Serials of the H. W. Wilson Co. Atlanta, 1959.

Statistical activities of the American
   Nations, 1940; a compendium of the
   statistical services and activities
   in 22 nations of the Western Hemis-
   phere. Washington, Inter-American
   Statistical Institute, 1941.

Union list of serials in libraries of
   the United States and Canada. 2d
   ed. Edited by Winifred Gregory.
   New York, H. W. Wilson Co., 1943.
   Supplement. 1st. 2d; 1941-43-1944-
   49. New York, H. W. Wilson Co.

Union list of serials in libraries in
   the United States and Canada, edited
   by Edna Brown Titus. 3d. ed. New
   York, H. W. Wilson Co., 1965.

U. S. Air University. Libraries.
   Union list of military periodicals.
   Alabama, U. S. Air Force. Maxwell
   Air Force Base, 1960.

U. S. Department of Agriculture.
   Library.
   List of serials currently received
   in the Library of the U. S. Department of Agriculture as of July 1,
   1957 compiled by Elizabeth Gould
   Davis. Washington, U. S. Department
   of Agriculture, 1958.

U. S. Library of Congress.
   Latin American periodicals currently
   received in the Library of Congress
   and in the Library Department of
   Agriculture. Charmion Shelby,
   editor. Washington, The Library
   of Congress, 1944.

Zimmerman, Irene.
   A guide to current Latin American
   periodicals: humanities and social
   sciences. [1st. ed.] Gainesville,
   Florida, Kalman Pub. Co., 1961.

Abecia, Valentín.
    Adiciones a la biblioteca boliviana
    de Gabriel René Moreno... con un
    apéndice del editor. 1602-1879.
    Santiago de Chile, Imp. Litografía
    y Encuadernación Barcelona, 1899.

Aliaga de Vizcarra, Irma.
    Bibliografía agrícola boliviana.
    La Paz, Bolivia, Ministerio de
    Agricultura, Biblioteca, 1967.

Aliaga de Vizcarra, Irma.
    Guía de publicaciones periódicas
    agrícolas y conexas de Bolivia.
    La Paz, 1968.
    (Sociedad de Ingenieros de Bolivia.
    Boletín bibliográfico no. 8).

Anuario Prensa Argentina y Latino-
    americana.
    Guía de publicaciones periódicas;
    diarios, periódicos y revistas publi-
    cados en la República Argentina,
    países latinoamericanos y España;
    publicidad. 1st ed. 1939-
    Buenos Aires, República Argentina
    [1939-

    At head of title 3rd ed: Los Diarios.
    Title varies.

Argentine Republic. Consejo Nacional
    de Investigaciones Científicas y
    Técnicas.
    Catálogo colectivo de publicaciones
    periódicas. 2 ed. Dirigido por
    Ernesto E. Gietz. Buenos Aires, 1962.

Ball, Joyce.
    Foreign statistical documents: a biblio-
    graphy of general, international trade,
    and agricultural statistics, including
    holdings of Stanford University Li-
    braries. Edited by Joyce Ball and
    compiled by Roberta Gardella of the
    Stanford University Library. Stan-
    ford, California, The Hoover Insti-
    tution on War, Revolution and Peace,
    1967.
    (Hoover Institution Bibliographical
    series: XXVIII).

Bibliografía boliviana. 1962-1969.
    Cochabamba, Editorial Los Amigos
    del Libro.

Cáceres Ramos, Hugo.
    Guía de publicaciones agrícolas de
    América Latina. Turrialba, Costa
    Rica, Instituto Interamericano de
    Ciencias Agrícolas, Centro de En-
    señanza e Investigación, 1966.
    (IICA. Bibliotecología y Documenta-
    ción, no. 10).

Chile. Direccion de Estadística y
    Censos. Biblioteca.
    Publicaciones recibidas en la
    biblioteca. no. 1; octubre 1964-
    Santiago de Chile.

Costa de la Torre, Arturo.
    Catálogo de la bibliografía boli-
    viana. Libros y folletos. 1900-
    1963.
    La Paz, Bolivia, 1966.

Costa Rica. Centro de Información Estadística.
Lista de publicaciones puestas al servicio en la biblioteca. 1; 1951-[San José]

Cumaná, Venezuela. Universidade de Oriente. Biblioteca. Instituto Oceanográfico.
Catálogo de publicaciones periódicas existentes en biblioteca del Instituto Oceanográfico, desde 1 de enero de 1964 a 18 de febrero de 1965. Cumaná, Venezuela, 1965.

Gropp, Arthur E.
A bibliography of Latin American bibliographies. (An updating of the 2nd ed. 1942 compiled by C. K. Jones in the Hispanic Foundation of the Library of Congress). Metuchen, N.J., Scarecrow Press, Inc., 1968.

Hernández de Caldas, Angela.
Publicaciones periódicas bioagrícolas latinoamericanas; un directorio. 2 ed.
Pasto, Universidad de Nariño, 1966.

Inter-American Statistical Institute.
Actividades estadísticas de las naciones americanas. Bolivia.
Washington, Unión Panamericana, 19

Irregular serials and annuals; an international directory. 1st. ed.
Edited by Emery Koltay. New York, R. R. Bowker Company, 1967.

Medellín, Colombia. Universidad de Antioquia. Biblioteca Central. Hemeroteca.
Catálogo de revistas extranjeras, por Arturo Ocampo Jiménez. [Medellín, 196-   ]

Mexico (City) Centro de Documentación Científica y Técnica.
Lista de publicaciones en su hemeroteca. México, D.F., Secretaría de Educación Pública, 1960.

Montevideo. Biblioteca Nacional. Centro de Documentación Científica, Técnica y Económica.
Guía de revistas bibliográficas científicas, técnicas y económicas. Montevideo, Uruguay, 1963.

Montevideo. Biblioteca Nacional. Centro de Documentación Científica, Técnica y Económica.
Lista seleccionada de revistas bibliográficas recibidas. Montevideo, Uruguay, 1963.

Montevideo. Biblioteca Nacional. Centro de Documentación Científica, Técnica y Económica.
Revistas latinoamericanas de economía. Montevideo, Uruguay, 1959.

Pan American Book Shelf.
v. 1-v. 11, Mar. 1938-Dec. 1948. Washington, D. C., Pan American Union, Columbus Memorial Library, 1943-48.

Pan American Institute of Geography and History.
Lista de publicaciones periódicas actualmente recibidas en la biblioteca del Instituto Panamericano de Geografía e Historia. List of periodicals currently received in the library of the Pan American Institute of Geography and History. Preparada por Lea Salinas y Salvador Galón. México, 1961.

Pan American Union. Division of Intellectual Cooperation.
Latin American journals dealing
with the social sciences and auxi-
lary disciplines. Washington,D. C.,
Division of Intellectual Cooperation, Pan American Union, 1941.

Peraza Sarausa, Fermín.
Bibliografías corrientes de la
América Latina. 1962-
Medellín, Colombia, Ediciones
Anuario Bibliográfico Cubano.

[René-Moreno, Gabriel] 1836-1908.
Biblioteca boliviana. Catálogo de
la sección de libros i folletos.
Santiago de Chile, Impr. Gutenberg,
1879.

----Primer suplemento á la Biblioteca
Boliviana de Gabriel René-Moreno
epitome de un catálogo de libros y
folletos 1879-1899. Santiago de
Chile, Impr. litografía y encua-
dernación Barcelona, 1900.

----Segundo suplemento a la Biblioteca Boliviana de Gabriel René-
Moreno. Libros y folletos, 1900-1908.
Santiago, Chile, Impr. encuaderna-
ción universitaria, 1908.

Siles Guevara, Juan.
Bibliografía de bibliografías boli-
vianas. [La Paz] Ministerio de Cultura, Información y Turismo, Impr.
del Estado, 1969.
(Cuadernos de bibliografía, no. 1).

Sociedad Científica Argentina, Buenos
Aires. Biblioteca.
Catálogo de las publicaciones perió-
dicas existentes en la Biblioteca de
la Sociedad... por el Dr. Reinaldo
Vanossi. [Buenos Aires, Compañía
Impresora Argentina] 1927.

Texas. University. Library.
Recent Bolivian acquisitions of the
Latin American collection of the Uni-
verity of Texas Library. no. 1;
1962/July 1965-
Austin, Texas.

U. S. Library of Congress.
A guide to the official publications
of the other American Republics. v. 2
Bolivia. James B. Childs, general
editor. Washington, D. C., The Library of Congress [1945]
(Latin American series no. 10).

Union Industrial Argentina. Biblioteca.
Catálogo de las revistas recibidas
en las bibliotecas de la institución
y firmas asociadas, con una tabla
geográfica y otra por materias.
Buenos Aires, 1946.

Velásquez Gallardo, Pablo [and] Nadurille,
Ramón.
Catálogo colectivo de publicaciones
periódicas existentes en bibliotecas
de la República Mexicana [por] Pablo
Velázquez [y] Ramón Nadurille. México,
Instituto Nacional de Investigaciones
Agrícolas [Secretaría de Agricultura
y Ganadería] SAG, 1968.

World list of Scientifical Periodicals
  published in the years 1900-1960.
  4 ed. Edited by Peter Brown and
  George B. Stratton. Washington,
  Butterworths, 1960-65.

Zimmerman, Irene.
  Latin American periodicals currently
  received in the University of Florida
  Libraries as of March 1, 1953. Gaines-
  ville, Department of Reference and
  Bibliography, University of Florida
  Libraries, University of Florida.
  1953.

LIBRARY SYMBOLS USED IN
THE
LATIN AMERICAN SERIAL DOCUMENTS VOLUMES

ALABAMA:
  AAP   Auburn University, Auburn.
  AMAU   Air University Library, Maxwell Air Force Base, Montgomery.
  AU   University of Alabama, University.
  AU-M   ----Medical Center, Birmingham.

ALASKA:

ARKANSAS:
  ArU   University of Arkansas, Fayetteville.

ARIZONA:
  AZTeS   Arizona State University, Tempe.
  AzU   University of Arizona, Tucson.

CALIFORNIA:
  C   California State Library, Sacramento.
  CCC   Honnold Library, Claremont.
  CL   Rufus B. von KleinSmid Central Library, Los Angeles.
  CLL   Los Angeles County Law Library, Los Angeles.
  CLM   Los Angeles County Medical Association, Los Angeles.
  CLSU   University of Southern California, Los Angeles.
  CLSU-H   ----Hancock Library of Biology and Oceanography.
  CLU   University of California at Los Angeles.
  CMenSR   Stanford Research Institute Library, Menlo Park.
  CMthL   University of California, Lick Observatory, Mount Hamilton.
  CPT   California Institute of Technology, Pasadena.
  CSdN   San Diego Society of Natural History, Natural History Museum,
                Balboa Park, San Diego.
  CSdNEL   U. S. Navy, Electronics Laboratory Library, San Diego.
  CSf   San Francisco Public Library.
  CSfA   California Academy of Sciences, San Francisco.
  CSmH   Henry E. Huntington Library, San Marino.
  CSt   Stanford University Libraries, Stanford.
  CSt-H   ----Hoover Institution on War, Revolution and Peace.
  CSt-L   ----Lane Medical Library.
  CSt-V   ----Nathan Van Patten Library.
  CStbS   University of California, Santa Barbara.
  CU   University of California, Berkeley.
  CU-A   ----University of California, Davis.
  CU-B   ----Bancroft Library, Berkeley.

CALIFORNIA (Cont'd.):
  CU-M   University of California Medical Center, San Francisco.
  CU-Riv   University of California, Riverside.
  CU-S   University of California, San Diego, La Jolla.

COLORADO:
  CoCA   U. S. Air Force Academy, Colorado Springs.
  CoDGS   U. S. Geological Survey, Federal Center, Denver.
  CoDM   Medical Society of the City and County of Denver.
  CoDU   University of Denver, Denver.
  CoFcS   See CoFS.
  CoFS   Colorado State University, Fort Collins.
  CoG   Colorado School of Mines, Golden.
  CoU   University of Colorado, Boulder.

CONNECTICUT:
  CtHT   Trinity College, Hartford.
  CtW   Wesleyan University, Middletown.
  CtY   Yale University, New Haven.
  CtY-E   ----Department of Economics, Economic Growth Center.
  CtY-FE   ----Far Eastern Library.
  CtY-KS   ----Kline Science Library.
  CtY-L   ----Law Library.
  CtY-M   ----Medical School Library.
  CtY-O   ----Observatory Library (obsolete, see CtY).

DISTRICT OF COLUMBIA:
  DA   See DNAL.
  DAFM   See DNLM.
  DAL   U. S. Army Library, Pentagon Building.
  DARC   American National Red Cross Library.
  DAS   U. S. Environmental Sciences Services Administration,
               Atmospheric Sciences Library, Silver Spring.
  DBB   U. S. Bureau of the Budget Library.
  DBRA   Bureau of Railway Economics Library of the Association of
               American Railroads.
  DBRE   See DBRA.
  DBS   U. S. National Bureau of Standards Library.
  DC   U. S. Department of Commerce Library.
  DCE   See DGW-C
  DCU   Catholic University of America Library.
  DCU-IA   ----Ibero-American Collection.
  DE   See DHEW.
  DF   See DI.
  DGS   See DI-GS.
  DGW-C   Carnegie Endowment for International Peace Collection.
  DHEW   U. S. Department of Health, Education and Welfare Library.
  DH   See DNIH.
  DI   U. S. Department of the Interior Library.
  DI-GS   U. S. Geological Survey Library.

DISTRICT OF COLUMBIA (Cont'd.):

DIC	U. S. Interstate Commerce Commission Library.
DL	U. S. Department of Labor Library.
DLC	U. S. Library of Congress.
DM	U. S. Bureau of Mines Library.
DN-HO	Naval Oceanographic Office Library.
DN-Ob	U. S. Naval Observatory Library.
DNAL	U. S. National Agricultural Library.
DNIH	U. S. National Institutes of Health Library, Bethesda, Md.
DNLM	U. S. National Library of Medicine.
DNO	See DN-Ob.
DNW	U. S. National War College Library, Fort McNair.
DP	U. S. Patent Office Library.
DPAHO	Pan American Health Organization, Pan American Sanitary Bureau.
DPH	See DHEW.
DPR	U. S. Public Roads Bureau Library.
DPS	See DPAHO.
DPU	Pan American Union Library.
DS	U. S. Department of State Library.
DSG	See DNLM.
DSI	Smithsonian Institution Library.
DSI-A	See DSI.
DSI-E	See DSI.
DSI-M	See DSI.
DW	See DNW.
DWB	See DAS.
DWHO-PSB	See DPAHO.

DELAWARE:

DeU	University of Delaware, Newark.

FLORIDA:

F	Florida State Library, Tallahassee.
FCU	See FMU
FDS	Stetson University, Deland.
FMU	University of Miami, Coral Gables.
FMU-L	----Law Library.
FMU-M	----Medical Library.
FSU	See FTaSU.
FTaSU	Florida State University, Tallahassee.
FTS	See FTaSU
FU	University of Florida, Gainesville.
FU-A	----Agricultural Experiment Station Library.
FU-Ar	----Architecture Library.
FU-CP	----Chemistry-Pharmacy Library.
FU-E	----Engineering Library.
FU-H	----Health Center Library.
FU-L	----Law Library.

GEORGIA:

GASC	Georgia State College, Atlanta.

GEORGIA (Cont'd.)
```
GAT        Georgia Institute of Technology, Atlanta.
GEU        Emory University, Atlanta.
GU         University of Georgia, Athens.
```

HAWAII:
```
HHS        Hawaiian Sugar Planters' Association. Experiment Station, Honolulu.
HHiS       See HHS.
```

ILLINOIS:
```
ICA        Art Institute of Chicago, Chicago.
ICA-R      See ICA.
ICAC       American College of Surgeons Library, Chicago.
ICADA      American Dental Association, Chicago.
ICF        Chicago Natural History Museum, Chicago.
ICI        Illinois Institute of Technology, Chicago.
ICJ        John Crerar Library, Chicago.
ICMcC      McCormick Theological Seminary, Chicago.
ICMILC     See ICRL.
ICN        Newberry Library, Chicago.
ICR        See ICA.
ICRL       Center for Research Libraries, Chicago.
ICRM       Rush Medical College Library, Chicago.
ICS        See ICAC.
ICU        University of Chicago, Chicago.
ICU-R      See ICRM.
ICarbS     Southern Illinois University, Carbondale.
IEN        Northwestern University, Evanston.
IEN-L      ----Law Library, Chicago.
IEN-M      Medical School Library, Chicago.
IPB        Bradley University, Peoria.
IU         University of Illinois, Urbana.
IU-M       ----Medical Sciences Library, Chicago.
```

IOWA:
```
Ia         See Ia-T.
Ia-T       Iowa State Traveling Library, Des Moines.
IaAS       Iowa State University of Science and Technology, Ames.
IaU        University of Iowa, Iowa City.
IaU-L      ----College of Law Library.
IAAS       See IaAS.
```

IDAHO:
```
IdU        University of Idaho, Moscow.
```

INDIANA:
```
In         Indiana State Library, Indianapolis.
InIA       Indiana Academy of Science Library, Indianapolis.
InIL       Eli Lilly and Company, Indianapolis.
```

INDIANA (Cont'd.)

InLP	Purdue University, Lafayette.
InNU	See InNd.
InNd	University of Notre Dame, Notre Dame.
InU	Indiana University, Bloomington.
InU-D	----School of Dentistry Library.
InU-M	----School of Medicine Library, Indianapolis.
INU	See InU.

KANSAS:

KFIGS	U. S. Army Command and General Staff College Library, Fort Leavenworth.
KMK	Kansas State University, Manhattan.
KU	University of Kansas, Lawrence.
KU-M	----Medical Center Library, Kansas City.

KENTUCKY:

KyU	University of Kentucky, Lexington.
KyU-AE	----Agricultural Experiment Station.
KyU-M	----Medical Center, Lexington.

LOUISIANA:

LNH	See LNHT.
LNHT	Tulane University Library, New Orleans.
LNL	Loyola University, New Orleans.
LNHT-M	See LNT-M.
LNT	See LNHT.
LNT-M	Tulane University, Metas Medical Library, New Orleans.
LNT-MA	----Latin American Library, New Orleans.
LNTH-M	See LNHT-M.
LNX	Xavier University Library, New Orleans.
LU	Louisiana State University, Baton Rouge.
LU-L	----Law Library.
LU-M	----Medical Library, New Orleans.
LT	See LNHT.

MASSACHUSETTS:

M	Massachusetts State Library, Boston.
MA	Amherst College, Amherst.
MB	Boston Public Library, Boston.
MBA	American Academy of the Arts and Sciences, Boston.
MBCo	Countway Library of Medicine (Harvard-Boston Medical Libraries).
MBH	Massachusetts Horticultural Society, Boston.
MBM	See MBCo.
MBMu	Museum of Fine Arts, Boston.
MBN	Boston Museum of Science, Boston.
MBU	Boston University, Boston.
MBU-M	----School of Medicine Library.
MBdAF	U. S. Air Force Cambridge Research Center, Bedford.

MASSACHUSETTS:

MCM	Massachusetts Institute of Technology, Cambridge.
MH	Harvard University, Cambridge.
MH-A	----Arnold Arboretum.
MH-AH	----Andover-Harvard Theological Library.
MH-BA	----Graduate School of Business Administration Library.
MH-BH	----Blue Mill Observatory Library, Cambridge.
MH-F	----Farlow Reference Library.
MH-FA	----Fine Arts Library.
MH-G	----Gray Herbarium Library.
MH-IR	----Industrial Relations Library.
MH-L	----Law School Library.
MH-M	See MBCo.
MH-O	----Astronomical Observatory, the Phillips Library.
MH-P	----Peabody Museum Library.
MH-PA	----Graduate School of Public Administration Library.
MH-SD	----Graduate School of Design Library.
MH-Z	----Museum of Comparative Zoology Library.
MHi	Holyoke Public Library.
MHILC	Hampshire Inter-Library Center, Inc., University of Massachusetts, Amherst.
MNS	Smith College, Northampton.
MShM	Mount Holyoke College, South Hadley.
MU	University of Massachusetts, Amherst.
MWA	American Antiquarian Society, Worcester.
MWC	Clark University, Worcester.
MWelC	Wellesley College, Wellesley.
MWhB	Marine Biological Laboratory, Woods Hole.

MARYLAND:

MdAN	U. S. Naval Academy, Annapolis.
MdBE	Enoch Pratt Free Library, Baltimore.
MdBJ	Johns Hopkins University, Baltimore.
MdBJ-W	----William H. Welch Medical Library.
MdBM	Medical and Chirurgical Faculty of the State of Maryland, Baltimore.
MdBP	Peabody Institute, Baltimore.
MdBW	See MdBJ-W
MdU	University of Maryland, College Park.
MdU-B	See MdU-H.
MdU-H	----Health Sciences Library, Baltimore.

MAINE:

MeB	Bowdoin College, Brunswick.
MeU	University of Maine, Orono.

MICHIGAN:

MiD	Detroit Public Library.
MiDA	Detroit Institute of Arts, Detroit.
MiDU	University of Detroit, Detroit.
MiDW	Wayne State University, Detroit.

MICHIGAN (Cont'd.)
    MiEM   Michigan State University, East Lansing.
    MiU   University of Michigan, Ann Arbor.
    MiU-L   ----Law Library.

MINNESOTA:
    MnHi   Minnesota Historical Society, St. Paul.
    MnM   Minnepolis Public Library.
    MnMH   Hennepin County Medical Society, Minneapolis.
    MnNC   Carleton College, Northfield.
    MnRM   St. Paul Public Library.
    MnS   Forest History Foundation, St. Paul.
    MnSRM   Ramsey County Medical Society, St. Paul.
    MnU   University of Minnesota, Minneapolis.
    MnU-A   ----Institute of Agriculture Library, St. Paul.
    MnU-B   ----Bio-Medical Library.
    MnU-L   ----Law Library.

MISSOURI:
    MoK   Kansas City Public Library.
    MoKL   Linda Hall Library, Kansas City.
    MoS   St. Louis Public Library.
    MoSA   Academy of Science of St. Louis, St. Louis.
    MoSB   Missouri Botanical Garden, St. Louis.
    MoSU   St. Louis University, St. Louis.
    MoSU-M   ----School of Medicine Library.
    MoSW   Washington University, St. Louis.
    MoSW-M   ----Medical School Library.
    MoU   University of Missouri, Columbia.

MISSISSIPPI:
    MsSM   Mississippi State University, State College.
    MsU   University of Mississippi, University.

MONTANA:
    MtBC   Montana State University at Bozeman.
    MtBuM   Montana School of Mines, Butte.
    MtU   University of Montana at Missoula.
    MtU-M   See MtBuM.

NEW YORK:
    N   New York State Library, Albany.
    NB   Brooklyn Public Library, Brooklyn.
    NBB   Brooklyn Museum Libraries, Brooklyn.
    NBC   Brooklyn College, Brooklyn.
    NBG   Jewish Chronic Disease Hospital, Brooklyn.

NBM	Academy of Medicine of Brooklyn, Brooklyn.
NBSU-M	State University of New York, Downstate Medical Center Library, Brooklyn.
NBu	Buffalo and Erie County Public Library, Buffalo.
NBuB	Buffalo Society of Natural Sciences, Buffalo Museum of Science, Buffalo.
NBuG	Grosvenor Reference Division, Buffalo and Erie County Public Library, Buffalo.
NBuU	State University of New York at Buffalo.
NCH	Hamilton College, Clinton.
NCU	See NcU.
NHi	New York Historical Society, New York.
NHu	Huntington Public Library.
NHU	See NHu.
NIC	Cornell University, Ithaca.
NIC-A	----State Colleges of Agriculture and Economics.
NKpK	Keuka College Library, Keuka Park.
NN	New York Public Library.
NNA	American Geographical Society, New York.
NNACS	American Cancer Society, New York.
NNB	Association of the Bar of the City of New York, New York.
NNBG	New York Botanical Garden, Bronx Park, New York.
NNBell	Bell Telephone Laboratories, New York.
NNC	Columbia University, New York.
NNC-L	----Law Library.
NNC-M	----Medical Library.
NNC-T	----Teachers College Library.
NNCorM	----Cornell University Medical College Library, New York.
NNE	Engineering Societies Library, New York.
NNG	General Theological Seminary of the Protestant Episcopal Church, New York.
NNH	Hispanic Society of America, New York.
NNM	American Museum of Natural History, New York.
NNMM	Metropolitan Museum of Art Library, New York.
NNN	See NNNAM.
NNNAM	New York Academy of Medicine, New York.
NNNPsI	New York Psychiatric Institute Library, New York.
NNPH-O	Insitute of Ophthamology, Presbyterian Hospital, New York.
NNRI	Rockefeller Institute for Medical Research, New York.
NNS	See NNNPsI.
NNU	New York University Libraries, New York.
NNU-D	----College of Dentistry Library.
NNU-H	----University Heights Library.
NNU-L	----School of Law Library.
NNU-M	----Medical Center Library.
NNUN	United Nations Library, New York.
NNVA	U. S. Veterans Administration Hospital Library, New York.
NPV	Vassar College, Poughkeepsie.
NRU	University of Rochester, Rochester.
NRU-A	----Memorial Art Gallery Library.
NSU	See NSyU.
NSySU-M	State University of New York, Upstate Medical Center, Syracuse.
NSyU	Syracuse University, Syracuse.
NWM	U. S. Military Academy, West Point.
NyBT	Boyce Thompson Institute for Plant Research, Yonkers.
NnU	See NNU.

NEBRASKA:
NbU   University of Nebraska, Lincoln.

NORTH CAROLINA:
NcD   Duke University, Durham.
NcD-L   ----School of Law Library.
NcGW   University of North Carolina at Greensboro.
NcRS   North Carolina State College of Agriculture and Engineering, Raleigh.
NcU   University of North Carolina, Chapel Hill.
NcU-H   ----Division of Health Affairs.
NCU   See NcU.

NORTH DAKOTA:
NdU   University of North Dakota Library, Grand Forks.

NEW HAMPSHIRE:
NhD   Dartmouth College, Hanover.
NhU   University of New Hampshire, Durham.

NEW JERSEY:
NjMuB   Bell Telephone Laboratories, Murray Hill.
NjP   Princeton University, Princeton.
NjR   Rutgers-The State University, New Brunswick.

NEW MEXICO:
NmScS   See NmUpU.
NmU   University of New Mexico, Albuquerque.
NmUpU   New Mexico State University of Agriculture, Engineering and
               Science, University Park.

NEVADA:

OHIO:
OAU   Ohio University, Athens.
OC   Public Library of Cincinnati and Hamilton County, Cincinnati.
OCL   See OCLloyd.
OCLloyd   Lloyd Library and Museum, Cincinnati.
OCU   University of Cincinnati, Cincinnati.
OC1   Cleveland Public Library.
OC1C   See OC1CC.
Oc1CC   Cleveland College Library, Cleveland.

OHIO (Cont'd.):
```
  OC1W      Western Reserve University, Cleveland.
  ODW       Ohio Wesleyan University, Delaware.
  OO        Oberlin College, Oberlin.
  OOxM      Miami University, Oxford.
  OU        Ohio State University, Columbus.
  OU-P      ----Pharmacy and Bacteriology Library.
```

OKLAHOMA:
```
  OkS       Oklahoma State University, Stillwater.
  OkU       University of Oklahoma, Norman.
  OkU-M     ----School of Medicine and University Hospitals, Oklahoma City.
  OKU       See OkU
```

OREGON:
```
  OrCA      See OrCS.
  OrCS      Oregon State College, Corvallis.
  OrU       University of Oregon, Eugene.
  OrU-M     ----Medical School, Portland.
```

PENNSYLVANIA:
```
  PB        Bethlehem Public Library.
  PBL       Lehigh University, Bethlehem.
  PBm       Bryn Mawr College, Bryn Mawr.
  PBMC      Moravian College and Theological Seminary, Bethlehem.
  PHC       Haverford College, Haverford.
  PHi       Historical Society of Pennsylvania, Philadelphia.
  PLeB      Bucknell University, Lewisburgh.
  PP        Free Library of Philadelphia.
  PP-W      ----H. Josephine Widener Memorial Branch.
  PPAN      Academy of Natural Sciences, Philadelphia.
  PPAP      See PPAmP.
  PPAmP     American Philosophical Society, Philadelphia.
  PPB       Philadelphia Bar Association, Philadelphia.
  PPC       College of Physicians of Philadelphia.
  PPF       Franklin Institute, Philadelphia.
  PPFM      Free and Accepted Masons of Pennsylvania, Grand Lodge Library,
              Philadelphia.
  PPI       Curriculum Laboratories. School of Education, University of
              Pennsylvania, Philadelphia.
  PPJ       Jefferson Medical College, Philadelphia.
  PPL       Library Company of Philadelphia.
  PPT       Temple University, Philadelphia.
  PPULC     Union Library Catalogue of the Philadelphia Metropolitan Area,
              Philadelphia.
  PPWI      Wistar Institute of Anatomy and Biology, Philadelphia.
  PPiCI     Carnegie Institute of Technology, Pittsburgh.
  PPiU      University of Pittsburgh, Pittsburgh.
  PPiU-H    ----Maurice and Laura Falk Library of Health Professions.
  PPiU-M    See PPiU-H.
```

PENNSYLVANIA (Cont'd.):
    PSC-HI   Swarthmore College, Swarthmore.
    PSt   Pennsylvania State University, University Park.
    PU   University of Pennsylvania, Philadelphia.
    PU-D   ----Evans Dental Library.
    PU-L   ----Biddle Law Library.
    PU-Mu   ----University Museum Library.
    PU-MU   See PU-Mu.
    PU-Mus   See PU-Mu.

PUERTO RICO:

RHODE ISLAND:
    R   Rhode Island State Library, Providence.
    RKS   See RU.
    RPB   Brown University, Providence.
    RU   University of Rhode Island, Kingston.

SOUTH CAROLINA:
    ScU   University of South Carolina, Columbia.

SOUTH DAKOTA:

TENNESSEE:
    TNJ   Joint University Libraries (Vanderbilt University, George Peabody
                   College for Teachers and Scarritt College) Nashville.
    TNJ-M   ----Vanderbilt School of Medicine and Nursing.
    TNV   See TNJ.
    TONS   Oak Ridge Institute of Nuclear Studies, Oak Ridge.
    TU   University of Tennessee, Knoxville.

TEXAS:
    TxCM   Texas A & M University, College Station.
    TxDN   North Texas State University, Denton.
    TxDaDF   DeGolyer Foundation Library, Dallas.
    TxDaM   Southern Methodist University, Dallas.
    TxH   Houston Public Library.
    TxHR   Rice University, Houston. (Formerly Rice Institute)
    TxLT   Texas Technological College, Lubbock.
    TxSaT   Trinity University, San Antonio.
    TxU   University of Texas, Austin.
    TxU-M   ----Medical School, Galveston.
    TxWB   Baylor University, Waco.

UTAH:
- ULA   Utah State University, Logan.
- UPB   Brigham Young University, Provo.
- UU   University of Utah, Salt Lake City.

VIRGINIA:
- VBP   See ViBlbV.
- VRM   See ViRM.
- VU   See ViU.
- ViBlbV   Virginia Polytecnic Institute, Blacksburg.
- ViRM   Medical College of Virginia, Richmond.
- ViU   University of Virginia, Charlottesville.
- ViU-L   ----Law Library.

VERMONT:
- VtMiM   Middlebury College, Middlebury.
- VtNN   Norwich University, Northfield.
- VtU   University of Vermont and State Agricultural College, Burlington.

WISCONSIN:
- WHi   State Historical Society of Wisconsin, Madison.
- WM   Milwaukee Public Library.
- WMM   Marquette University, Milwaukee.
- WU   University of Wisconsin, Madison.

WASHINGTON:
- Wa   Washington State Library, Olympia.
- WaPS   Washington State University, Pullman.
- WaS   Seattle Public Library.
- WaU   University of Washington, Seattle.
- WaU-L   ----Law Library.

WEST VIRGINIA:
- WvU   West Virginia University, Morgantown.

WYOMING:
- WyU   University of Wyoming, Laramie.

SPECIAL LIBRARIES:
- IASI   Inter-American Statistical Institute, Washington, D.C.

CANADIAN LIBRARIES

ALBERTA:
   CaAEU   University of Alberta, Edmonton.

BRITISH COLUMBIA:
   CaBVaU   University of British Columbia, Vancouver.
   CaBVaUW   Woodward Library, University of British Columbia, Vancouver.
   CaBViP   Provincial Library, Victoria.

MANITOBA:

NEW BRUNSWICK:

NEWFOUNDLAND:

NOVA SCOTIA:

ONTARIO:
   CaOG   Guelph Public Library.
   CaOKQ   Queen's University, Kingston.
   CaOLU   University of Western Ontario, London.
   CaOOA   Public Archives Library, Ottawa.
   CaOOAg   Department of Agriculture, Main Library, Ottawa.
   CaOOB   Bank of Canada Library, Ottawa.
   CaOOG   Geological Survey of Canada, Ottawa.
   CaOON   National Research Council, Ottawa.
   CaOONM   National Museum of Canada, Ottawa.
   CaOOP   Library of Parliament, Ottawa.
   CaOOS   Dominion Bureau of Statistics, Ottawa.
   CaOOU   La Bibliothèque, Université d'Ottawa, Ottawa.
   CaOS   Sarnia Public Library, Sarnia.
   CaOTA   Academy of Medicine, Toronto.
   CaOTP   Toronto Public Library, Metropolitan Bibliographic Center, Toronto.
   CaOTR   Royal Canadian Institute, Toronto.
   CaOTRM   Royal Ontario Museum, Zoology and Palaeontology Library, Toronto.
   CaOTU   University of Toronto, Toronto.

PRINCE EDWARD ISLAND:

QUEBEC:
   CaQMAI   Artic Institute of North America, Montreal.
   CaQMBM   La Bibliothèque de la Ville de Montréal. Collection Gagon, Montreal.
   CaQME   Engineering Institute of Canada, Montreal.
   CaQMI   Insurance Institute of Montreal, Montreal.
   CaQMM   McGill University, Montreal.
   CaQMR   Royal Bank of Canada, Montreal.
   CaQMU   La Bibliothèque de l'Université de Montréal, Montreal.

SASKATCHEWAN:

OBSOLETE CANADIAN SYMBOLS:
   CaM   Montreal Public Library, Montreal. See CaQMBM.
   CaOA   Archives of Canada, Ottawa. See CaOOA.
   CaTR   See CaOTR.
   CaTU   University of Toronto, Toronto. See CaOTU.
   CAL   See CaOLU.

LIBRARY SYMBOLS
ADDENDA FOR BOLIVIA

CALIFORNIA
  CStoC   University of the Pacific, Stockton.

ILLINOIS
  IEN-C   Joseph Schaffner Library of Commerce, Chicago.

IOWA
  IaGG   Grinell College, Grinell.

NEVADA
  NvU   University of Nevada, Reno.

NORTH CAROLINA
  NcW   Wilmington Public Library, Wilmington.

OREGON
  OrP   Portland City Archives, Portland.

VIRGINIA
  ViBP   See BiBlbV.
  ViW   College of William and Mary, Williamsburg.

SPECIAL
  FRI   Hoover Institute, Stanford, California.

ABACO; REVISTA DE MATEMATICAS,
   FISICA Y QUIMICA.
Centro Renovador de la Enseñanza
de las Ciencias Básicas. no. 1;
1965-
La Paz, Bolivia.

DLC
TxU no. 1

ACADEMIA NACIONAL DE CIENCIAS DE
   BOLIVIA, LA PAZ.
Anales.
See its Publicación.

ACADEMIA NACIONAL DE CIENCIAS DE
   BOLIVIA, LA PAZ.
Anales. Serie Ciencias de la Cul-
tura. Cuaderno.
See its Publicación.

ACADEMIA NACIONAL DE CIENCIAS DE
   BOLIVIA, LA PAZ.
Publicación. no. 1; 1961-

La Paz, Bolivia.

Autonomous institution of Bolivia.
Created in Sept. 1960 "como institución rectora de la actividad es-
tatal para fomentar la investigación, dignificar al científico y
difundir su obra". No.
called Anales. Serie Ciencias de
la Cultura. No. 2 called Anales.
Serie Ciencias de la Naturaleza.
No. 12 called Publicación. Serie
Ciencias de la Cultura, no. 16
called Publicación.

FU no. 1, 1961; no. 12, 1966; no.
   16, 1967; no. 19, 1969
TxU 1, 1961

ADUANAS DE LA REPUBLICA.
See Bolivia. Administrador de la
Aduana Nacional. Memoria. See also
Bolivia. Dirección General de
Aduanas. Memoria.

AERONAUTICA.
Bolivia. Dirección General de
Aeronáutica Civil. no. 1; 1956-

La Paz, Bolivia.

DLC no. 1-3, 1956-58; Jan.-Apr.
1963

EL AGRICULTOR BOLIVIANO.
Bolivia. Ministerio de Agricultura.
Dirección General de Extensión. v.
1; 1964-
La Paz, Bolivia.

                    irregular

AGRICULTURA.
Cochabamba, Bolivia. Universidad
Autónoma Simón Bolívar. Facultad
de Ciencias Agronómicas. no. 1-
10; 1941-58.
Cochabamba.

              annual irregular

AGRICULTURA BOLIVIANA.
Bolivia. Ministerio de Agricultura,
Ganadería y Colonización. año 1, no.
1; abril 1961-
2 serie.196 -
La Paz, Bolivia.

                    irregular

"Revista del Ministerio de Agricultura, Ganadería y Colonización". V.

                 (continued)

AGRICULTURA BOLIVIANA. (Cont'd.)

1, 1961-v. 2, no. 3, 1962 have been
recorded.

DNAL 1-
KyU-AE 2-3
NbU 2-
TxU v. 1, 1961; serie 2, 1965-67

AGRICULTURA, GANADERIA, COLONIZACION.
    See Bolivia. Ministerio de Agricul-
    tura. Revista de agricultura, gana-
    dería y colonización.

AGROS.
    Facultad de Ciencias Agronómicas
    de la Universidad de San Simón,
    Centro de Estudiantes. 1; octubre
    1948-
    Cochabamba, Bolivia.

    CaOOA 1-
    DNAL 1-
    NIC-A 1-
    ViU [1]

ALZAREMOS LAS ALAS AL MAR.
    Bolivia. Politécnico Militar de
    Aeronáutica. no. 1; julio 8, 1962-

    La Paz, Bolivia.

AMAUTTA.
    Bolivia. Consejo Nacional de Edu-
    cación. año 1, no. 1-
    La Paz, Bolivia.

    Monthly from Año 2, no. 3, Jan.
    1942-   . A periodical for
    teachers of rural and indian schools.

    DLC

AMBITOS; ARTE Y LETRAS.
    Cochabamba, Bolivia. Universidad
    Mayor de San Simón. 1; octubre
    1966-
    Cochabamba, Bolivia.

    CaOTU 1-
    DPU 1-
    IU 1-

ANALES DE LEGISLACION BOLIVIANA.
    See Bolivia. Laws, statutes, etc.
    Anales de legislación boliviana.

ANUARIO ADMINISTRATIVO.
    See Bolivia. Laws, statutes, etc.
    Anuario administrativo.

ANUARIO DE ESTADISTICAS FINANCIERAS
    Y COSTO DE VIDA.
    See Bolivia. Dirección Nacional de
    Estadística y Censos. Anuario [de]
    estadísticas financieras y costo
    de vida.

ANUARIO DEL DEPARTAMENTO DE ESTA-
    DISTICAS GUBERNAMENTALES.
    See Bolivia. Departamento de Esta-
    dísticas Gubernamentales. Anuario.

ANUARIO INDUSTRIAL.
    See Bolivia. Dirección Nacional de
    Estadística y Censos. Anuario indus-
    trial.

ANUARIO LEGISLATIVO.
    See Bolivia. Laws, statutes, etc.
    Anuario legislativo.

ANUARIO METEOROLOGICO.
   See Bolivia. Servicio Meteorológico.
   Anuario meteorológico.

ANUARIO NACIONAL ESTADISTICO Y GEO-
   GRAFICO.
   See Bolivia. Dirección General de
   Estadística y Estudios Geográficos.
   Anuario nacional estadístico y geo-
   gráfico de Bolivia.

ANUARIO POSTAL-POSTAL YEAR BOOK-
   ANNUAIRE POSTAL-JAEHRLICHES POSTBUCH.
   Bolivia. Dirección General de
   Correos. 1-
   La Paz, Bolivia.

   1968/69 have been recorded.

   DLC no. 2, 1964/65

APARATO RESPIRATORIO Y TUBERCULOSIS.
   La Paz, Universidad Mayor de San
   Andrés. Escuela de Medicina y
   Cirugía. Cátedra de Tisiología.
   v. 1, no. 1; 1940-

   La Paz, Bolivia.

   Año 6, no. 24, 4th Trimester 1949
   has been recorded.

   DPAHO 1-
   NNNAM [3]

ARANDO LA TIERRA.
   Bolivia. Ministerio de Agricultura,
   Servicio de Extensión Agrícola.
   no. 1; 1965-
   La Paz, Bolivia.

                    irregular

   no. 1-6, 1965 have been recorded.

ARCHIVO DIPLOMATICO CONSULAR.
   See Bolivia. Ministerio de Relaciones Exteriores. Archivo diplomático
   consular.

ARCHIVO ESTADISTICO.
   See Bolivia. Comisión de Estadística. Archivo estadístico, órgano
   de la Comisión de Estadística de
   Bolivia.

ARCHIVOS BOLIVIANOS DE FOLKLORE.
   See Artesanía Popular.

ARCHIVOS BOLIVIANOS DE MEDICINA.
   Sucre, Bolivia. Universidad Mayor
   de San Francisco Xavier. Facultad
   de Ciencias Médicas. 1; enero
   1943-
   Sucre, Bolivia.

                    irregular

   V. 1-6, 1943-48; v. 8, no. 15/16
   1957/63 have been recorded.

   CtY-M 1-
   DNLM 1-
   MBCo 1-
   NNC-M 1-
   TxU v. 4, no. 7-8, 1946

ARCHIVOS DEL FOLKLORE BOLIVIANO.
   Bolivia. Dirección Nacional de Antro-
   pología. no. 1-
   La Paz, Bolivia.

   No.   issued by the Dirección
   Nacional de Antropología and the
   Comité de Investigaciones, Departa-
   mento de Arqueología, Etnografía y
   Folklore (under a variant name:
   Departamento de Folklore).

   DLC
   FU no. 2, 1966

ARQUITECTURA Y PLANIFICACION.
La Paz. Bolivia. Universidad Mayor
de San Andrés. Escuela de Arquitectura. año 1; 1947-

La Paz, Bolivia.

Año 2, no. 8/9, Sept. 1949 have
been recorded.

DLC [1-2]

ARTE; REVISTA DEL CONSEJO NACIONAL
DE ARTE.
See Bolivia. Consejo Nacional del
Arte. Arte.

ARTE Y ARQUEOLOGIA.
La Paz, Bolivia. Universidad Mayor
de San Andrés. Instituto de Investigaciones Artísticas. 1; 1969-

La Paz, Bolivia.

DLC 1-

ARTESANIA POPULAR.
La Paz, Ministerio de Educación y
Bellas Artes. 1; abril 1961-

La Paz, Bolivia.

Archivos Bolivianos de Folklore.
Vols. for   issued by the
Ministry's Departamento de Publicaciones y Difusión Cultural. Includes bibliographies.

FU no. 1, 1961

ASISTENCIA SOCIAL.
Bolivia. Ministerio de Educación,
Bellas Artes y Asuntos Indígenas.
año 1, no. 1; noviembre 1947-

La Paz, Bolivia.

                    annual

BANCO AGRICOLA DE BOLIVIA, LA PAZ.
Boletín informativo.

La Paz, Bolivia.

Agency created in 1942. It absorbed
the Departamento de Crédito Rural
established under the Banco Central
de Bolivia.

DNAL [1945]

BANCO AGRICOLA DE BOLIVIA, LA PAZ.
Campo.
See Campo.

BANCO AGRICOLA DE BOLIVIA, LA PAZ.
Memoria. 1; 1942/43-
La Paz, Bolivia.

Agency created in 1942. It absorbed
the Departamento de Crédito Rural
established under the Banco Central
de Bolivia. 1942/43-1943/44, report
year ends June 30; 1944-   , Dec.
31; 3rd report covers only last
half of 1944. I-XXV, 1942/43-1967
have been recorded.

DLC 1-2, 4
DNAL 1-2, 4, 6-
FU no. 25, 1967
TxU 1942/43-1961-

BANCO AGRICOLA DE BOLIVIA, LA PAZ.
  Publicaciones. Serie A. 1; 1943-

  La Paz, Bolivia.

  DNAL 1-

BANCO CENTRAL DE BOLIVIA.
  Annual report submitted to the
  superintendent of banks. 1st year;
  1929-
  La Paz, Bolivia, Talleres Gráficos
  "Renacimiento" [1930-

  At head of title: Banco Central de
  Bolivia. Agency created in 1928
  absorbing the Banco de la Nación
  Boliviana, and began to function
  in July 1929.

  DLC 1929-30
  NjP 1-

BANCO CENTRAL DE BOLIVIA.
  Boletín. no. 1; agosto 1929-

  La Paz, Bolivia [1929]-

                    quarterly

  Volume numbers irregular: "año"
  10 covers the period Oct. 1937-
  Sept. 1939. Cover-title. 1929-31
  as Boletín mensual. Issued monthly
  through 1930; quarterly, 1931-   .
  No. 35 of the Boletín appeared during the years 1934-36; no. 36 in
  Jan./March 1937. Discontinued with
  v. 26, no. 106, Oct./Dec. 1954?
  Suplementos mensuales discontinued
  March 1955. No. 91 apparently omitted in numbering.

                    (continued)

BANCO CENTRAL DE BOLIVIA.
  Boletín...(Cont'd.)

  CLSU nos. 26-27, 32-41, 43-44
  DLC año 1-26, no. 1-106, 1929-54
  FU v. 21, no. 90, 1950; v. 22, no.
     92-v. 26, no. 106, Jan./Mar. 1951-
     Oct./Dec. 1954
  IU [9]-
  MH 9-
  MH-BA [1-4]-
  NjP 3, 5, 7, 11-18/19
  NN [1-22] 24-25
  NNC [1-22] 24-35
  OU 4-5, 7, 9-
  TxU [año 2-5] 1931-   ; año 10,
     1934-40; año 16-26, no. 65-106,
     1944-54
  ViBlbV [12-13], 15-23, [24], 26

BANCO CENTRAL DE BOLIVIA.
  Boletín estadístico. año [1] no.
  1; mayo 1943-
  La Paz, Bolivia.

                    monthly

  Issued   by the Departamento
  de Estadística y Estudios Económicos (called Departamento de
  Estudios Económicos y Estadística).
  Title varies: no. 1-159, May 1943-
  March 1962 as Suplemento Estadístico;
  no. 160, April 1962-   as Boletín estadístico. No. 195, Nov.-Dec.
  1969 has been recorded.

  DLC nos. 2, 7, 9-19, 21-23, 27, 29,
     31-32, 34, 45-46, 48, 51, 1943-47;
     no. 52-78, 81-87, 89-97, 100,
     103, 107-114, 116-159, 1947-1962
  FU año 14, no. 143, Oct. 1956; año
     14, no. 150-año 18, no. 159, Mar.
     1958-Mar. 1962; no. 165-166, Dec. 1963-
     Mar. 1964; no. 173, Dec. 1965; no.
     175-176, June-Sept. 1966
  TxU [v. 6, 1948]; [v. 9-12, 1952-54]
     v. 13-17, 1955-61; [v. 18, 1962]
  ViBlbV [3-4] 5-7 [8-12]

BANCO CENTRAL DE BOLIVIA.
  Boletín mensual.
  See its Boletín.

BANCO CENTRAL DE BOLIVIA.
  [Estado de situación condensado]
  La Paz, Sección Estudios Económicos
  y Estadística.

  1952-1962 have been recorded.

  DLC current issue only
  TxU [1954]

BANCO CENTRAL DE BOLIVIA.
  Memorial anual...correspondiente
  a la gestión del año 1929-
  presentado al señor Ministro de
  Hacienda y Estadística.
  La Paz, [Editorial e Imprenta Artís-
  tica] 1929-

  The 1929 report issued also in English. Agency created in 1928 absorbing the Banco de la Nación Boliviana, 1911-28. Supersedes the Memorias del Banco de la Nación Boliviana published 1911-1929.

  DLC 1929-1965-
  FMU 1927-40, 1944-45, 1947, 1949-
      1950, 1952-53-
  FU 1950-1966
  IASI 35th, 1963
  NcD 1941, 1944, 1946-50, 1952, 1955,
      1959-60
  TxU 1940-41, 1944-53, 1955-1963-

BANCO CENTRAL DE BOLIVIA.
  Memoria semestral. 1911-
  See Banco de la Nación Boliviana.
  Memoria.

BANCO CENTRAL DE BOLIVIA.
  Publicación. no. 1; 1948-

  La Paz, 19

  Issued by the Bank's Departamento
  de Estudios Económicos y Estadística (varies).

  CU 1-
  DLC no. 2-8, 1948-54
  DPU 3-5, 7, 1952
  FU no. 8, 1954
  MH-BA no. 3, 1948; no. 7, 1952
  NcD 4-5
  NNC 4
  TxU no. 4-8

BANCO CENTRAL DE BOLIVIA.
  Suplemento estadístico.
  See its Boletín estadístico.

BANCO CENTRAL DE BOLIVIA. SECCION
  ESTUDIOS ECONOMICOS Y ESTADISTICAS.
  Boletín estadístico.
  See Banco Central de Bolivia.
  Boletín estadístico.

BANCO CENTRAL DE BOLIVIA. SECCION
  ESTUDIOS ECONOMICOS Y ESTADISTICAS.
  Publicaciones.
  See Banco Central de Bolivia.
  Publicación.

BANCO DE LA NACION BOLIVIANA, LA PAZ.
  Memoria.
  La Paz, Bolivia, 19

  No more published. Agency created
  in 1911, absorbed by the Banco Central de Bolivia, which began to
  function in 1929.

  DLC 9th, 1919

BANCO HIPOTECARIO NACIONAL, COCHA-
BAMBA, BOLIVIA.
Memoria. enero 1893-
[Cochabamba] Editorial América [etc.]

annual

Some issues published in combined
form. Report year ends Dec. 31.
Issued semi-annually to 1938;
annually 1939-

DLC 11, June 30, 1895; 13, June 30,
    1896; 15, June 30, 1897; 17 June
    30, 1898; 19, June 30, 1899;
    21-26, 1900-1902; 29-32, 1904-
    1905; 34-56, 1906-17; 58-59, 1918-
    1919; 61-72, 1920-25; 74-97,
    1926-38; 98, 1938; 103/04, 1940;
    107/08, 1943; 108/09, 1944; 109/
    110, 1944; 111/12-117/18, 1946-
    1948; 121/122, 1950; 123/24-151/
    152, 1951-65
NcD 99, 1939-
TxU no. 99-114, 1939-1946; 1947-1954

BANCO HIPOTECARIO NACIONAL, COCHA-
BAMBA, BOLIVIA.
Memoria semestral.
See its Memoria.

BANCO MINERO DE BOLIVIA, LA PAZ.
Balance consolidado.
La Paz.

TxU 1947

BANCO MINERO DE BOLIVIA, LA PAZ.
Boletín. v. 1-2 (no. 1-9); enero/
febrero 1942-mayo/junio 1943.
[La Paz, Bolivia]

bimonthly

Agency established in 1936. Organization and functions were approved
in 1939.

(continued)

BANCO MINERO DE BOLIVIA, LA PAZ.
Boletín...(Cont'd.)

CU [1] 2
DLC v. 1-2, no. 1-9, 1942-43
NN [1] 2
TxU [v. 1-2] 1942-43

BANCO MINERO DE BOLIVIA, LA PAZ.
Carta informativa, no. 1; febrero
1965-
La Paz, Banco Minero de Bolivia.

monthly

Title changed to Revista Minera
Bamin with no. 24, enero 1967. Published by the Bank's Departamento
de Estudios Económicos y Estadística.

DPU 1-
IASI no. 12-13, Jan.-Feb. 1966-
TxU no. 1, 1965

BANCO MINERO DE BOLIVIA, LA PAZ.
Carta informativa. septiembre 10,
1940-
La Paz, Bolivia.

semimonthly irreg.

Mimeographed. Issued by the Bank's
Departamento de Estudios Económicos
y Estadística. Supersedes its Boletín.

DLC 1940-43, 1946-48, 1952-53, 1965-
    1966; scattered issues each year
TxU [1947] 1948 [1952-53]

BANCO MINERO DE BOLIVIA, LA PAZ.
Economía.
La Paz, Bolivia.

biweekly

IASI sample

BANCO MINERO DE BOLIVIA, LA PAZ.
  Memoria. no. 1; 1937-
  La Paz, Bolivia [19

                annual

  Title varies slightly. 1960-68
  have been recorded.

  DLC 1938-40, 1942-1955/59
  IASI 1943, 1948, 1952
  NcD 10-14, 1946-50; 16-17, 1953-
  TxU 1; 1940-42; 9-13, 1945-49

BANCO MINERO DE BOLIVIA, LA PAZ.
  Minería. 1949-
  See Minería.

BANCO MINERO DE BOLIVIA, LA PAZ.
  DEPARTAMENTO DE ESTUDIOS ECONOMI-
  COS Y ESTADISTICA.
  Carta informativa. 1940-
  See Banco Minero de Bolivia, La
  Paz. Carta informativa. 1940-

BANCO NACIONAL DE BOLIVIA, SUCRE.
  Memoria. julio-diciembre 1876-

  Sucre, Bolivia.

  Issued semiannually through 1938;
  annually, 1939-   . It functioned
  as a national bank for Bolivia since
  1871, but was named Banco Nacional
  de Bolivia in 1876.

  DC 107, 1929
  DLC 77-117, 1915-35; 1919-121, 1936;
      127-134, 1940-47
  DPU [1896-1922]
  ICJ 9, 40, 43, 48, 52
  IU 46, 88-102
  MH-BA 103
  NjP 2-
  NN 105
  TxU 125-143, 1938-1956

BELEN, LA PAZ. ESTACION EXPERIMENTAL
  DEL ALTIPLANO.
  Informe anual.
  Belén, Achacachi.

  1949-1966 have been recorded.

BIBLIOGRAFIA AGRICOLA BOLIVIANA.
  Cochabamba, Bolivia, Universidad
  Mayor de San Simón, Facultad de
  Ciencias Agronómicas. 1; 1970-

  Cochabamba, Bolivia.

  DLC 1-

BIBLIOTECA BOLIVIANA.
  Bolivia. Ministerio de Educación,
  Bellas Artes y Asuntos Indígenas.
  Serie 1. no. 1-10; 1939-40.
  La Paz, 1939-40.

  "Publicaciones del Ministerio de
  Educación, Bellas Artes y Asuntos
  Indígenas". No. 5 incorrectly num-
  bered no. 6.

  CtY 1-
  CU 1-4, 8
  DLC
  FU 1, 3, 8, 9-10, 1939-40
  MH 2
  MnU 2, 9-10
  MoU 1-9
  NcD 2-10
  NN 1-10, 1939-40
  TxU 1, 4-6
  WaU 1-7

BIBLIOTECA BOLIVIANA.
  Bolivia. Ministerio de Educación,
  Bellas Artes y Asuntos Indígenas.
  Serie 2. no. 1-5; 1941-44.
  La Paz, 1941-44.

  FU no. 2-3, 1941; no. 5, 1944
  NcD 1-3
  TxU 1-2/3, 1941

BIBLIOTECA BOLIVIANA.
   Bolivia. Ministerio de Educación,
   Bellas Artes y Asuntos Indígenas.
   Serie 3. no. 1; 1944.
   La Paz, 1944.

   Ceaaed publication with no. 1.

   FU no. 1, 1944
   NcD no. 1, 1944
   TxU no. 1, 1944

BIBLIOTECA BOLIVIANA DE AUTORES CON-
   TEMPORANEOS.
   Bolivia. Oficialía Mayor de Cultura
   del Ministerio de Educación. 1;
   196-
   La Paz, Bolivia.

   No. 1-8 have been recorded. See
   also Biblioteca de Autores Bolivianos Contemporáneos.

   DLC 1-3
   FU no. 4-5, 1961-62
   MH

BIBLIOTECA DE ARTE Y CULTURA BOLI-
   VIANA. SERIE ARTE Y ARTISTAS.
   ARTISTAS.
   See Biblioteca de Arte y Cultura
   Boliviana. Serie Pintores.

BIBLIOTECA DE ARTE Y CULTURA BOLI-
   VIANA. SERIE ARTE Y ARTISTAS. EPO-
   CAS Y MUSEOS.
   Bolivia. Dirección Nacional de
   Informaciones. 1; 1961-
   La Paz, Bolivia.

   No. 1-7, 1962-63 have been recorded.

   DLC 1-4, 6-7, 1962-63
   FU 1-3
   NcD v. 1-3
   TxU no. 1, 1961; no. 3, 1962

BIBLIOTECA DE ARTE Y CULTURA BOLI-
   VIANA. SERIE ARTE Y ARTISTAS.
   MONUMENTOS.
   Bolivia. Dirección Nacional de
   Informaciones. 1; 1962-
   La Paz, Bolivia.

   DLC 1-3, 1962-63
   FU 1-3, 1962-63
   NcD 1-2, 1962
   TxU 1, 1962

BIBLIOTECA DE ARTE Y CULTURA BOLI-
   VIANA. SERIE ARTE Y ARTISTAS.
   PINTORES.
   See Biblioteca de Arte y Cultura
   Boliviana. Pintores.

BIBLIOTECA DE ARTE Y CULTURA BOLI-
   VIANA. SERIE ESCULTORES.
   Bolivia. Dirección Nacional de In-
   formaciones de la Presidencia de
   la República. 1; 1962-
   La Paz, Bolivia.

   CLSU
   DLC 1-3, 1962-63
   FU 1-3, 1962-63
   MH

BIBLIOTECA DE ARTE Y CULTURA BOLI-
   VIANA. SERIE LETRAS.
   Bolivia. Dirección Nacional de In-
   formaciones. no. 1; 1962-
   La Paz, Bolivia.

   CLSU
   DLC 1-3, 6, 1962-63
   FU 1-2, 1962
   NcD 1-2, 1962
   TxU 3, 1963
   ViU

BIBLIOTECA DE ARTE Y CULTURA BOLI-
   VIANA. SERIE PINTORES.
   Bolivia. Dirección Nacional de In-
   formaciones. no. 1; 1961-
   La Paz, Bolivia.

   Subseries of Bolivia. Dirección
   Nacional de Informaciones. Publicaciones. Subtitle varies: formerly Serie Arte y Artistas. Pintores.

   CLSU
   DLC 1, 5-6, 1961-63
   FU 1-4, 6, 1961-63
   NcD v. 1-4, 1962
   NIC 2-
   TxU no. 2-3, 1961-62
   ViU

BIBLIOTECA DE AUTORES BOLIVIANOS.
   Bolivia. Ministerio de Educación
   y Bellas Artes. 1; 1956-
   La Paz, Bolivia.

   Published by the Ministerio's Departamento de Publicaciones y Difusión Cultural.

   CLSU
   DLC 1-3, 1956-57; v. 11, 1961
   FU v. 1-4, 1956-58
   TxU v. 1, 1956; v. 2, 1957
   ViU

BIBLIOTECA DE AUTORES BOLIVIANOS CON-
   TEMPORANEOS.
   Bolivia. Ministerio de Educación y
   Bellas Artes. no. 1; 196 -

   La Paz, Dirección Nacional de Cultura, Departamento de Publicaciones
   y Difusión Cultural.

(continued)

BIBLIOTECA DE AUTORES BOLIVIANOS CON-
   TEMPORANEOS...(Cont'd.)

   On title page of no. 2: Colección
   Nueva. See also Biblioteca Boliviana
   de Autores Contemporáneos.

   FU no. 2, 1960
   TxU no. 2, 1960; no. 11, 1961

BIBLIOTECA DE ESTUDIOS ECONOMICOS.
   See Oruro, Bolivia (City) Universidad
   Técnica. Departamento de Extensión Cultural. Biblioteca de estudios económicos.

BIBLIOTECA DE ESTUDIOS JURIDICOS,
   POLITICOS Y SOCIALES.
   See Oruro, Bolivia (City) Universidad Técnica. Biblioteca de estudios
   jurídicos, políticos y sociales.

BIBLIOTECA DE ESTUDIOS TECNICOS.
   Oruro, Bolivia. Universidad Técnica.
   Departamento de Extensión Cultural.
   no. 1; 195 -
   Oruro, Bolivia.

   AzU
   CoU
   GEU 2, 1957
   MiU
   ViU

BIBLIOTECA DEL MINISTERIO DE DEFENSA
   NACIONAL.
   See Bolivia. Ministerio de Defensa
   Nacional. Biblioteca del Ministerio
   de Defensa Nacional.

BIBLIOTECA DEL POLICIA BOLIVIANO.
  Bolivia. Dirección General de
  Policía.
  La Paz, Bolivia.

  Unnumbered.

  FU 1 issue (1950)

BIBLIOTECA "ESTUDIOS CIENTIFICO-JURI-
  DICOS".
  Sucre. Universidad Mayor de San
  Francisco Xavier. no. 1-
  Sucre, Bolivia.

  No. 19, 1969 has been recorded.

BIBLIOTECA "ESTUDIOS SOCIAL-ENCICLO-
  PEDICOS".
  no. 1-
  Sucre, Bolivia.

  At head of title: Universidad Mayor
  de San Francisco Xavier. Publicación de la Facultad de Derecho, Ciencias Políticas y Sociales.

  TxU no. 6, 1944

BIBLIOTECA POPULAR.
  Bolivia. Biblioteca Universitaria
  Central. Sección Popular. v. 1;
  1941-
  La Paz, Bolivia.

  The Biblioteca Universitaria Central was created in 1930 attached
  to the Ministerio de Educación.

BIBLIOTECA POPULAR BOLIVIANA.
  La Paz. Ministerio de Cultura, Informaciones y Turismo. Fondo Nacional de Cultura.
  La Paz, Bolivia.

                (continued)

BIBLIOTECA POPULAR BOLIVIANA. (Cont'd.)

  Unnumbered. 2 issues published in
  1969 have been recorded.

BIBLIOTECA "UNIVERSIDAD DE SAN FRAN-
  CISCO XAVIER".
  See Colección "Universidad de San
  Francisco Xavier".

BOLETIN ADUANERO.
  La Paz, Bolivia. 1; marzo 1967-

  La Paz.

  DLC

BOLETIN AGRARIO.
  See Bolivia. Consejo Nacional de
  Reforma Agraria. Boletín agrario.

BOLETIN AGRICOLA.
  See Bolivia. Ministerio de Colonización y Agricultura. Boletín
  agrícola.

BOLETIN ANTROPOLOGICO.
  Sucre, Bolivia. Universidad Mayor
  de San Francisco Xavier. Museo
  Arqueológico. 1; marzo 27, 1960-

  Sucre.

  DLC 1-2, 1960-62
  DPU 1-

BOLETIN BIBLIOGRAFICO DE LA REVISTA
  JURIDICA.
  See Revista jurídica. (Cochabamba).

BOLETIN CLIMATOLOGICO.
Bolivia. Ministerio de Agricultura.
no. 1; 1958-
La Paz, Bolivia.

1958-67 have been recorded.

BOLETIN CULTURAL.
See Bolivia. Dirección General de
Cultura. Boletín cultural.

BOLETIN DE AGRONOMIA.
See Bolivia. Ministerio de Instrucción Pública y Agricultura. Boletín
de agronomía.

BOLETIN DE AVICULTURA.
Bolivia. Dirección General de Ganadería, Departamento de Avicultura.
no. 1-
La Paz, Bolivia.

No. 3, 1955 has been recorded.

BOLETIN DE CULTURA.
La Paz, Subsecretaría de Prensa,
Informaciones y Cultura. no. 1-

La Paz, Bolivia.

Publicaciones S.P.I.C. See also
Bolivia. Ministerio de Prensa,
Propaganda e Informaciones. Bole-
tín de cultura.

TxU no. 1

BOLETIN DE DIVULGACION GANADERA.
See Bolivia. Dirección General de
Ganadería. Boletín de divulgación
ganadera.

BOLETIN DE GUERRA DEL EJERCITO
BOLIVIANO.
Tacna, Imprenta de la Revista del
Sur.

Began publication in 1879?

CtY

BOLETIN DE IMPUESTOS INTERNOS.
See Bolivia. Dirección General de
Impuestos Internos. Boletín de
impuestos internos.

BOLETIN DE INSTRUCCION.
See Bolivia. Ministerio de Instrucción Pública y Agricultura. Boletín de instrucción, 1886-88.

BOLETIN DE INSTRUCCION PUBLICA.
See Bolivia. Ministerio de Educación. Boletín de instrucción
pública, 1867-68.

BOLETIN DE JURISPRUDENCIA.
Sucre. Universidad de San Francisco
Xavier. no. 1-
Sucre, Bolivia.

No. 2, 1959 has been recorded.

BOLETIN DE LA OFICINA NACIONAL DE
INMIGRACION, ESTADISTICA Y PROPAGANDA
GEOGRAFICA.
See Bolivia. Dirección General de
Estadística y Estudios Geográficos.
Boletín.

BOLETIN DE MINAS.
  See Bolivia. Superintendencia
  Nacional de Minas. Boletín de
  minas.

BOLETIN DE MINAS Y PETROLEO.
  See Bolivia. Dirección General de
  Minas y Petróleo. Boletín minas y
  petróleo.

BOLETIN DE VIALIDAD.
  See Bolivia. Ministerio de Obras
  Públicas y Comunicaciones. Boletín
  de vialidad.

BOLETIN DEL EJERCITO.
  See Bolivia. Ejército. Boletín del
  ejército.

BOLETIN DEL TRABAJO.
  See Bolivia. Corte Nacional del
  Trabajo. Boletín del trabajo.

BOLETIN DEPARTAMENTAL.
  See Bolivia. Boletín departamental.

BOLETIN DEPARTAMENTAL DE LA OFICINA
  DE PROPIEDAD INDUSTRIAL.
  See Bolivia. Oficina de Propiedad
  Industrial. Boletín departamental.

BOLETIN ENTOMOLOGICO.
  See Bolivia. Departamento de Sanidad Vegetal. Boletín entomológico.

BOLETIN ESTADISTICO DELICTIVO.
  See Bolivia. Dirección General
  de Policías y Carabineros.
  Boletín estadístico delictivo.

BOLETIN ESTADISTICO TRIMESTRAL.
  See Bolivia. Servicio Técnico
  Agrícola. División Forestal,
  Caza y Pesca. Boletín estadís-
  tico trimestral.

BOLETIN FORESTAL.
  Bolivia. Servicio Forestal y de
  Caza. 1; abril 30, 1956-

  La Paz, Bolivia.

                        monthly

  Agency attached to the Ministerio
  de Agricultura. Title varies:
  Boletín forestal y de caza. Supersedes Bolivia maderera, 1952-
  No more published.

  DLC 1-2, Apr.-May 1956
  DNAL 1-
  FU no. 2, May 1956

BOLETIN FORESTAL (COCHABAMBA).
  See Cochabamba, Bolivia. Universidad Mayor de San Simón. Facultad
  de Ciencias Agronómicas. Boletín
  forestal.

BOLETIN INDIGENISTA.
  La Paz. Instituto Indigenista
  Boliviano. 1; 1963?

  La Paz, Bolivia.

                        bimonthly irreg.

                        (continued)

13

BOLETIN INDIGENISTA. (Cont'd.)

Nos. 3-5, May 1964-Jan. 1965 have
been recorded.

FU no. 4, Aug. 1964
WaU 1, 3, 5-

BOLETIN INFORMATIVO AGRICOLA.
Bolivia. Ministerio de Agricultura.
no. 1; 1965-
La Paz, Bolivia.

No. 1-3, 1965-66 have been recorded.

BOLETIN MENSUAL DE INFORMACION
ESTADISTICA.
See Bolivia. Dirección General de
Estadística. Boletín mensual de
información estadística.

BOLETIN MENSUAL DE NOTICIAS UNIVERSI-
TARIAS.
See Sucre, Bolivia (City) Universi-
dad Mayor de San Francisco Xavier.
Boletín mensual de noticias uni-
versitarias.

BOLETIN MENSUAL DEL TIEMPO.
See Bolivia. Servicio Meteorológico.
Boletín mensual del tiempo.

BOLETIN MILITAR.
Bolivia, Ministerio de Guerra. año
1; noviembre 7, 1904-
La Paz, Bolivia.

DLC año 2, 1905/06; año 4, 1908;
   año 5, 1909
DNW
DFU 1-9
FU no. 1-100, Nov. 7, 1904-Dec. 31,
   1905
ICU 2

BOLETIN MINAS Y PETROLEO.
See Bolivia. Dirección General
de Minas y Petróleo. Boletín
minas y petróleo.

BOLETIN OFICIAL DE COMUNICACIONES.
See Bolivia. Dirección General
de Correos. Boletín oficial de
comunicaciones.

BOLETIN OFICIAL DE TELEGRAFOS.
See Dirección General de Telégrafos. Boletín oficial de telégrafos.

BOLETIN SERVICIO SOCIAL.
Bolivia. Departamento de Servicio
Social de la Caja Nacional de
Seguro Social. 1; octubre 24,
1957-
La Paz, Bolivia.

DLC 1, 1957

BOLIVIA.
La actualidad. Organo oficial.
no. 1-220; junio 24, 1865-octubre
24, 1870.
Sucre, Tip. del 28 de Diciembre.

Also printed by Tip. del Siglo XIX,
Tip. de Pedro España and Tip. Boliviana.

BOLIVIA.
Anuario administrativo.
See Bolivia. Laws, statutes, etc.
Anuario administrativo.

BOLIVIA.
Anuario administrativo y político
de Bolivia.
See Bolivia. Laws, statutes, etc.
Anuario administrativo.

BOLIVIA.
 Boletín. Publicación oficial. no.
 1-52; marzo 25, 1865-diciembre 21,
 1865.
 La Paz, Bolivia, Imp. de la Opinión.

 Also published in Oruro.

 CtY

BOLIVIA.
 Boletín departamental.
 La Paz, Bolivia.

 1902 includes mining information.

 CtY [1880, 1884, 1905]
 DLC Jan. 20-Oct. 20, 1902
 DPU [1907-1913]

BOLIVIA.
 Boletín oficial...
 La Paz, Bolivia.

 IU [21, 24], 1921-24

BOLIVIA.
 Boletín oficial. año 1, no. 1;
 diciembre 27, 1857-año 2, no. 30;
 julio 22, 1859.
 La Paz, Bolivia, Tip. del Vapor.

 Nos. 20-28 were published in Cochabamba by Tip. de Quevedo.

 MH-L

BOLIVIA.
 Boletín oficial. no. 1; abril 18,
 1899-
 Sucre.

 Do not confuse with the Boletín
 oficial published 1898-1899 in
 La Paz.

BOLIVIA.
 Boletín oficial. no. 1-84; diciembre
 14, 1898-abril 21, 1899.
 La Paz, Bolivia, Taller Tip. Lit.

 No. 2 entitled Boletín oficial de
 la gobernación del estado federal.
 A note in no. 84 explains this is
 the last issue of the Boletín
 oficial, órgano de la Suprema Junta
 de Gobierno. On April 1899 there
 appeared in Sucre no. 1 of a publication entitled Boletín oficial.

BOLIVIA.
 Boletín oficial. no. 1-22; mayo 7-
 octubre 9, 1876.
 La Paz, Bolivia, Imp. de La Libertad.

 Also printed in Sucre, Imp. de Pedro
 España and Potosí, Tip. Municipal
 and Tip. del Progreso.

BOLIVIA.
 Boletín oficial. no. 1-42; noviembre
 28, 1870-mayo 9, 1871. No. 43-45;
 mayo 13-junio 7, 1871. No. 46-66;
 junio 13-noviembre 10, 1871. No. 67;
 noviembre 25, 1871. No. 68-117; enero
 12, 1872-enero 7, 1873.
 La Paz, Bolivia, Imp. de la Unión
 Americana.

 Printing place varies: no. 1-42 in
 La Paz, Imp. de la Unión Americana;
 no. 43-45 in Cochabamba, Imp. del
 Siglo; no. 46-66 in Sucre, Tip.
 del Progreso; no. 67 in Potosí, Imp.
 Libertad; no. 68-117 in La Paz, Imp.
 de "La Libertad".

BOLIVIA.
 Boletín oficial. Sección Compiladora
 del Ministerio de Gobierno. año 1;
 1943-
 La Paz, Bolivia, Editorial del Estado.

 monthly

 DLC [Feb.-Dec. 1943; Jan.-Dec. 1944]
 MiU-L

BOLIVIA.
El boliviano. tomo 1, no. 1; agosto
9, 1829-tomo 5, no. 24; septiembre
9, 1841.
Chuquisaca, Imp. Boliviana.

Official organ of General Andrés
Santa Cruz in Chuquisaca, Sucre.

BOLIVIA.
La causa nacional. Periódico oficial.
no. 1-133; diciembre 5, 1861-agosto
30, 1864.
Sucre, Tip. Boliviana.

Also printed in Tipografía de Pedro
España.

BOLIVIA.
Columna de Ingavi.no. 1-49; noviem-
bre 18, 1842-febrero 16, 1843.
Sucre, Imprenta de Beeche y Cia.

BOLIVIA.
El cóndor de Bolivia. no. 1-134;
noviembre 12, 1825-junio 26, 1928.
Chuquisaca, Imp. de la Universidad.

Also printed by Imp. del Ejército
Boliviano.

BOLIVIA.
El constitucional. tomo 1, no. 1;
febrero 19, 1839-tomo 2, no. 8;
abril 22, 1841.
Paz de Ayacucho, (La Paz), Imp.
del Colejio de Artes.

BOLIVIA.
La democracia. Periódico oficial.
año 1, no. 1-año 5, no. 285; agosto
6, 1875-diciembre 27, 1879.
La Paz, Bolivia, Imp. de la Libertad.

BOLIVIA.
17 [i.e. Diecisiete] de Diciembre.
Gaceta oficial. tomo 1, no. 1-24;
enero 6-abril 24, 1848.
La Paz de Ayacucho, Imp. Paceña.

BOLIVIA.
[Documentos parlamentarios]
Sucre, 1868-1874.

                    biennial

Includes Mensaje del Presidente.
1868-1872 published in La Paz.

ICJ

BOLIVIA.
El eco de Bolivia. no. 1-

Sucre, Imp. Boliviana.

                    irregular

No. 17-38, Mar. 31-Dec. 15, 1865,
have been recorded. Also printed in
Tip. del Siglo XIX and in La Paz,
Imp. Paceña. Organ of Mariano
Melgarejo's administration.

BOLIVIA.
El eco del portectorado. no. 1-148;
agosto 20, 1936-enero 29, 1939.
Lima, Imp. del Estado; Paz de Aya-
cucho, Imp. del Colejio de Artes;
Cuzco, Imp. de la Beneficencia, etc.

Organ of the Confederación Peru-
Boliviana. Published intermittently
in Lima, Peru; La Paz, Bolivia;
Cuzco, Peru; Puno, Peru; and Tacna,
Peru.

DLC no. 47, 72-75
MH-L 1-51, 54-148

BOLIVIA.
    La esperanza. no. 1-35; noviembre
    16-diciembre 31, 1857.
    La Paz, Bolivia, "Vapor del Carmen".

    Published by official subvention
    which was withdrawn in Dec. 14,
    1857.

    DLC Nov. 26, 28, Dec. 1-18, 1857

BOLIVIA.
    El estado. Diario oficial de la
    República de Bolivia. año 1, no.
    1-año 5, no. 563; julio 5, 1900-
    agosto 23, 1904.
    La Paz, Bolivia, Imp. del Estado.

    Contains patent and trade mark notes.

BOLIVIA.
    El estado. Publicación oficial de
    la República de Bolivia. año 1,
    no. 1-no. 522; octubre 6, 1904-
    mayo 14, 1909.
    La Paz, Bolivia, Imp. del Estado.

    Continued by Sept. 6, 1909? Also
    printed by Imp. del Comercio de
    Bolivia. A new series was begun be-
    cause of change in administration.
    See its n.s. 1911-14.

    DLC
    DPU
    NN

BOLIVIA.
    El estado. Publicación oficial de
    la República de Bolivia. [n.s.]
    año 1-4; 1911-mayo 30, 1914.
    La Paz, Bolivia.

    DLC año 1-4, 1911-14 (no. 1-307)
    DPU 1-474
    NN 1-2

BOLIVIA.
    Gaceta del gobierno. año 1, no. 1;
    1858-año 4, no. 123; enero 31, 1862.
    La Paz de Ayacucho, Imp. de Vapor.

    Also printed in Imp. de Quevedo,
    Lopez and Paceña. In 1859 nos. 30-
    35 published in Cochabamba; nos.
    36-43 in Sucre. Año 1, no. 2-año
    4, no. 123; Mar. 22, 1858-Jan. 31,
    1862 have been recorded.

    CtY

BOLIVIA.
    Gaceta del gobierno. tomo 1, no. 1;
    1846-
    La Paz de Ayacucho, Imp. de la Epoca.

    Tomo 1, no. 2-no. 101, Dec. 19, 1846-
    Dec. 1, 1847 have been recorded.

    DLC v. 1, no. 2-v. 4, no. 123, Dec.
        19, 1846-Jan. 31, 1862 (micro-
        film 4 reels)

BOLIVIA.
    Gaceta del gobierno. tomo 1, no. 1;
    noviembre 25, 1841-tomo 5, no. 66;
    septiembre 3, 1846.
    La Paz de Ayacucho, Imprenta del
    Colejio de Artes, 1841-46.

    Frequency varies. Ceased publication.

    CtY
    DLC v. 1, no. 1-v. 5, no. 60, Nov.
        25, 1941-Aug. 15, 1846 (4 reels
        in microfilm)

BOLIVIA.
    Gaceta oficial. año 1, no. 1; septiembre
    1960-
    La Paz, Bolivia.

(continued)

BOLIVIA.
Gaceta oficial...(Cont'd.)

"Editado por el Departamento Constitucional y de Publicidad de la Secretaría General de la Presidencia de la República. Includes legislation. V. 4 skipped in numbering. No. 1-326, Sept. 1960-66 have been recorded.

DLC año 1-6, 1960-66-
DPU 1-
DS 1-
TxU [v. 1] 1960/61; v. 2, 1961/62; v. 3, 1962/65; v. 5, 1965/66

----- -----Indice general alfabético y cronológico del período comprendido entre el 5 de agosto de 1960 y el 5 de agosto de 1964.
La Paz, Bolivia.

FU

BOLIVIA.
Gaceta oficial. 1; enero/junio 1957-

La Paz, Bolivia.

Published under the direction of the Secretaría General of the Presidencia de la República.

DLC 1-
DPU 1-
DS 1-
TxU [1-2]

BOLIVIA.
Gaceta oficial. año 1-2 (no. 1-23); marzo 15, 1948-febrero 15, 1949.
La Paz, Bolivia.

semimonthly

No. 17-20 not printed.

DLC año 1-2, 1948-49

BOLIVIA.
Gaceta oficial. año 1, no. 1; febrero 11, 1924-año 5, no. 131; julio 2, 1928.
La Paz, Bolivia, 1924-28.

biweekly irregular

Numbered continuously. Continues Registro oficial. Title varies: Gaceta oficial de la República de Bolivia.

DLC 1-5, 1924-July 1928
DS
MH-L 1-
NN [1-2] 3

BOLIVIA.
Gaceta oficial de la República de Bolivia.
See its Gaceta oficial, 1924-28.

BOLIVIA.
El iris de La Paz. t. 1, no. 1; julio 11, 1829-t. 6, no. 21; febrero 9, 1939.
[La Paz, Bolivia] Imprenta del Colejio de Educandas.

Oficial organ of General Andrés Santa Cruz in La Paz.

DLC [1838, Jan.-Dec.]

BOLIVIA.
La nueva era. Periódico oficial. t. 1, no. 2; agosto 30, 1855-tomo 2, no. 75; septiembre 5, 1857.
Sucre, Imp. de López.

Also printed in Imp. de Beeche.

BOLIVIA.
    Presupuesto general...

    La Paz, Bolivia, 18 -19

    The voted budget. 1896-1928 issued
by the Ministerio de Hacienda; 1933-
    by the Dirección General de
Presupuesto (name varies). 1896,
1938-1939 have title: Presupuesto
nacional. At head of title,   -1938,
Contraloría General de la República,
Departamento de Presupuesto; 1939
Ministerio de Hacienda, Dirección
General de Presupuesto; 1940-19
Dirección General del Presupuesto.
Title varies slightly. The budget
has been recorded for the years
1832, 1834, 1835, 1840, 1841, 1845-
1846, 1847-48, 1851, 1869-70, 1873-
1874, 1879-80, 1881-82, 1883, 1886,
1887, 1888, 1889, 1890, 1894, 1896,
1897, 1898, 1900, 1901, 1902, 1903,
1906-23 incl., 1925, 1926, 1928,
1929, 1930, 1933, 1934, 1935, 1936,
1937, 1939-43, [1946-70].

CLSU
CtY 1907
CU
DLC 1869/70, 1873/74, 1879/80, 1881/
    1882, 1886-91, 1893-96, 1898,
    1900-1904/05, 1906-19, 1921-23,
    1925-26, 1928-30, 1933-37, 1939-
    1943, 1946, 1949, 1951, 1954,
    1956-57-
DC 1890, 1901, 1903, 1920, 1928-
DNW
DPU [1891-1926]
FU 1917
IASI 1960
ICJ
ICU 1888, 1890, 1910, 1912
IU 1832, 1883, 1888, 1902
NcD 1928, 1929, 1951
NcU
NjP 1925-26
NN 1896, 1900, 1912-13, 1915, 1926
    1928, 1933, 1936-42, 1946, 1961,
    1962
RPB 1869-70
TxU 1938-41, 1943, 1945-49, 1961-
    1962

BOLIVIA.
    Registro oficial.

    [La Paz]

    Continued as Gaceta oficial.

    CtY [1882, 1888, 1891]
    DLC [1896], 1900, 1903-[1907]-[1911]-
        [1914]
    DPU 1911-18

BOLIVIA.
    Registro oficial de la República de
    Bolivia. Administración constitu-
    cional del General José Manuel Pando.
    año 1, no. 1-19; febrero 15-abril
    29, 1900.
    La Paz, Imp. del Comercio.

    Printed also by Imp. del Estado.

    CtY 1882, 1888, 1891
    DLC 1896, 1902-05
    DPU 1911-18

BOLIVIA.
    Registro oficial de leyes, decretos,
    resoluciones, órdenes supremas y
    otros documentos. año 1, no. 1;
    1911-
    La Paz, Talleres Gráficos "La Prensa".

    Continued to no. 264, Jan. 29, 1919?
    Año 1, no. 2, Aug. 10, 1911-año 8,
    no. 242, March 5, 1918 has been re-
    corded. Also printed by Empresa
    Editora "El Tiempo".

    DLC [año 1-año 5, no. 106, 1911-15]

BOLIVIA.
    El rejenerador. tomo 1, no. 1-14;
    junio 18-septiembre 17, 1841.
    La Paz de Ayacucho, Imp. del Colejio
    de Artes, 1841.

BOLIVIA.
El rejimen legal. no. 1-98; octubre
8, 1873-abril 23, 1876.
La Paz, Imprenta de la Libertad.

Also printed by Imp. de la Unión
Americana.

BOLIVIA.
Rejistro nacional. no. 1-10; septiem-
bre 22-diciembre 12, 1864.
Cochabamba, Imp. Gutiérrez.

By decree of June 18, 1864 Rejistro
nacional was to be the only official
periodical.

BOLIVIA.
Rejistro oficial. Publicación ministerial. año 1, no. 1-año 3, no. 93;
junio 8, 1868-noviembre 29, 1870.
La Paz, Imp. Paceña.

Nos. 1-3 have title: Rejistro oficial. Publicación oficial. Also
printed by Imp. de la Unión Americana.

BOLIVIA.
Rejistro oficial de la República
de Bolivia. año 1, no. 1-año 5,
no. 36; enero 12, 1880-diciembre
1, 1884.
La Paz, Imp. de la Unión Americana.

Nos. 1-2 have title: Diario ofi-
cial de la República de Bolivia.
Also printed by Imp. del Progreso;
Imp. del Siglo Industrial.

BOLIVIA.
Rejistro oficial de la República
de Bolivia. Administración constitucional del señor Aniceto Arce.
año 2, no. 1-año 4, no. 244; marzo
19, 1890-septiembre 11, 1892.
La Paz, Imp. del Comercio.

BOLIVIA.
Rejistro oficial de la República
de Bolivia. Administración constitucional del señor Gregorio Pacheco.
año 1, no. 10; enero 1, 1885-año
4, no. 373; agosto 4, 1888.
La Paz, Imp. del Comercio.

BOLIVIA.
Rejistro oficial de la República
de Bolivia. Administración constitucional del señor Mariano Baptista.
año 1, no. 1-año 3, no. 265; septiembre 12, 1892-febrero 18, 1895.
La Paz de Ayacucho, Imp. del Comercio.

BOLIVIA.
Rejistro oficial de la República
de Bolivia. Administración constitucional del señor Severo Fernán-
dez Alonso. año 2, no. 52-54, noviembre 18-diciembre 4, 1897.
Sucre.

BOLIVIA.
El restaurador. tomo 1, no. 1; abril
4, 1839-tomo 11, no. 30; mayo 8,
1847.
Chuquisaca, Imp. Chuquisaqueña.

Also printed by Imp. de la Libertad.
Publication authorized by a decree
of April 1, 1839.

BOLIVIA.
La revolución. Periódico oficial.
año 1, no. 1-15; enero 1-abril 9,
1871.
Sucre, Tip. del Progreso.

This title also belongs to an earlier
publication of which no. 3 was
issued on Sept. 25, 1857.

BOLIVIA.
La transmisión legal. no. 1-

Cochabamba, Tip. de Quevedo y
Cia.

No. 33-110, April 19, 1856-August
27, 1857 have been recorded.

BOLIVIA.
La voz de Bolivia. año 1, no. 1;
octubre 30, 1862-año 2, no. 145;
septiembre 25, 1864.
La Paz, Imp. de Vapor.

Also printed in Oruro, Imp. del
Estado and Cochabamba, Tip. de
Gutiérrez.

BOLIVIA. ADMINISTRACION NACIONAL DE
PRESUPUESTO.
Presupuesto general.
See Bolivia. Presupuesto general.

BOLIVIA. ADMINISTRADOR DE LA ADUANA
NACIONAL.
Memoria.
La Paz, Bolivia.

No more published? See Bolivia.
Dirección General de Aduanas. Memo-
ria. Title varies: 18 -
Aduanas de la República; 18 -
Memoria presentada por el adminis-
trador de la aduana nacional.

DLC 1889/90
ICJ 1882-1884/85
IU 1882

BOLIVIA. ARCHIVO GENERAL DE LA NACION.
See also Bolivia. Biblioteca y Ar-
chivo Nacionales; Bolivia. Archivo
Nacional.

BOLIVIA. ARCHIVO NACIONAL.
Boletín y catálogo del Archivo general de la nación. t. 1, no. 1-t. 6,
no. 95; 6 marzo 1886-febrero 1932.
Sucre [1886-1932]

        irregular

Caption title. March 6, 1886-
1896 have title: Boletín y catálogo
del Archivo Nacional. Volume numbers
irregular: March? 1886-1914 called
v. 1-2, no. 1-   ; Apr. 1917-
May 1923 called v. 3-4, no. 1-61;
June/Dec. 1923-Jan./June 1925 called
v. 1, no. 1-v. 5, no. 6; Dec. 1925-
Nov. 1, 1929 called v. 4-5, no. 59-
93; Dec. 1930 called v. 6, no. 94;
Feb. 1932 called v. 7, no. 95. No
numbers published Oct.? 1896-1909?;
Apr. 1914?-Mar. 1917; July 1926-
Jly. 1927; Dec. 1929-Nov. 1930; Jan.
1931-Jan. 1932. No more published.

DLC [1-5]
IU [1-3]
NN [4]
TxU no. 63-65, no. 72-75

BOLIVIA. ASAMBLEA CONSTITUCIONAL.
El Redactor de la Asamblea Consti-
tucional.
See Bolivia. Congreso. Redactor del
H. Congreso Nacional.

BOLIVIA. ASAMBLEA CONSTITUYENTE, 1871.
Redactor de la Asamblea Constituyente
del año 1871. 1; 1927.
La Paz, Bolivia.

DLC

BOLIVIA. BIBLIOTECA NACIONAL.
See Bolivia. Biblioteca y Archivo
Nacionales.

BOLIVIA. BIBLIOTECA Y ARCHIVOS NACIO-
NALES.
Revista. no. 1; junio 1920-no. 24/
30?; 1943?
Sucre.

irregular

Publication suspended Aug. 1920-
May 1936. Resumed in June 1936 with
no. 3. Title varies: nos. 1-7 as
Revista de la Biblioteca Nacional
de Bolivia. Issued irregularly: no.
1, June 1920; no. 2, Jly. 1920; no.
3, June 1936; no. 4, Nov. 1936; no.
5, Dec. 1936; no. 6, June 1937; no.
7, Nov. 1937; no. 8, Mar. 1939; no.
9,   ; no. 10/11, Dec. 1940;
no. 16/23, Aug. 1941; no. 24/30 June
1943.

CU no. 16, 1941-
DLC no. 10/11-24-30, Dec. 1940-June
    1943
FU no. 10-30, Dec. 1940-June 1943
MH 1-9, 16/23
MnU 1-7
NcD no. 8, Mar. 1939; nos. 10-15,
    1940; nos. 16/23 1941; nos.
    24/30, 1943
NN 1-
RPB 16/23, 1941

BOLIVIA. CAJA DE SEGURO Y AHORRO
OBRERO.
See Caja Nacional de Seguro Social,
La Paz. See also Seguridad Social.

BOLIVIA. CAMARA NACIONAL DE INDUSTRIAS.
Memoria presentada a la Junta General.

La Paz, Bolivia.

(continued)

BOLIVIA. CAMARA NACIONAL DE INDUSTRIAS.
Memoria...(Cont'd.)

annual

DC 8, 1938
DLC
MH 8
MiEM no. 33, 1964-
NcD 15th, 1945/46
PPiU

BOLIVIA. CASA NACIONAL DE MONEDA,
POTOSI.
Anales del museo de la Casa Nacio-
nal de Moneda.

Potosí.

TxU

BOLIVIA. CASA NACIONAL DE MONEDA,
POTOSI.
Informe.
Potosí, Bolivia.

The only separate reports recorded
are those for the years 1894 and
1901/02. This agency dates from the
colonial period. Its building is
now a Museum.

NN 1900/01

BOLIVIA. COMANDO EN JEFE DE LAS FUER-
ZAS ARMADAS.
Estudio histórico.
See Bolivia. Ejército. Sección III.
Estudio histórico.

BOLIVIA. COMISION CARTOGRAFICA.
See Bolivia. Instituto Geográfico
Militar y de Catastración Nacional.

BOLIVIA. COMISION CODIFICADORA NACIO-
NAL.
Boletín. no. 1-6; octubre 1941-
diciembre 1942.
La Paz, Bolivia.

Mimeographed.

DLC no. 1-6, 1941-42

BOLIVIA. COMISION CODIFICADORA NACIO-
NAL.
Publicaciones de la Comisión: 1;
1943-
La Paz, Bolivia.

DLC 1-2, 1943

BOLIVIA. COMISION DE ESTADISTICA.
Archivo estadístico, órgano de la
Comisión de estadística nacional
de Bolivia. no. 1; enero 19, 1874-

La Paz, 1874-

No. 1, Jan. 19, 1874-no.   July
27, 1875. Cf. Bibliografía Boliviana. V. 1, no. 1-13, 1874. Cf.
List of the serial publications of
foreign governments, 1815-1931.

RPB

BOLIVIA. COMISION FISCAL PERMANENTE.
Memoria presentada al Ministerio
de Hacienda. 1-8; 1924-1930/31.
La Paz, Bolivia.

Reports for 1922/24-1930/31 have
been recorded. Agency created in
1922, its work discontinued in 1932.
No more published.

(continued)

BOLIVIA. COMISION FISCAL PERMANENTE.
Memoria...(Cont'd.)

CtY 2, 4, 7-
CU
DC 3, 5-
DLC 1-2, 1923/24-1924/25; 4-8, 1926/
    1927-1930/31
DPU 3
MH-BA 6
NcD 5, 1927; 7, 1929/30
NjP 1, 3
NN 1-8, 1924-1930/31
TxU 1928/29
WaU 5

BOLIVIA. COMISION INVESTIGADORA NACIO-
NAL.
Publicaciones oficiales.

La Paz, Bolivia.

                    irregular

At head of title: 1966-   , Comisión
Investigadora Nacional para la Corporación Minera de Bolivia. Departamento de Investigaciones de Delitos
contra la Economía y Bienes del Estado y Particulares. Publicaciones
Oficiales. Publicaciones oficiales
2, informe 4 and Publicaciones 3,
informe 3 have been recorded.

DLC
NcU

BOLIVIA. COMISION MIXTA FERROVIARIA
BOLIVIANO-BRASILEÑA.
Informe. 1938-
La Paz, Bolivia.

                    biennial

DLC 1938-43, 1955-57

BOLIVIA. COMISION NACIONAL DE COORDINA-
CION Y PLANEAMIENTO.
Bolivia en Cifras.
See Bolivia en cifras.

BOLIVIA. COMISION NACIONAL DE ENERGIA
ATOMICA.
See Comisión Boliviana de Energía
Nuclear.

BOLIVIA. COMISION NACIONAL DE ESTUDIO
DE LA CAÑA Y DEL AZUCAR.
See Comisión Nacional de Estudio de
la Caña y del Azúcar.

BOLIVIA. COMISION NACIONAL DEL CREDITO
PUBLICO.
Informe. 1895-
Sucre, 1896-

No more published? Informe presented for the period 1895-97.

DLC 1895/96
DPU 1895/96

BOLIVIA. COMISION PERMANENTE DE NACIO-
NALIZACION DEL TRANSPORTE AUTOMOTOR.
Informe.
La Paz, Bolivia.

Agency attached to Ministerio de
Economía.

DLC 1966-

BOLIVIA. COMITE NACIONAL DE DEPORTES.
GABINETE MEDICO.
Archivos. v. 1, no. 1-

La Paz, Bolivia.

DNLM v. 1, no. 1

BOLIVIA. COMPAÑIA RECAUDADORA NACIO_
NAL.
See Compañía Recaudadora Nacional.

BOLIVIA. CONGRESO.
Anuario legislativo. 1904-
See Bolivia. Laws, statutes, etc.
Anuario legislativo.

BOLIVIA. CONGRESO.
Cuadro de los trabajos legislativos
de ambas cámaras.
La Paz, Bolivia.

DLC 1893, 1895
DPU

BOLIVIA. CONGRESO.
Discursos de clausura...y resumen
de labores de las legislaturas ordinarias y extraordinarias.

La Paz, Bolivia.

DLC 1900, 1902-03, 1912-14
DPU
ICJ 1913/14
ICU 1913/14
NN 1912-13/14

BOLIVIA. CONGRESO.
Informes de comisión. 1826/27-

La Paz, Bolivia.

1926/27-29 as Informes de comisiones,
peticiones de informe y minutas de
comunicación, and includes replies
to the requests of the deputies for
reports, transmitted by the President. After 1928/29 the "peticiones
de informes y minutas de comunicación" together with the replies
are issued separately as Informes
del poder ejecutivo.

(continued)

24

BOLIVIA. CONGRESO.
Informes...(Cont'd.)

DLC 1933
NN 1926/27-

BOLIVIA. CONGRESO.
Discurso del presidente del Congreso
nacional...
La Paz, Bolivia.

Title varies slightly. 1901-19
have been recorded.

DLC 1901, 1905-06, 1908, 1911, 1912,
1914
DPU

BOLIVIA. CONGRESO.
Libro menor de sesiones secretas.
See its Redactor del H. Congreso
nacional.

BOLIVIA. CONGRESO.
Peticiones de informes verbales y
escritos.
See its Proyectos é informes.

BOLIVIA. CONGRESO.
Proyectos e informes.

La Paz, Bolivia.

Includes texts of treaties. Beginning with the 1890's the legislative bills and reports of committees
have been so numerous that they were
issued in 3 series: Congreso, Cámara
de Diputados and Cámara de Senadores under the title Proyectos e
informes. See also its Redactor del
H. Congreso Nacional.

(continued)

BOLIVIA. CONGRESO.
Proyectos...(Cont'd.)

DLC 1908-09, 1911-12, 1914, 1915,
1917, 1919, 1921/22, 1924-26/27,
1928/29, 1931/32, 1933/34
DPU 1909, 1911, 1921-25
ICU 1911, 1914
NN 1913/14, 1921/22, 1924, 1926/27,
1929, 1931/32, 1933, 1938

BOLIVIA. CONGRESO.
Redactor del H. Congreso Nacional.

La Paz, Bolivia.

1933 issued and bound with its Proyectos é informes for the same sessions.
1825 (sesiones secretas)-1880 published
1918-27. Name of legislative body
varies: Asamblea general, Asamblea
constituyente, Congreso general constituyente, Convención nacional, etc.
Early secret sessions have title:
Libro menor de sesiones secretas.
Title changes: 1826, Sesiones secretas;
1826, Libro borrador de comunicaciones;
1897, Sesiones del Congreso.

CtY
CU 1826, 1874
DLC 1826, 1828-29, 1832-34, 1835-40,
1843-44, 1847-48, 1850-51, 1854-
1855, 1861, 1871-73, 1880, 1892,
1897, 1899-1912, 1914-29, 1931-
1932, 1934-36, 1938, 1940, 1941,
1944-45, 1947-48
DPU [1833-1925]
ICU 1903, 1909, 1911
IU 1900, 1903
NcD 1828-29, 1831-32, 1834-38, 1839
t. 1-3, 1840, 1843-44, 1850, 1855,
1854-55 (extra session), 1861,
1870-72, 1873 (extra session),
1880-81, 1884-87, 1891-92, 1897-
1914, 1916-28, 1931, 1938
NN 1825/26, 1828/29, 1831, 1832,
1837-40, 1843/44, 1846-48, 1850-
1851, 1854/55, 1861, 1871-73, 1880,
1901-1904/05, 1908-14, 1918/19-
1928/29, 1929-33, 1936-41, 1945

BOLIVIA. CONGRESO.
  Resumen de labores.
  See its Discursos...de clausura y
  resumen de labores...

BOLIVIA. CONGRESO.
  Sesiones.
  La Paz, Bolivia.

  See also its Redactor del H. Congreso Nacional.

  DLC
  NcD
  NNC

BOLIVIA. CONGRESO. CAMARA DE DIPU-
  TADOS.
  Anuario legislativo.
  See Bolivia. Laws, statutes, etc.
  Anuario legislativo.

BOLIVIA. CONGRESO. CAMARA DE DIPU-
  TADOS.
  Cuadro sinóptico de los trabajos.

  La Paz, Bolivia.

  See also Bolivia. Congreso. Cuadro
  de los trabajos legislativos de
  ambas cámaras.

  DLC 1900

BOLIVIA. CONGRESO. CAMARA DE DIPU-
  TADOS.
  Diario de debates.

  La Paz, Bolivia.

  DLC t. 3, Oct.-Nov. 1931; t. 4, Nov.
    -Jan. 1931/32; t. 5-8, Jan.-May
    1932; t. 1-2, Aug.-Nov. 1932
  NN t. 1-3, 5-8 (no. 1-90, 120-231)
    1931/32; t. 1-2 (no. 1-88) 1932

BOLIVIA. CONGRESO. CAMARA DE DIPUTADOS.
  Labores parlamentarias.
  See its Proyectos de ley e informes
  de comisiones.

BOLIVIA. CONGRESO. CAMARA DE DIPUTADOS.
  Informes de comisión.

  La Paz, Bolivia.

              annual

  19 -   has title: Informes de
  comisiones, peticiones de informe
  y minutas de comunicación, and includes replies to the requests of
  the deputies for reports, transmitted by the president. After 1928-
  1929 the "peticiones de informe y
  minutas de comunicación" together
  with the replies are issued separately
  with title: Informes del poder ejecutivo.

  DPU
  NN

BOLIVIA. CONGRESO. CAMARA DIPUTADOS.
  Informes del poder ejecutivo. (Peticiones de informes verbales, escritos y sus respuestas-minutas de co-
  municación-demandas de interpelación).
  1929-

  La Paz, 1930-

              annual

  Before 1929 included in its Informes
  de comisión. Replies to the requests
  of the deputies for reports are
  transmitted by the president.

  NN

BOLIVIA. CONGRESO. CAMARA DE DIPU-
TADOS.
Peticiones de informes de la H.
Cámara de Diputados (con respues-
tas).
La Paz, Bolivia, 19 -

DLC

BOLIVIA. CONGRESO. CAMARA DE DIPU-
TADOS.
Proyectos de ley e informes de
comisiones.
La Paz, Bolivia.

Title varies.

DLC 1896-97, 1900-14, 1916-19, 1921-
    1929, 1931-35, 1940-42
DPU [1894-1925]
ICJ 1889, 1901
ICU 1895-96, 1902, 1908, 1914
MH-L 1922/23
NjP 1921-24
NN 1901-02, 1913, 1926/27-29, 1931-
    1932, 1933/34, 1940, 1941

BOLIVIA. CONGRESO. CAMARA DE DIPU-
TADOS.
Redactor de la H. Cámara de Diputa-
dos...
La Paz, Imprenta y Litografía Artís-
tica.

At head of title: Legislatura ordi-
naria de...

DLC 1834-40, 1844, 1885, 1889, 1892,
    1893 t. 2, 1894-98, 1900, 1902-
    1919, 1921-29, 1931, 1940-43,
    1947-48
DPU [1892-1924/25]
ICU [1905, 1908]
IU 1903, 1905-06, 1913, 1914

(continued)

BOLIVIA. CONGRESO. CAMARA DE DIPUTADOS.
Redactor...(Cont'd.)

NcD 1832-40 t. 1, 1844, 1846, 1882,
    1885, 1892-94 t. 1, 1895-98 t. 1,
    1900-1903, 1905-1913/14, 1914
    t. 5-1916 t. 4, 1917 t. 2, 1919/20
    t. 4, 1921/22-1931/32
NjP [1921-25]
NN 1844, 1893 t. 1/2, 1894 t. 1, 1901
    t. 2, 1902 t. 1-2, 1905 t. 1, 3,
    1910, 1910/11, 1913-1929, 1947
TxU 1905, 1929, 1940, 1956-58

BOLIVIA. CONGRESO. CAMARA DE SENADORES.
Documentos oficiales.

La Paz, Bolivia.

DLC 1902-03
DPU 1903-04
ICJ [1902]

BOLIVIA. CONGRESO. CAMARA DE SENADORES.
Proyectos e informes.

La Paz, Bolivia.

CtY [1912]
DLC 1832, 1893, 1895-96, 1900-1903,
    1905-19, 1921-29, 1931-36
DPU [1832-1925]
ICU [1902, 1909, 1911, [1913-14]
IU 1914
NcD
NN 1900-01, 1902, 1908-09, 1911-13,
    1913-14, 1921/22, 1924/25, 1926/27,
    1928/29, 1929-1933/34
NNC

BOLIVIA. CONGRESO. CAMARA DE SENADORES.
[Publicaciones]
La Paz, Bolivia.

Unnumbered? An issue for 1962 has
been recorded.

CtY

BOLIVIA. CONGRESO CAMARA DE SENADORES.
Redactor del H. Senado Nacional.

La Paz, Bolivia.

CtY [1903-[1911, 12]
DLC 1832-40, 1855, 1885, 1890-93,
    1895-98, 1900-29, 1931-36, 1940-
    1943, 1947
DPU 1924-25
FU Legislatura extraordinaria de
    1933, 2-70 sesión extraordinaria,
    21 Oct. 1933-Jan. 15, 1934. Tomo
    único.
ICU [1910-14]
NcD 1832-40, 1844, 1846, 1850, 1882,
    1885, 1887-88, 1890-92, 1894-95,
    1900-01, 1903-1905/06, 1906/07
    t. 3, 1907-09, 1911-15, 1916 t.
    3, 5, 1929/30-1931/32
NN 1840, 1844, 1850, 1882, 1900,
    1901-03, 1907-09/10, 1911, 1912,
    1914-34, 1940-42
TxU 1957-58

BOLIVIA. CONGRESO. CAMARA DE SENADORES.
Resumen de labores y catálogo de
asuntos pendientes en tramitación.

La Paz, Imp. Renacimiento.

DLC 1901, 1905, 1908, 1922-23, 1929-
    1930
ICJ 1901
NcD
NN 1900-01

BOLIVIA. CONSEJO DE ESTADO.
Boletín. no. 1-
La Paz, Bolivia.

No. 4, 1873 has been recorded.

BOLIVIA. CONSEJO NACIONAL DE ARTE.
Arte; revista del Consejo Nacional
de Arte. año 1, v. 1, no. 1; enero/
abril 1961-
La Paz, 1961-

                    3 times a year

DLC 2, 1961
DPU año 1, v. 1, no. 2, May/Aug. 1961
NN 1-
TxU v. 1, no. 1, Jan./Apr. 1961

BOLIVIA. CONSEJO NACIONAL DE ARTE.
Revista.
See its Arte.

BOLIVIA. CONSEJO NACIONAL DE COOPERA-
TIVAS.
See also Bolivia. Dirección Nacional
de Cooperativas.

BOLIVIA. CONSEJO NACIONAL DE COOPERA-
TIVAS.
Colección de cultura cooperativa.
no. 1; 1958-

La Paz, Dirección Nacional de Informaciones de la Presidencia de la
República, 1958-

FU unnumbered issue published in
    1962
TxU no. 1, 1958

BOLIVIA. CONSEJO NACIONAL DE EDUCACION.
Cuadros de estadística escolar; en-
señanza media...
La Paz, Bolivia, 1942-

                    annual

See also Nueva ruta.

DLC 1941
NN 1941

BOLIVIA. CONSEJO NACIONAL DE EDUCACION.
Informe. no. 1; 1940/41-
La Paz, Bolivia, 1942-

annual

Report ends June 30.

DLC 1940/41-1941/42
NN 1940/41, 1941/42

BOLIVIA. CONSEJO NACIONAL DE EDUCACION.
Nueva ruta.
See Nueva Ruta.

BOLIVIA. CONSEJO NACIONAL DE REFORMA.
AGRARIA.
Boletín agrario. no. 1; octubre
1963-
La Paz, Bolivia.

No. 1-8 published Oct. 1963-Feb.
1964. Published by the Consejo's
Departamento de Relaciones Públicas.

BOLIVIA. CONSEJO NACIONAL DE REFORMA
AGRARIA.
Gaceta judicial agraria. año 1, no.
1; junio/agosto 1963-
La Paz, Bolivia.

BOLIVIA. CONSULATE. NEW YORK.
Informe.
[Nueva York]

annual

Ceased publication.

DLC 1916
NN 1916

BOLIVIA. CONSULA E. SAN FRANCISCO,
CALIF.
Circular. no. 1; 1925-
[San Francisco, 1925-]

Ceased publication. Mimeographed.

NN no. 1-2, 1925

BOLIVIA. CONTADURIA JENERAL DE HACIENDA
PUBLICA.
See Bolivia. Contraloría General.

BOLIVIA. CONTRALORIA GENERAL.
See also Bolivia. Tribunal Nacional de Cuentas.

BOLIVIA. CONTRALORIA GENERAL.
Balance general.
La Paz?

Running title: Gestión fiscal. Prepared by the agency's Departamento
Central de Contabilidad.

DLC 1946

BOLIVIA. CONTRALORIA GENERAL.
Cálculo de las entradas ordinarias
relativas al presupuesto nacional...

La Paz, Bolivia.

annual

1930-31 issued with a separate section
for the national budget and for each
of the departments. 1929, 1935-
only national section has been issued.
1932-34 not published in this series.
1929-30 issued by the Oficina Nacional
de Estadística Financiera.

DLC 1921, 1929, 1930, 1945 (t. 1)
NN 1929-31, 1935

BOLIVIA. CONTRALORIA GENERAL.
Cálculo de las entradas ordinarias y extraordinarias relativas a los presupuestos departamentales...

La Paz, Bolivia.

Was issued for 1929, 1930 and
1931. 1929 was prepared by Oficina Técnica del Ministerio de
Hacienda.

DLC 1930
NN 1930-31

BOLIVIA. CONTRALORIA GENERAL.
Cuenta general de la nación.
See Bolivia. Tesoro Nacional.
Cuenta general del ejercicio fi-
nanciero...

BOLIVIA. CONTRALORIA GENERAL.
Informe.
La Paz, Bolivia [1929?-

Reports have been recorded for the
first semester of 1929, for 1931
and for 1932-33. A summary report
is included in the Memoria of the
Ministerio de Hacienda presented
in 1929. Agency created in 1928.
It is a clearing house for all
financial transactions of the government. It is independent of all
offices of the government with the
exception of the President of the
Republic. The Tribunal Nacional de
Cuentas created in 1883 was incorporated in the Contraloría General
in 1929 and abolished in 1939.

DLC 1931/32
NN 1929, 1931/32, 1932/33

BOLIVIA. CONTRALORIA GENERAL.
Presupuesto general.
See Bolivia. Presupuesto general.

BOLIVIA. CONVENCION NACIONAL.
See also Bolivia. Congreso.

BOLIVIA. CONVENCION NACIONAL, 1938.
Redactor de la Convención Nacional.
1938-39.
La Paz, Bolivia, Editorial Universo,
1938-39.

Published in 5 vols.

DLC
TxU

BOLIVIA. CONVENCION NACIONAL, 1920-21.
Redactor. 1-6; 1920-21.
La Paz, Bolivia.

See also Bolivia. Congreso. Redactor.

DLC 1-3, 5-6
DPU
NN

BOLIVIA. CORTE NACIONAL DEL TRABAJO.
Boletín del trabajo. año 1, no. 1;
mayo 1927-año , no. 35? octubre
1941.
La Paz, Bolivia.

                    irregular

Issues for May 1927-   called
"año" 1-   . Issued May 1927-
Jan. 1930 by the Judicatura del Trabajo under its earlier name: Departamento Nacional del Trabajo; Feb.
1930-   by the Dirección General
del Trabajo. 1931-34 not published.
Includes supplements called "Número
extraordinario."

DL [2]
DLC Jly. 1927-41
NN año 4, no. 22-26, 1935

BOLIVIA. CORTE NACIONAL DEL TRABAJO.
  Gaceta de jurisprudencia social.
  See Gaceta de jurisprudencia social.

BOLIVIA. CORTE NACIONAL ELECTORAL.
  Informe que eleva el presidente a
  la consideración del honorable
  Congreso Nacional.

  La Paz, Bolivia.

  DLC 1958, 1960
  DS 1957/58-

BOLIVIA. Corte Suprema.
  Discurso informe del presidente en
  la apertura del año judicial.

  Sucre, Bolivia, Imp. y Litografía
  Salesianas.

  At head of title: Corte Suprema de
  Justicia. Issued annually as an
  extraordinary number of its Gaceta
  Judicial and at times in separate
  pamphlet form.

  DLC 1945, 1960-62, 1964
  DPU

BOLIVIA. CORTE SUPREMA.
  Gaceta judicial. año 1, no. 1;
  mayo 10, 1858-
  Sucre, Bolivia, 1858-

                    monthly

  Frequency varies: 1898-   , monthly.

  DLC 1-51, 64, 1858-65; 1872-Apr.
     1947; Oct. 1950; Sept.-Oct. 1953;
     Jan.-Dec. 1954; Jan.-Dec. 1961;
     Jan.-Oct. 1962
  MH-L 1-
  MiU-L

                    (continued)

BOLIVIA. CORTE SUPREMA.
  Gaceta...(Cont'd.)

  NcD 1858-1946, 1947-48, 1950 (Jan.,
     Jly.-Dec.), 1951 (Jan.-Feb.),
     1952 (Oct.-Dec.), 1953-54, 1961,
     1962 Jan.-Apr.

----- -----Compendio de la Gaceta
  judicial. Compendio al resumen de
  la jurisprudencia nacional desde el
  número primero de la gaceta publicado
  en 1858 hasta... por el Dr. Octavio
  Moscoso...Sucre, La Gaceta, 1898-
  V. 2 in 2 pts: pt. 1 Compendio, 1878-
  1892 inclusive. Sucre, 1893; pt. 2,
  Continuación del compendio de la
  Gaceta Judicial, 1893-1896. Sucre, 1893.

BOLIVIA. CORTE SUPREMA.
  Informaciones judiciales. Contiene
  los discursos de los presidentes de
  corte, en la apertura del año judicial...
  y los informes de las fiscalías de
  distrito.
  La Paz, Bolivia.

  Recorded for the years 1915, 1917,
  1918, and 1919. In 1907 and 1908
  issued as Informaciones de los presidentes de corte.

BOLIVIA. DEPARTAMENTO DE ARQUEOLOGIA,
  ETNOLOGIA Y FOLKLORE.
  Notas de arqueología boliviana.
  See Notas de arqueología boliviana.

BOLIVIA. DEPARTAMENTO DE COOPERACION
  INTELECTUAL.
  Publicaciones. 1; 1940-
  La Paz, Bolivia.

  Agency attached to Ministerio de
  Relaciones Exteriores. No more
  published?

BOLIVIA. DEPARTAMENTO DE ESTADISTICA.
Síntesis de estadística industrial.
See Bolivia. Dirección General de
Estadística. Industria.

BOLIVIA. DEPARTAMENTO DE ESTADISTICAS
AGROPECUARIAS.
Estadísticas agropecuarias.
See its Resumen general de la Re-
pública.

BOLIVIA. DEPARTAMANTO DE ESTADISTICAS
AGROPECUARIAS.
Resumen general de la República.
Estimaciones agropecuarias. año
agrícola 1957/58-
La Paz, Bolivia.

annual

Cover title: Estadísticas agropecuarias.

DLC 1957/58-
DNAL 1957/58-
TxU 1957/58

BOLIVIA. DEPARTAMENTO DE ESTADISTICAS
GUBERNAMENTALES.
Anuario. 1964/66-
[La Paz] Bolivia.

At head of title: Ministerio de
Hacienda. Dirección General de Estadística y Censos.

FU 1964/66

BOLIVIA. DEPARTAMENTO DE FOLKLORE.
Notas de arqueología boliviana.
See Notas de arqueología boliviana.

BOLIVIA. DEPARTAMENTO DE LITERATURA,
BIBLIOTECAS Y ARCHIVOS.
Cuadernos de bibliografía. no. 1;
1969-
La Paz, Ministerio de Cultura, Infor-
mación y Turismo, 1969-

FU no. 1
NNC no. 1

BOLIVIA. DEPARTAMENTO DE MEDIDAS Y
EFICIENCIA ESCOLAR.
Boletín. no. 1; mayo-octubre 1940-

Sucre, Bolivia, Consejo Nacional de
Educación.

BOLIVIA. DEPARTAMENTO DE MEJORAMIENTO
DEL HOGAR.
See El mensajero del hogar. Boletín
informativo.

BOLIVIA. DEPARTAMENTO DE PRENSA Y
PUBLICACIONES.
See Bolivia. Ministerio de Rela-
ciones Exteriores. Departamento de
Prensa y Publicaciones.

BOLIVIA. DEPARTAMENTO DE PROPAGANDA Y
PRENSA.
See Bolivia. Ministerio de Relaciones
Exteriores. Departamento de Propa-
ganda y Prensa.

BOLIVIA. DEPARTAMENTO DE PUBLICACIONES
Y DIFUSION CULTURAL.
Cordillera.
See Cordillera.

BOLIVIA. DEPARTAMENTO DE SANIDAD
VEGETAL.
Boletín de divulgación. 1; 1961-

La Paz, Bolivia.

No. 1-3, 1951 have been recorded.

BOLIVIA. DEPARTAMENTO DE SANIDAD
VEGETAL.
Boletín entomológico. no. 1;
1951-
La Paz, Bolivia.

No. 1-5, 1951-52 have been recorded.

BOLIVIA. DEPARTAMENTO DE SANIDAD
VEGETAL.
Hoja divulgativa de la Sección
Entomología. no. 1; agosto 1947-

La Paz, Bolivia, Dirección General
de Agricultura.

BOLIVIA. DEPARTAMENTO INDUSTRIAL.
See Bolivia. Dirección General de
Industria y Comercio.

BOLIVIA. DEPARTAMENTO NACIONAL DE
GEOLOGIA.
See Bolivia. Servicio Geológico.

BOLIVIA. DEPARTAMENTO NACIONAL DE
HIGIENE Y SALUBRIDAD.
Boletín de la Dirección general
de sanidad pública.
See Bolivia. Dirección General de
Sanidad Pública. Boletín. 1929-

BOLIVIA. DEPARTAMENTO NACIONAL DE
PRENSA, PROPAGANDA E INFORMACIONES.
See Also Bolivia. Dirección Gene-
ral de Propaganda e Informaciones;
Bolivia. Ministerio de Relaciones
Exteriores. Departamento de Propa-
ganda y Prensa; Bolivia. Dirección
Nacional de Informaciones.

BOLIVIA. DEPARTAMENTO NACIONAL DE
PRENSA, PROPAGANDA E INFORMACIONES.
Publicaciones.
La Paz, Bolivia.

Unnumbered?

TxU 1951 issue

BOLIVIA. DEPARTAMENTO NACIONAL DE
PROPAGANDA.
See Bolivia. Dirección General de
Propaganda e Informaciones.

BOLIVIA. DEPARTAMENTO NACIONAL DEL
TRABAJO.
Boletín del trabajo. 1927-
See Bolivia. Corte Nacional del
Trabajo. Boletín del trabajo.

BOLIVIA. DIRECCION DE ESTADISTICA
FINANCIERA. SECCION COMERCIAL.
Comercio especial de Bolivia.
See Bolivia. Dirección General
de Aduanas. Comercio especial de
Bolivia; importación-exportación.

BOLIVIA. DIRECCION DE INVESTIGACIONES
AGROPECUARIAS.
Informe semestral.

La Paz, Bolivia.

semi-annual

1st semester 1967 has been recorded.

BOLIVIA. DIRECCION DE PRENSA E INFOR-
MACIONES.
See Bolivia. Dirección Nacional de
Informaciones.

BOLIVIA. DIRECCION DE SANIDAD MILITAR.
Revista de sanidad militar.
See Revista de sanidad militar.

BOLIVIA. DIRECCION DEL PLAN DE DESA-
RROLLO RURAL.
Informe anual de trabajo. 1965-

La Paz, Bolivia.

BOLIVIA. DIRECCION GENERAL DE ADUANAS.
Comercio especial de Bolivia; importación-exportación. 1910/11?-

La Paz, Bolivia.

Annual 1913-1927; quarterly 1928-
(1928-1929 & 1930/31 issued together
in 4 nos. each). 1913-22 have subtitle: Importación-exportación-
bancos. 1913-26 issued by Bolivia.
Dirección General de Aduanas, Sección de Estadística Comercial; 1927
by Bolivia. Oficina Técnica de Comercio y Aduanas, Sección Estadística; 1928/29-1930/31 by Bolivia.
Dirección de Estadística Financiera,
Sección Comercial. Continues as
Bolivia. Dirección General de Estadística. Comercio exterior; anuario.
Importación, exportación. 1926/27
and 1928/29 issued in parts.

CSt 1912
CU 1912
DC 1910/11-
DLC 1912-15, 1917-40
DNAL 1920
DPU 1910/11, 1912-21, 1923-26
FU 1912-1920/21, 1923/24

(continued)

BOLIVIA. DIRECCION GENERAL DE ADUANAS.
Comercio especial...(Cont'd.)

ICJ 1910-12
ICU 1912-15, 1917-18
IU 1917-22
MH-BA 1916, 1919-20, 1927
NjP 1919-25, 1927
NN 1912-1930/31
NNA 1913
TxU 1919, 1928-29
WaU 1926/27

BOLIVIA. DIRECCION GENERAL DE ADUANAS.
Memoria. 1912/13-16/17, 1923/24.
La Paz, Bolivia.

1917-18 appear in its Comercio especial.
A memoria of the Administrador de la
Aduana Nacional de la Paz was published
in 1890. No more published. Continued
in its Comercio especial de Bolivia.

CtY 1913
CU 1913
DC 1915-16
DLC 1912/13-1917/18
DPU 1913-15
ICU 1912/13

BOLIVIA. DIRECCION GENERAL DE ADUANAS.
Revista de aduanas. año 1, no. 1;
febrero/marzo 1934-año 16, no. 53;
julio-diciembre 1949.
La Paz, 1934-49.

irregular bimonthly

Cover title, no. 1-   . Nos. 1-
2 have title: Revista de aduanas e
impuestos. Cover title 1938 Aduanas
de Bolivia. Do not confuse with a
publication with the same title
published 1912-20.

DLC año 1-2, no. 1-4, 1934; año 2,
no. 6, 1935; año 3-año5, no. 8-
23, 1936-38; año 7, 1940; año 9-
12, 1942-43; año 14, no. 47, 1947
NN 1934-49, no. 1-53, año 1-16

BOLIVIA. DIRECCION GENERAL DE ADUANAS.
  Revista de aduanas de Bolivia. v. 1,
  no. 1; junio 1912-3 epoca no. 54;
  enero 1920.
  La Paz.

  Published as follows: Vol. 1, no. 1,
  June 1912-Vol. 3, no. 22, Oct. 1914.
  Resumed in 1918? It was issued through
  no. 54, Jan. 1920. Ceased? with 3rd
  epoca, no. 54, Jan. 1920. Do not
  confuse with a publication with the
  same title issued 1934-49.

  CtY [2]
  DLC año 1-2, no. 1-17, 1912-13
  DPU 1-3

BOLIVIA. DIRECCION GENERAL DE AGRI-
  CULTURA.
  Boletín de divulgación. no. 1;
  1955-
  La Paz, Bolivia.

  No. 1-5, 1955 have been recorded.

  DNAL 1-

BOLIVIA. DIRECCION GENERAL DE AGRI-
  CULTURA. DEPARTAMENTO DE EXPERI-
  MENTACION.
  Serie técnica. no. 1-

  La Paz, Bolivia.

  No. 2-3, 1948 have been recorded.

BOLIVIA. DIRECCION GENERAL DE AGRI-
  CULTURA. SERVICIO NACIONAL DE
  VETERINARIA.
  Informe anual.

  La Paz, Bolivia.

  1932 has been recorded.

BOLIVIA. DIRECCION GENERAL DE AGRI-
  CULTURA Y GANADERIA.
  Revista de agricultura y ganadería.
  See Revista de agricultura y gana-
  dería. 1927-

BOLIVIA. DIRECCION GENERAL DE COMUNI-
  CACIONES.
  See Bolivia. Dirección General de
  Correos.

BOLIVIA. DIRECCION GENERAL DE CORREOS.
  Boletín oficial de comunicaciones.
  año 1, no. 1; abril 1935-

  La Paz, Bolivia, 1935-

                    monthly

  Numbered continuously.

  DLC 3-13, 1935-36
  NN año 1, no. 2-3, 5-12, May 1935-
    March 1936; año 2, no. 13, April
    1936

BOLIVIA. DIRECCION GENERAL DE CORREOS.
  Informe anual.
  La Paz, Bolivia.

  Agency established in 1878 under the
  Ministerio de Gobierno. Agency name
  changes: 1936 as Dirección General
  de Comunicaciones; 1944 Dirección
  General de Correos. Separate annual
  reports have been recorded for the
  years 1887, 1891/92, 1895/96, 1904/
  1905, 1905/06, 1906/07, 1910/11-
  1918/19, 1921, 1930, 1931. 1930 has
  title Memoria. Summary reports included in the Memoria of the Ministerio de Obras Públicas y Comunicaciones.

  DLC 1887/88, 1895/96-96/97, 1911/12-
    1912/13, 1914/15-1916/17, 1930

                    (continued)

BOLIVIA. DIRECCION GENERAL DE CORREOS.
Informe...(Cont'd.)

DPU 1904/05-06/07, 1910/11-18/19,
1921
ICJ 1887, 1891/92, 1910/11
IU 1887
NN 1912/13, 1914/15, 1916/17, 1918/
1919
TxU 1914

BOLIVIA. DIRECCION GENERAL DE CORREOS.
Revista postal y telegráfica boliviana.
See Revista postal y telegráfica
boliviana.

BOLIVIA. DIRECCION GENERAL DE CULTURA.
Boletín cultural. año 1, no. 1;
julio/agosto 1962-
La Paz, Bolivia.

BOLIVIA. DIRECCION GENERAL DE ECO-
NOMIA RURAL.
Boletín informativo de precios de
productos agrícolas. no. 1; 1962-

La Paz, Bolivia.

No. 1-15, 1962 have been recorded.

BOLIVIA. DIRECCION GENERAL DE ECO-
NOMIA RURAL.
Derribe de ganado y consumo de carne
en la República. año 19 -

La Paz, Bolivia.

1952, 1960-63 have been recorded.

DLC 1952
DNAL
IASI 1952

BOLIVIA. DIRECCION GENERAL DE ECONOMIA
RURAL.
Estadística de importaciones y exportaciones de productos de origen
agropecuario. 1930-48-

La Paz, Bolivia.

                    annual

1930-52 published in 1954 and 1958-
1961 published in 1965 recorded.
Title varies slightly: Estadísticas
del comercio exterior. Importaciones
y exportaciones de productos de origen agropecuario, 1930-61-

IASI 1950, 1954

BOLIVIA. DIRECCION GENERAL DE ECONOMIA
RURAL.
Estadística de índices de precios
de productos agropecuarios de la
República de Bolivia.

La Paz, Bolivia.

1945-50 have been recorded.

CU 1945-50
DLC 1945-50
DNAL 1945-50

BOLIVIA. DIRECCION GENERAL DE ECONOMIA
RURAL.
Estadísticas del consumo de productos agropecuarios nacionales de la
ciudad de Tarija.

La Paz, Bolivia.

Published by the Direccion's Sección Estudios Económicos. 1943, 1946
have been recorded.

DNAL

BOLIVIA. DIRECCION GENERAL DE ECO-
NOMIA RURAL.
Promedios de precios de productos
agropecuarios de la República de
Bolivia.

[La Paz] Dirección General de Economía Rural, Sección Análisis de
Precios, Mercados y Transportes,
[19

semi-annual

At head of title: Ministerio de
Agricultura, Ganadería y Colonización. Mimeographed.

DLC 2nd semester 1946; 1st semester
    1947
DNAL
DPU

BOLIVIA. DIRECCION GENERAL DE ECO-
NOMIA RURAL. DEPARTAMENTO DE ESTA-
DISTICA Y CENSOS.
Derribe de ganado y consumo de
carne en la República.
See Bolivia. Dirección General de
Economía Rural. Derribe de ganado
y consumo de carne en la República.

BOLIVIA. DIRECCION GENERAL DE EDU-
CACION. DEPARTAMENTO DE ESTADIS-
TICA ESCOLAR.
Estadística escolar.

La Paz, Bolivia.

1960 has been recorded.

IASI 1960, 1951/66

BOLIVIA. DIRECCION GENERAL DE EDU-
CACION RURAL.
See Educación Rural.

BOLIVIA. DIRECCION GENERAL DE ESTA-
DISTICA.
See also Bolivia. Dirección Gene-
ral de Estadística, Inmigración y
Propaganda Industrial; Bolivia.
Dirección General de Estadística y
Censos; Bolivia. Dirección Gene-
ral de Estadística y Estudios Geo-
gráficos; Bolivia. Dirección Nacio-
nal de Estadística y Censos; Bo-
livia. Oficina de Estadística
Financiera; Bolivia. Oficina Nacio-
nal de Inmigración, Estadística y
Propaganda Geográfica.

BOLIVIA. DIRECCION GENERAL DE ESTA-
DISTICA.
Anuario demográfico.
See its Demografía.

BOLIVIA. DIRECCION GENERAL DE ESTA-
DISTICA.
Anuario estadístico financiero de
Bolivia. 1938, Finanzas.
See its Extracto estadístico de Bo-
livia.

BOLIVIA. DIRECCION GENERAL DE ESTA-
DISTICA.
Anuario geográfico y estadístico de
Bolivia.
See Bolivia. Dirección General de
Estadística y Estudios Geográficos.
Anuario nacional estadístico y geo-
gráfico de Bolivia.

BOLIVIA. DIRECCION GENERAL DE ESTA-
DISTICA.
Anuario industrial.
See Bolivia. Dirección Nacional de
Estadística y Censos. Anuario in-
dustrial.

BOLIVIA. DIRECCION GENERAL DE ESTA-
    DISTICA.
    Balances mineros. 1936-
    La Paz, Bolivia.

    The summary mining data for 1936
    is also included in its Extracto
    estadístico, Sección industria; for
    1937 included in its Industria; for
    1938-39 in its Industria manufactu-
    rera, fabril y extractiva; for 1939
    in its Transportes, 1940. This issue
    of Transportes includes in addition
    the data on petroleum for 1940.

BOLIVIA. DIRECCION GENERAL DE ESTA-
    DISTICA.
    Balanza internacional de pagos de
    Bolivia, 1938-40.
    La Paz, 1942.

    No more published.

    DLC 1938-40
    IASI

BOLIVIA. DIRECCION GENERAL DE ESTA-
    DISTICA.
    Boletín. 1901-
    See Bolivia. Dirección General de
    Estadística y Estudios Geográficos.
    Boletín.

BOLIVIA. DIRECCION GENERAL DE ESTA-
    DISTICA.
    Boletín anual. 1941.

    La Paz, Bolivia.

    Mimeographed statistical abstract.
    No more published?

BOLIVIA. DIRECCION GENERAL DE ESTA-
    DISTICA.
    Boletín estadístico. 1945-
    See Bolivia. Dirección Nacional de
    Estadística y Censos. Boletín esta-
    dístico.

BOLIVIA. DIRECCION GENERAL DE ESTA-
    DISTICA.
    Boletín mensual de estadística.
    See Bolivia. Dirección General de
    Estadística. Boletín mensual de
    información estadística.

BOLIVIA. DIRECCION GENERAL DE ESTA-
    DISTICA.
    Boletín mensual de información
    estadística. no. 1-[24] enero 1937-
    septiembre 1941.
    La Paz, Bolivia.

    24 numbers in all were issued. The
    later ones were not numbered.

    CtY
    DNLM
    NN no. 2-3, Feb.-June 1937

BOLIVIA. DIRECCION GENERAL DE ESTA-
    DISTICA.
    Comercio exterior; anuario...Impor-
    tación, exportación. 1932-
    La Paz, Editorial Feniz, 19

                        annual

    At head of title, 19   :República
    de Bolivia. Ministerio de Hacienda.
    Dirección General de Estadística.
    Continues Comercio especial de Boli-
    via, issued by the Sección de Esta-
    dística Comercial of the Dirección
    General de Aduanas from 1910/11-1926;
    by the Oficina Técnica de Hacienda

                        (continued)

BOLIVIA. DIRECCION GENERAL DE ESTA-
DISTICA.
Comercio exterior...(Cont'd.)

e Industria (varies) 1927; by the
Oficina Nacional de Estadística
Financiera, 1938-1930/31; and by
the Dirección General de Estadística, 1932-   . Vols. for 1928/29 and
1930/31 numbered 3 and 4 have title:
Anuario de los años... Comercio exterior de Bolivia. Some vols. issued
in several parts. See also Bolivia.
Dirección Nacional de Estadística.
Balanza comercial de Bolivia; comercio exterior. See also Bolivia.
Dirección General de Aduanas. Comercio especial de Bolivia; importación, exportación. Some years
issued in parts: 1966 in 2 vols.,
Exportación and Importación. 1968
also in 2 vols.

CSt 1928/29, 1932-37, 1942, 1948,
    1949
DLC 1938-1950/57, 1950-60, 1961,
    1964, 1965
FMU 1947-
FU 1928/29, 1929/30, 1934/35, 1937,
    1938, 1939, 1948, 1949, 1950/51,
    1950/59, 1950/60 and Suppl.,
    1966 (2 vols.), 1967, 1968
KU
NcD 1932/33
NN 1932/33-39, 1941-42, 1947-49,
    1950/51, 1950/59
NNC
PPiU
PPULC
TxU 1932-33, 1938-39, 1944-52, 1950/
    1959
WaU

BOLIVIA. DIRECCION GENERAL DE ESTA-
DISTICA.
Demografía. 1936-37-
La Paz, 19-   41.

                    annual

                (continued)

BOLIVIA. DIRECCION GENERAL DE ESTA-
DISTICA.
Demografía...(Cont'd.)

At head of title: Bolivia. Ministerio de Hacienda. Dirección General de Estadística. Title varies;
1945-50 as Anuario demográfico
(published in 1960).

CU
DLC 1941-51, 1957
FU 1945, 1946-50
ICU
LNHT
NN 1936/37-1940, 1946/50
PPULC
PSt
TxU 1938, 1945, 1946/50

BOLIVIA. DIRECCION GENERAL DE ESTA-
DISTICA.
Estadística agropecuaria. 1937/38-

La Paz, Bolivia.

                    annual

1939/41 issued in one volume. 1957-
1958 has subtitle: Resumen general,
año agrícola. Publicación del Ministerio de Agricultura. Departamento
de Estadísticas Agropecuarias. See
also Bolivia. Departamento de Estadísticas Agropecuarias. Resumen
general de la República. Estimaciones
agropecuarias.

DLC 1937/38-1939/41
FU 1937/38
FRI 1939-41
IASI 1939/41
NN 1937/38
PPULC 1939/41
PST 1939-41

BOLIVIA. DIRECCION GENERAL DE ESTA-
DISTICA.
Estadística financiera. 1930/35-

La Paz, Bolivia, 19

annual

At head of title, 19   :Bolivia
Ministerio de Hacienda. Dirección
General de Estadística (varies slightly). Part of the illustrative material is folded. Title varies:
issued in 1935 as Extracto estadístico, Sección finanzas; 1936-40,
as Finanzas. 1941 as Estadística
Financiera. 1942-43-   Finanzas.
1963 has been recorded.

DLC 1938-44
FU 1936/37-38
IASI 1940, 1942-43, 1950-59
TxU 1939, 1942-44

BOLIVIA. DIRECCION GENERAL DE ESTA-
DISTICA.
Estadística judicial. 1897/98.
La Paz, Bolivia.

No more published?

BOLIVIA. DIRECCION GENERAL DE ESTA-
DISTICA.
Extracto estadístico de Bolivia. v.
1-4; 1935-38.
La Paz, Bolivia.

Vol. 1, Sección finanzas, continued
by Finanzas, later Estadística financiera; v. 2, Sección estadística
económica (transportes) by its Transportes; v. 3, Sección industria, by
its Industria. 1936/37, 1938 v. 1
appears with an individual title:
Finanzas. Title varies: 1936 as Extracto estadístico de Bolivia. Sección Finanzas; 1939-40 as Finanzas;
1941 as Estadística financiera; 1942-
1943-   as Finanzas.

(continued)

BOLIVIA. DIRECCION GENERAL DE ESTA-
DISTICA.
Extracto...(Cont'd.)

CtY
DLC v. 1-3, 1935/36
FU 1926-35, v. 1-2; 1936 [v. 1]
    1937; 1938 [v. 1]
NN vol. 1-4
TxU v. 1, 3, 1935-36

BOLIVIA. DIRECCION GENERAL DE ESTA-
DISTICA.
Finanzas.
See its Extracto estadístico de
Bolivia. See also its Estadística
financiera.

BOLIVIA. DIRECCION GENERAL DE ESTA-
DISTICA.
Indice del costo de vida en la ciu-
dad de la Paz.
See Bolivia. Dirección Nacional de
Estadística y Censos. Indice del
costo de la vida en las ciudades de
la Paz, Cochabamba y Oruro.

BOLIVIA. DIRECCION GENERAL DE ESTA-
DISTICA.
Industria. 1937-
La Paz, Bolivia.

annual

Supersedes v. 3 of its Extracto estadístico de Bolivia. Sección industria. Issued for 1937, as Industria: for 1938-39, Industria manufacturera, fabril y extractiva; for
1940 Industria fabril y manufacturera; for 1941 Síntesis de estadística industrial (mimeographed).

(continued)

BOLIVIA. DIRECCION GENERAL DE ESTA-
DISTICA.
Industria...(Cont'd.)

CU
DI
DLC 1937-43
DNAL
FU 1943
IASI 1943, 1955, 1959
NN 1936-37
NNUN
PPULC
PSt
TxU 1938-39, 1942-43

BOLIVIA. DIRECCION GENERAL DE ESTA-
DISTICA.
Industria manufacturera, fabril y
extractiva. (title varies slightly)
See Bolivia. Dirección General de
Estadística. Industria.

BOLIVIA. DIRECCION GENERAL DE ESTA-
DISTICA.
Minería.
See Bolivia. Dirección General de
Estadística. Transportes.

BOLIVIA. DIRECCION GENERAL DE ESTA-
DISTICA.
Revista mensual.
See Bolivia. Dirección Nacional de
Estadística y Censos. Boletín esta-
dístico.

BOLIVIA. DIRECCION GENERAL DE ESTA-
DISTICA.
Síntesis de estadística industrial.

La Paz, Bolivia.

Loose leaf

NNUN

BOLIVIA. DIRECCION GENERAL DE ESTA-
DISTICA.
Suplemento estadístico.
See Bolivia. Dirección Nacional
de Estadística y Censos. Boletín
estadístico. Suplemento estadístico.

BOLIVIA. DIRECCION GENERAL DE ESTA-
DISTICA.
Transportes, 1936-

La Paz, Bolivia.

Issued for 1936 as Extracto estadístico de Bolivia, Sección estadística económica (transportes);
for 1937-39, Transportes (in one
volume); and for 1940 as Transportes, 1940-   Balances mineros,
1939.

CU
DLC 1939-40
IASI 1939-42
NNUN
PPULC
PSt
TxU 1940

BOLIVIA. DIRECCION GENERAL DE ESTA-
DISTICA. SECCION COMERCIO.
Resumen general de importaciones
conforme a la nomenclatura de
Bruselas, durante el año de...
1950?-
La Paz.

IASI 1950, 1951, 1954, 1955

BOLIVIA. DIRECCION GENERAL DE ESTA-
DISTICA, INMIGRACION Y PROPAGANDA
INDUSTRIAL.
See also Bolivia. Dirección General
de Estadística; Bolivia. Dirección

(continued)

41

BOLIVIA. DIRECCION GENERAL DE ESTA-
    DISTICA, INMIGRACION Y PROPAGANDA
    INDUSTRIAL. (Cont'd.)

    General de Estadística y Censos;
    Bolivia. Dirección General de Esta-
    dística y Estudios Geográficos;
    Bolivia. Dirección Nacional de Esta-
    dística y Censos; Bolivia. Oficina
    de Estadística Financiera; Bolivia
    Oficina Nacional de Inmigración,
    Estadística y Propaganda Geográfica.

BOLIVIA. DIRECCION GENERAL DE ESTA-
    DISTICA, INMIGRACION Y PROPAGANDA
    INDUSTRIAL.
    Anuario.
    La Paz, Imp. Atenea, 19 -

    Cover title. Agency attached to
    Ministerio de Hacienda e Industria.

    NcD

BOLIVIA. DIRECCION GENERAL DE ESTA-
    DISTICA, INMIGRACION Y PROPAGANDA
    INDUSTRIAL.
    Boletín.
    See Bolivia. Dirección General de
    Estadística y Estudios Geográficos.
    Boletín. 1901-

BOLIVIA. DIRECCION GENERAL DE ESTA-
    DISTICA, INMIGRACION Y PROPAGANDA
    INDUSTRIAL.
    Informe.
    La Paz, Bolivia.

    CtY
    DLC 1901/02
    DNAL 1912/13-13/14
    DPU 1915
    ICJ
    ICU
    NN 1901/02

BOLIVIA. DIRECCION GENERAL DE ESTA-
    DISTICA Y CENSOS.
    See also Bolivia, Dirección Gene-
    ral de Estadística; Bolivia. Di-
    rección General e Estadística, Inmi-
    gración y Propaganda Industrial;
    Bolivia. Dirección Nacional de
    Estadística y Censos; Bolivia. Di-
    rección Nacional de Estadística
    y Censos; Bolivia. Oficina de Esta-
    dística Financiera; Bolivia. Ofi-
    cina Nacional de Inmigración,
    Estadística y Propaganda Geografica.

BOLIVIA. DIRECCION GENERAL DE ESTA-
    DISTICA Y CENSOS.
    Anuario del Departamento de Esta-
    dísticas Gubernamentales.
    See Bolivia. Departamento de Esta-
    dísticas Gubernamentales. Anuario.

BOLIVIA. DIRECCION GENERAL DE ESTA-
    DISTICA Y CENSOS.
    Boletín de comercio exterior; im-
    portaciones-exportaciones.
    La Paz, Bolivia.

    1st semester 1965 has been recorded.

    IASI

BOLIVIA. DIRECCION GENERAL DE ESTA-
    DISTICA Y CENSOS.
    División política de Bolivia.

    La Paz, Secretaría Técnica de Plani-
    ficación.

    1968 has been recorded.

BOLIVIA. DIRECCION GENERAL DE ESTA-
DISTICA Y CENSOS.
Serie estudios. no. 1; 1970-
La Paz, Bolivia.

No. 1-2, 1970 have been recorded.
No. 2 Indicadores del comercio exterior de Bolivia.

FU no. 1-2

BOLIVIA. DIRECCION GENERAL DE ESTA-
DISTICA Y ESTUDIOS GEOGRAFICOS.
See also Bolivia. Dirección General
de Estadística; Bolivia. Dirección
General de Estadística y Censos;
Bolivia. Dirección General de Esta-
dística, Inmigración y Propaganda
Industrial; Bolivia. Dirección
Nacional de Estadística y Censos;
Bolivia. Oficina de Estadística Fi-
nanciera; Bolivia. Oficina Nacional
de Inmigración, Estadística y Propa-
ganda Geográfica.

BOLIVIA. DIRECCION GENERAL DE ESTA-
DISTICA Y ESTUDIOS GEOGRAFICOS.
Anuario nacional estadístico y
geográfico de Bolivia. 1-2; 1917-
1919.
La Paz, 1918-

At head of title, 1917-   :Dirección
Nacional de Estadística y Estudios
Geográficos. 1-2, 1917-19. None
issued for 1918.

CU-B
DC
DLC 1-2, 1917-19
DPU
FU 1917
IU 1
MH-BA 2
NjP 1
NN no. 1-2
NNA
NNC
TxU 1917, 1919
WM

BOLIVIA. DIRECCION GENERAL DE ESTA-
DISTICA Y ESTUDIOS GEOGRAFICOS.
Boletín. año 1,no. 1-año 10, no.
89; 1901-1914. 2 epoca. no. 1/2-
no. 31/33; 1918-20. 3 epoca no.
34/35; abril/diciembre 1926.
La Paz, Bolivia.

"Publicación mensual". Año 1, no.
1 of a previous series was published
July 1898. Año 1, no. 1, Jan. 1901-
año 10, no. 89 May/Aug. 1914 is
called 1st epoca. Publication suspended 1905-08. Año 1-10 also called
v. 1-10. Agency's name varies: v.
1-4 no. 48 issued by Oficina Nacional de Inmigración, Estadística y
Propaganda Geográfica; v. 5, no. 49,
1st quarter 1949-v. 8, no. 84 by
Oficina Nacional de Estadística; no.
88, Jan./Apr. 1914 by Dirección
General de Estadística y Estudios
Geográficos. Publication suspended
again 1914-17. 2 epoca no. 1/2, Jan./
Feb. 1918-no. 31/33, Jly./Sept.
1920. Publication again suspended
Jly. 1920-March 1926. 3 epoca. año
4 no. 34/36 Apr./Dec. 1926 issued
by the Dirección Nacional de Inmigración y Propaganda Industrial.

CtY [1]-[4-7, 9; s. 2, v. 4]
CU 5-10, s. 2, no. 22-24
DC 1-10 [s. 2, v. 4]
DI-GS [4-s. 2, v. 2] 1902-03
DLC año 1, no. 2, 1901; año 3-10,
    1903-14; año 1-4, 1918-26
DNAL [8-10]
DPU [1-10]
FU 2 epoca no. 25-27, Jan. Mar. 1920;
    no. 28-30, Apr. June 1920; no.
    31-33, Jly. Sept. 1920
ICJ [1-10]
ICU 1 [5-6]-[9]
IU [1-4; s. 2, v. 1-2, 4]
MiU [4-7, 9-s. 2, v. 3]
NN año 1-6, no. 1-66, 1901-04, 1909-
    1910; no. 67-89, 1911-1914; ser.
    2 no. 1-4, 13-15, 16-18, 1918-19
NNA [1]-[3-5]-s. 2 v.[1-3]
NNC [10]
NNM [1-4]-[9, s. 2, v. 1-3]
RPB [1-4]
TxU v. 1-10 (1901-14) with v. 4,
    9, 10 incomplete; ser. 2, v. 4
    (Apr.-Dec. 1926) (incomplete)

BOLIVIA. DIRECCION GENERAL DE GANADERIA.
Boletín de divulgación ganadera.

La Paz, Bolivia.

1955 has been recorded.

BOLIVIA. DIRECCION GENERAL DE IMPUESTOS
INTERNOS.
Boletín de impuestos internos. año
1, no. 1; enero 1937-
La Paz, 1937-

Frequency varies: monthly 1937-39;
quarterly 1940; semiannually, 1941-
1942.

CtY
DLC año 1-2, 4-6, no. 1-20, 43/45-
    67/72, 1937-38, June 1940-Dec.
    1942; año 7-9, no. 73-108, 1943-
    1945
NN año 1-6, no. 1-72, 1937-42 (año 1
    no. 4 missing)

BOLIVIA. DIRECCION GENERAL DE IMPUESTOS
INTERNOS.
Boletín oficial de impuestos internos.
See its Boletín de impuestos internos.

BOLIVIA. DIRECCION GENERAL DE INDUSTRIA
Y COMERCIO.
Registro nacional de industrias.

La Paz, Bolivia.

Issued only in 1941?

DLC 1941

BOLIVIA. DIRECCION GENERAL DE INSTRUC-
CION.
Folleto. no. 1-

La Paz, Bolivia.

(continued)

BOLIVIA. DIRECCION GENERAL DE INSTRUC-
CION.
Folleto...(Cont'd.)

At head of title: República de Bolivia. Ministerio de Instrucción Pública y Agricultura. Dirección General de Instrucción. Sección de Instrucción Primaria. No. 11-29, 1928
have title: Plan y programas de
enseñanza secundaria. Folleto no.
No. 30 has title La reforma de
nuestras escuelas rurales, 1928.

CU-B 11-29
DPU
FU no. 11-29 (in 1 vol.), no. 30,
    1928

BOLIVIA. DIRECCION GENERAL DE INSTRUC-
CION PRIMARIA, SECUNDARIA Y NORMAL.
Informe. 1915/16.
La Paz, Bolivia.

CU
DLC 1915/16
DPU
IU
NN included in the report of the
    Ministry of Education.

BOLIVIA. DIRECCION GENERAL DE INVES-
TIGACIONES AGRONOMICAS. SECCION DE
CULTIVOS.
Boletín técnico. 1-
La Paz, Bolivia.

DNAL 38, 1963-

BOLIVIA. DIRECCION GENERAL DE LA
RENTA.
Revista de la renta.
See Revista de la renta.

BOLIVIA. DIRECCION GENERAL DE LA RENTA
DE ALCOHOLES E IMPUESTOS INTERNOS.
See Bolivia. Dirección General de
Impuestos Internos.

BOLIVIA. DIRECCION GENERAL DE METEORO-
LOGIA.
See also Bolivia. Servicio Meteoro-
lógico.

BOLIVIA. DIRECCION GENERAL DE METEORO-
LOGIA.
Boletín anual meteorológico.
See Bolivia. Servicio Meteorológico.
Boletín anual meteorológico.

BOLIVIA. DIRECCION GENERAL DE METEORO-
LOGIA.
Boletín mensual del tiempo.
See Bolivia. Servicio Meteorológico.
Boletín mensual del tiempo.

BOLIVIA. DIRECCION GENERAL DE MINAS,
GEOLOGIA E HIDROLOGIA.
Memoria ministerial. 1912.
La Paz, Bolivia.

No more published.

DLC 1912

BOLIVIA. DIRECCION GENERAL DE MINAS
Y PETROLEO.
Boletín. 1929-
See its Boletín minas y petróleo.

BOLIVIA. DIRECCION GENERAL DE MINAS
Y PETROLEOS.
Boletín. no. 1; 1937-

La Paz, Bolivia.

BOLIVIA. DIRECCION GENERAL DE MINAS
Y PETROLEO.
Boletín minas y petróleo. año 1,
no. 1; diciembre 1939-
La Paz, Bolivia.

                    monthly

Continued in the Boletín informativo
of the Ministerio de Economía Nacional, 1941-   (later Boletín oficial). Continues Revista minera de
Bolivia, 1926-28.

CU
DLC año 1, no. 1-3, Dec. 1939-3rd/
    4th trimesters 1940
NNUN

BOLIVIA. DIRECCION GENERAL DE MINAS
Y PETROLEOS.
Informe 1; 1928/29-1929/30.
La Paz, Bolivia, 1929-30.

Issued by Dirección General de Minas
y Petróleos. Summary report included
in the Memoria of the Ministry. Separate reports recorded for fiscal
years 1928/29 and 1929/30. Agency's
name changes: Established in 1936
as Ministerio de Minas y Petróleo.
Absorbed in 1940 by the Ministerio
de Economía Nacional, became Dirección General de Minas y Petróleo.
Reestablished as Ministerio de Minas y Petróleo in 1952. See also
Bolivia. Ministerio de Minas y
Petróleo. Memoria.

CU
DI-GS
DLC 1929, 1940
DM 1929
NN 1929-30

BOLIVIA. DIRECCION GENERAL DE MINAS
Y PETROLEO.
Revista minera de Bolivia.
See Revista minera de Bolivia.

BOLIVIA. DIRECCION GENERAL DE OBRAS
   PUBLICAS.
   Informe. 1908/09-12/13.
   La Paz, Bolivia.

   Organized in 1902 as a dependency
   of the Ministerio de Fomento e Instrucción Pública. In 1915 it became a dependency of the Ministerio
   de Gobierno y Fomento. In 1926
   combined with Cuerpo Nacional de
   Ingenieros as Dirección General de
   Obras Públicas. Summary reports in
   the Memoria of the Ministry.

   DLC 1908/09, 1910/11, 1912/13
   DNW
   DPU
   NNA

BOLIVIA. DIRECCION GENERAL DE PETRO-
   LEO.
   Industria petrolera boliviana. Bole-
   tín estadístico anual.

   La Paz, Bolivia.

   1968 issue has been recorded.

BOLIVIA. DIRECCION GENERAL DE PLANEA-
   MIENTO EDUCATIVO.
   See Bolivia. Dirección Nacional de
   Planificación Educativa.

BOLIVIA. DIRECCION GENERAL DE POLICIAS.
   Revista de la policía boliviana,
   1938? See Revista de la policía boliviana.

BOLIVIA. DIRECCION GENERAL DE POLICIAS
   Y CARABINEROS.
   Boletín estadístico delictivo.

   [La Paz, Sección Publicaciones de
   la Dirección General de Estadística y Censos]

   Agency attached to Ministerio de
   Gobierno. 1952/60 "Tercer boletín".

   NN 1952-60
   TxU 1952-60

BOLIVIA. DIRECCION GENERAL DE PRE-
   SUPUESTO.
   See Bolivia. Contraloría General.

BOLIVIA. DIRECCION GENERAL DE PRE-
   SUPUESTO.
   Presupuesto general.
   See Bolivia. Presupuesto general.

BOLIVIA. DIRECCION GENERAL DE PRE-
   SUPUESTO, CREDITO PUBLICO Y AMORTI-
   ZACIONES.
   Cálculo de ingresos nacionales para
   la gestión de 19
   La Paz, 19

   DPU

BOLIVIA. DIRECCION GENERAL DE PROPA-
   GANDA E INFORMACIONES.
   See also Bolivia. Departamento
   Nacional de Prensa, Propaganda e
   Informaciones; Bolivia. Ministerio
   de Relaciones Exteriores. Departamento de Propaganda y Prensa; Bolivia. Dirección Nacional de Informaciones.

BOLIVIA. DIRECCION GENERAL DE PROPA-
GANDA E INFORMACIONES.
Boletín informativo para el exterior,
publicación quincenal. no. 1; segunda quincena de mayo, 1944-

La Paz, Bolivia.

Mimeographed. Agency attached to
Ministerio de Gobierno. It was
created in 1944 consolidating several previous information services:
Departamento Nacional de Propaganda
(1938-   attached to Ministerio
de Relaciones Exteriores); Dirección General de Propaganda y Cen-
sura (attached to Ministerio de
Guerra); Oficina de Propaganda e
Información (1920-   ); Departamento de Propaganda (1932-   ).
See also Ilustración boliviana.

BOLIVIA. DIRECCION GENERAL DE SANIDAD
PUBLICA.
Boletín. año 1-5 (no. 1-8); agosto
de 1929-35.
La Paz [1929-35]

                    irregular

Cover-title, no. 8. At head of
title, nos. 1-   : República de
Bolivia. Ministerio de Gobierno.
Part of the illustrative material
is folded. Ceased publication.

CL-
DLC año 1-5, (no. 1-2, 4-8), 1929-
    35
DNLM
ICJ 1-
NN año 1-3, nos. 1-6, 1929-1931/32
NNNAM 1-
TxU año 1

BOLIVIA. DIRECCION GENERAL DE SANIDAD
PUBLICA.
Guía de profesionales en medicina
y ramas anexas.
[La Paz]

Vols. for   "publicado por el
Departamento de 'Bioestadística,
Personal y Escalafón Sanitario' de
la Dirección General de Sanidad".

DLC 1946
DPU

BOLIVIA. DIRECCION GENERAL DE SER-
VICIO CIVIL.
Mejoras administrativas.
See Mejoras administrativas.

BOLIVIA. DIRECCION GENERAL DE TELE-
GRAFOS.
Boletín oficial de telégrafos.
1936?-
La Paz, Bolivia.

BOLIVIA. DIRECCION GENERAL DE TELE-
GRAFOS.
Informe. 1904/05-
La Paz, Bolivia.

                    annual

Title varies slightly. Ceased publication with 1913/14. Issued as
supplements to Bolivia. Ministerio
de Gobierno. Memoria, 1904/05-
1908/09. 1-9, 1904/05-12/13 have
been recorded.

CtY 9
DLC 1904/05-06/07; 1908/09-13/14
    (1907/08 bound with Memoria of
    Ministerio de Gobierno y Fomento.
DPU
ICJ 8
ICU 3-6, 8-9
MH-BA 4-5
NN 1910/11-13/14

BOLIVIA. DIRECCION GENERAL DE VIALI-
    DAD.
    Boletín.
    See Bolivia. Ministerio de Obras
    Públicas y Comunicaciones. Boletín
    de vialidad-hidráulica-electrici-
    dad-arquitectura.

BOLIVIA. DIRECCION GENERAL DEL TRA-
    BAJO.
    Boletín.
    See Bolivia. Corte Nacional del
    Trabajo. Boletín del trabajo.

BOLIVIA. DIRECCION NACIONAL DE ALFA-
    BETIZACION.
    Serie documentos. no. 1; 1962-

    La Paz, Talleres de la Campaña
    Nacional de Alfabetización.

    No. 1-3, 1962 have been recorded.

BOLIVIA. DIRECCION NACIONAL DE ANTRO-
    POLOGIA.
    Archivos del folklore boliviano.
    See Archivos del folklore boliviano.

BOLIVIA. DIRECCION NACIONAL DE COOPERA-
    TIVAS.
    See also Bolivia. Consejo Nacional
    de Cooperativas.

BOLIVIA. DIRECCION NACIONAL DE COOPERA-
    TIVAS.
    Colección de cultura cooperativa.
    See Bolivia. Consejo Nacional de
    Cooperativas. Colección de cultura
    cooperativa.

BOLIVIA. DIRECCION NACIONAL DE COOPERA-
    TIVAS.
    Folletos. no. 1-
    La Paz, Bolivia.

    TxU no. 10, 1962

BOLIVIA. DIRECCION NACIONAL DE COOPERA-
    TIVAS.
    Informe anual de labores.

    La Paz, Bolivia.

    1959, 1968 have been recorded.
    Title varies: Informe general de
    labores.

BOLIVIA. DIRECCION NACIONAL DE COORDI-
    NACION Y PLANEAMIENTO.
    Serie Estudios.
    See Bolivia. Instituto Superior de
    Administración Pública.
    Serie Estudios.

BOLIVIA. DIRECCION NACIONAL DE DESA-
    RROLLO RURAL.
    Informe anual.

    La Paz, Bolivia.

                              annual

    1965 has been recorded.

BOLIVIA. DIRECCION NACIONAL DE
    ELECTRICIDAD.
    Estadísticas de la energía
    eléctrica en Bolivia. 19 -
    La Paz, Bolivia.

    1930-1966 have been recorded.

BOLIVIA. DIRECCION NACIONAL DE ESTA-
DISTICA Y CENSOS.
See Bolivia. Dirección General de
Estadística; Bolivia. Dirección
General de Estadística, Inmigración
y Propaganda Industrial; Bolivia.
Dirección General de Estadística y
Censos; Bolivia. Dirección General
de Estadística y Estudios Geográficos;
Bolivia. Oficina de Estadística
Financiera; Bolivia. Oficina Nacio-
nal de Inmigración, Estadística y
Propaganda Geográfica.

BOLIVIA. DIRECCION NACIONAL DE ESTA-
DISTICA Y CENSOS.
Anuario [de] estadísticas financieras
y costo de vida.
La Paz, Bolivia.

Cover title.

FU 1957-62
MH 1957/62
WU 1957/62

BOLIVIA. DIRECCION NACIONAL DE ESTA-
DISTICA Y CENSOS.
Anuario demográfico.
See Bolivia. Dirección General de
Estadística. Demografía.

BOLIVIA. DIRECCION NACIONAL DE ESTA-
DISTICA Y CENSOS.
Anuario industrial.

La Paz, Bolivia.

1960-63 published in one volume.

DLC 1950-57
DS 1950-57
FU 1950-57, 1958-59, 1964, 1965
IASI 1950-57
TxU 1950-57
WU 1950-57-

BOLIVIA. DIRECCION NACIONAL DE ESTA-
DISTICA Y CENSOS.
Balanza comercial de Bolivia; comer-
cio exterior. 1951-55-
La Paz, Bolivia.

See also Bolivia. Dirección General
de Estadística y Censos. Comercio
exterior. Anuario...

CSt 1950-60
DLC 1950/60, 1961, 1964, 1965
DPU
FU 1951-55, 1951/58, 1951/59, 1950/
    1960, 1950/63
KU
MH 1951-60
MH-BA 1951-58-
NN 1959 (1951/59), 1960 (1950/60)
NNC 1950-60-

BOLIVIA. DIRECCION NACIONAL DE ESTA-
DISTICA Y CENSOS.
Boletín. no. 1; 1958?-

La Paz, Bolivia.

DLC has nos. 2-7, 9, 17 for 1958-59.

BOLIVIA. DIRECCION NACIONAL DE ESTA-
DISTICA Y CENSOS.
Boletín de importaciones correspon-
diente al anuario de...

La Paz, Bolivia.

See also Bolivia. Dirección General
de Estadística y Censos. Comercio
exterior; anuario...

FU 1959

BOLIVIA. DIRECCION NACIONAL DE ESTA-
DISTICA Y CENSOS.
Boletín estadístico. no. 1; julio
1945-
La Paz, Bolivia.

irregular

Title varies: July 1945-Jan./Mar.
1952 as Revista mensual; Apr. June
1952-Dec. 1954 as Revista de estadística; Jan./June 1955-   as
Boletín estadístico. Published
1945-19   by the agency under its
earlier name: Dirección General de
Estadística y Censos. Frequency
varies: monthly (irregular) July
1945-51; quarterly (irregular) 1952-
. No. 93 has supplements; its
no. 2 has been recorded.

CLU no. 75-76, 81, 85
CSt no. 84, 1960; no. 87, 1963; no.
    88, 1963
CU
DI
DI-GS
DLC no. 1-74, 1945-Dec. 1954; no.
    75-89, 1955-64
FMU 1951-53, [1954]-
FU no. 63-67, Jan.-Mar. 1952; no. 75-
    76, Jly.-Sept. 1953; 1st sem. 1955;
    no. 83-84, 1959-60; no. 86-88,
    1962-63; no. 90, 1964; no. 92,
    1966; no. 93, 1967 and Suppl. no.
    2
KU
MiU
NN
NNC
NNUN
TxU 1951-54, 1956-60, 1962-63
WaU

BOLIVIA. DIRECCION NACIONAL DE ESTA-
DISTICA Y CENSOS.
Boletín estadístico. Suplemento esta-
dístico.
See its Suplemento estadístico.

BOLIVIA. DIRECCION NACIONAL DE ESTA-
DISTICA Y CENSOS.
Comercio exterior. 1950/59-
See Bolivia. Dirección General de
Estadística. Comercio exterior;
anuario...

BOLIVIA. DIRECCION NACIONAL DE ESTA-
DISTICA Y CENSOS.
Importaciones.

La Paz, Bolivia.

See also Bolivia. Dirección General de Estadística. Comercio exterior; anuario...Importación, exportación.

CSt 1961
CU
DLC 1961
DS 1961-

BOLIVIA. DIRECCION NACIONAL DE ESTA-
DISTICA Y CENSOS.
Indice del costo de la vida en la
ciudad de La Paz.

La Paz, Bolivia.

DL [1958-60]
DLC 1957/58-
KU 1964-
NN 1960-

BOLIVIA. DIRECCION NACIONAL DE ESTA-
DISTICA Y CENSOS.
Indice del costo de la vida en las
ciudades de La Paz, Cochabamba y
Oruro. no. 1; 1958-

[La Paz?]

monthly

(continued)

BOLIVIA. DIRECCION NACIONAL DE ESTA-
    DISTICA Y CENSOS.
    Indice...(Cont'd.)

    DLC no. 5-31, 1958-64
    DNAL
    FU no. 11-31, March 1959-June 1964;
        no. 32-40, Sept. 1964-Mar. 1966
    KU
    NN 1960-
    TxU no. 1-9, 1958-59; no. 11-30,
        March 1959-64

BOLIVIA. DIRECCION NACIONAL DE ESTA-
    DISTICA Y CENSOS.
    Revista de estadística.
    See its Boletín estadístico.

BOLIVIA. DIERCCION NACIONAL DE ESTA-
    DISTICA Y CENSOS.
    Revista mensual.
    See its Boletín estadístico.

BOLIVIA. DIRECCION NACIONAL DE ESTA-
    DISTICA Y CENSOS.
    Salarios en la ciudad de La Paz.

    La Paz, Bolivia.

    DLC 1958
    IASI 1958

BOLIVIA. DIRECCION NACIONAL DE ESTA-
    DISTICA Y CENSOS.
    Suplemento estadístico. año 1, no.
    1; septiembre 1963-

    La Paz, Bolivia.

                    bimonthly

                (continued)

BOLIVIA. DIRECCION NACIONAL DE ESTA-
    DISTICA Y CENSOS.
    Suplemento...(Cont'd.)

    "El suplemento estadístico anticipa...
    los datos estadísticos que se presen-
    tan semestralmente en el Boletín esta-
    dístico". 1969 no. 3 has been recorded.

    DLC no. 1, 1963; no. 3, 1964
    DPU 1-
    FRI Sept. 1963; Dec. 1963; Mar. 1964
    FU año 1, no. 1-4, Sept. 1963-Aug.
        1964; año 2, no. 5-6, Sept. 1964-
        Jan. 1965
    NIC 1-
    TxU 1, 3

BOLIVIA. DIRECCION NACIONAL DE ESTA-
    DISTICA Y ESTUDIOS GEOGRAFICOS.
    See Bolivia. Dirección General de
    Estadística y Estudios Geográficos.

BOLIVIA. DIRECCION NACIONAL DE INFOR-
    MACIONES.
    See also Bolivia. Departamento Nacio-
    nal de Prensa, Propaganda e Infor-
    maciones; Bolivia. Dirección General
    de Propaganda e Informaciones; Bolivia.
    Ministerio de Relaciones Exteriores.
    Departamento de Propaganda y Prensa.

BOLIVIA. DIRECCION NACIONAL DE INFOR-
    MACIONES.
    Boletín.
    See its Bolivia, boletín quincenal.

BOLIVIA. DIRECCION NACIONAL DE INFOR-
    MACIONES.
    Bolivia; boletín quincenal. año 1,
    no. 1; septiembre 15, 1960-

    La Paz, Bolivia.

                (continued)

BOLIVIA. DIRECCION NACIONAL DE INFOR-
MACIONES.
Bolivia; boletín...(Cont'd.)

bi-weekly

Title varies: v. 1, no. 1, Sept.
15, 1960-   as Boletín; v. 1, no.
2, as Bolivia; v. 7, no. 104 as Boletín Bolivia. Temporarily suspended
from Feb. 1965-Apr. 1967. Resumed in
May 1967 with v. 7, no. 103. Vol. 6
omitted in numbering [i.e. no. 102,
Jan. 1965 is called v. 5, no. 103;
no. 104, May 1967 is called v. 7].

CLSU 1-
DLC 1960-64-
DPU 3-
FU año 1, no. 4-6, 7-año 3, no. 80,
    Oct. 1960-Dec. 1963; v. 4, no.
    81-98, Jan.-Oct. 1964; v. 5, no.
    101-102 Jan. 1965; no. 103-104,
    May 1967
IU 1-
NIC 10-
OkU 5-
OrU 4-
TxDaM 4-
TxU [v. 1-2, 1960/61-1961/62]

BOLIVIA. DIRECCION NACIONAL DE INFOR-
MACIONES.
Contribución.
See Documentos para la historia del
M.N.R.

BOLIVIA. DIRECCION NACIONAL DE INFOR-
MACIONES.
Gobierno de la revolución nacional.

La Paz, Bolivia.

DLC 1960
ViU

BOLIVIA. DIRECCION NACIONAL DE INFOR-
MACIONES.
[Publicación] 1; 1960-

La Paz, Bolivia.

irregular

See also Biblioteca de Arte y Cultura Boliviana.

CLU no. 1
CtY no. 10, 1963
DLC nos. 1, 3, 7-8, 10, 12-15, 18,
    22, 1960-63
DNAL no. 1
FU no. 4, 1961
NcD no. 1
TxU no. 1, 6, 1960-62; no. 10, 1963

BOLIVIA. DIRECCION NACIONAL DE PLANI-
FICACION EDUCATIVA.
Estadísticas educativas. no. 1-

La Paz, Bolivia.

IASI no. 2, 1960/70

BOLIVIA. DIVISION DE ENDEMIAS RURALES.
Informe.
La Paz, Bolivia.

annual

DLC 1952
DNLM

BOLIVIA. EJERCITO.
Boletín de guerra del ejército boliviano.
See Boletín de guerra del ejército
boliviano.

BOLIVIA. EJERCITO.
  Boletín del ejército. no. 1-3; julio
  10-agosto 28, 1858.
  La Paz?, Bolivia.

BOLIVIA. EJERCITO. ESTADO MAYOR GE-
  NERAL.
  Biblioteca del oficial. v. 1; 1930-

  La Paz, Bolivia.

  At least 11 vols. had been published
  from 1930-32 including translations
  of French, English, German and Italian
  authors. See also Bolivia. Ministerio
  de Defensa Nacional. Biblioteca del
  Ministerio de Defensa Nacional.

BOLIVIA. EJERCITO. ESTADO MAYOR GE-
  NERAL.
  Cuadro y diccionario geográfico de
  la República de Bolivia.

  La Paz, Intendencia de Guerra, 1920-

  At head of title: Estado Mayor General.

  TxU

BOLIVIA. EJERCITO. SECTION III.
  Estudio histórico. 1; 1961-

  La Paz, Bolivia.

                    irregular

  At head of title, no. 1: Comando en
  Jefe de las F.F.A.A. Comando del
  Ejército. Sección III.

  DLC 1, 1961
  NIC

BOLIVIA. EMPRESA NACIONAL DE FERRO-
  CARRILES.
  Estadística de los ferrocarriles de
  Bolivia.

  La Paz, Bolivia.

  1968 report has been recorded.

BOLIVIA. FUERZA FLUVIAL Y LACUSTRE.
  Revista.
  See Revista de la Fuerza Fluvial y
  Lacustre.

BOLIVIA. INSPECTORIA GENERAL DE BANCOS.
  Informe.
  La Paz, Bolivia.

BOLIVIA. INSTITUTO GEOGRAFICO MILITAR
  Y DE CATASTRACION NACIONAL.
  Boletín informativo. no. 1; 1965-

  La Paz, Bolivia.

  DLC no. 1, 1965

BOLIVIA. INSTITUTO GEOGRAFICO MILITAR
  Y DE CATASTRACION NACIONAL.
  Revista. año 1, no. 1; enero/junio
  1951-
  La Paz, Bolivia.

  Began publication in 1951? Agency
  created in 1936 when the Comisión
  Cartográfica was fused with the
  Sección Cartográfica of the Estado
  Mayor General. Previously a Servicio Geográfico Militar had been
  established in 1931. Name changes:
  1936-   Instituto Geográfico Militar.

  DLC año 1, no. 1-2, Jan.-Dec. 1951

BOLIVIA. INSTITUTO NACIONAL DE BAC-
TERIOLOFIA.
See La Paz, Bolivia. Instituto
Nacional de Bacteriología.

BOLIVIA. INSTITUTO NACIONAL DE BIO-
LOGIA ANIMAL.
Boletín informativo. no. 1; 1965-

La Paz, Bolivia.

BOLIVIA. INSTITUTO NACIONAL DE COLO-
NIZACION.
Programa de colonización; informe
trimestral.

La Paz, Bolivia.

No. 4/6, 1969 has been recorded.

BOLIVIA. INSTITUTO NACIONAL DE ENFER-
MEDADES TRANSMISIBLES.
Informe anual.
La Paz, Ministerio de Salud Pública.

FU 1966

BOLIVIA. INSTITUTO NACIONAL DE VI-
VIENDA.
See Vivienda.

BOLIVIA. INSTITUTO SUPERIOR DE ADMINIS-
TRACION PUBLICA.
Serie Estudios. no. 1-
La Paz, Secretaría Técnica de Adminis-
tración, Dirección de Organización
Nacional, 196 -

No. 11, Manual de organización y fun-
ciones del gobierno de Bolivia. 1969.

(continued)

BOLIVIA. INSTITUTO SUPERIOR DE ADMINIS-
TRACION PUBLICA.
Serie Estudios. (Cont'd.)

On cover no. 11: República de Bolivia. Dirección Nacional de Coordinación y Planeamiento. Secretaría Técnica de Administración.

FU no. 10-11, 1969

BOLIVIA. INTENDENCIA GENERAL DE GUERRA.
Revista del servicio de intendencia.
año 1, no. 1; marzo? 1943-

La Paz?, Bolivia.

Official organ of the Intendencia
Central del Ejército, containing
articles of interest to the army.
Agency created in 1899.

BOLIVIA. JUDICATURA DEL TRABAJO.
See Bolivia. Corte Nacional del
Trabajo.

BOLIVIA. JUNTA DE GOBIERNO.
Memoria que presenta el secretario
general.
La Paz, Bolivia.

ICU [1899]-
NN [1920]

BOLIVIA. JUNTA DE GOBIERNO.
Mensaje.
See Bolivia. Presidente.
Mensaje.

BOLIVIA. JUNTA DE GOBIERNO.
Publicaciones.
La Paz, Bolivia.

NN

BOLIVIA. JUNTA MILITAR DE GOBIERNO.
Mensaje del presidente de la Junta
Militar de Gobierno... a la Conven-
ción nacional...
See Bolivia. Presidente. Mensaje.

BOLIVIA. JUNTA NACIONAL DE PLANEA-
MIENTO.
Publicaciones.

La Paz, Bolivia.

BOLIVIA. LAWS, STATUTES, ETC.
Actos administrativos.
See Bolivia. Laws, statutes, etc.
Anuario administrativo.

BOLIVIA. LAWS, STATUTES, ETC.
Anales de legislación boliviana.
año 1, no. 1; agosto/septiembre
1949-
La Paz, 1949-

quarterly irregular

"Texto completo de leyes, decretos
supremos y resoluciones supremas
de carácter general," 1949-
Published 1949-   by the Facultad de Derecho of the Universidad
Mayor de San Andrés. 1949-58 called
año 1-10. Agency's name changes:
Facultad de Derecho y Ciencias Políticas, formerly Escuela de Derecho
y Ciencias Políticas.

DLC año 1-7, no. 1-27, 1949-55; año
    9-12, no. 28-47, 1957-Oct./Dec.
    1960
MiU-L
TxU no. 1-18, 1949-   ; no. 44-
    47, 1960

BOLIVIA. LAWS, STATUTES, ETC.
Anuario administrativo. 1855-
La Paz, Bolivia, 1856?-

annual

Title varies: 1855, Anuario; 1856,
Anuario administrativo i político;
1859-61, Anuario de supremas disposiciones; 1862-63, 1872-1914, 1916-
1922, Anuario de leyes, resoluciones
legislativas, decretos, resoluciones
supremas y circulares (varies slightly; 1864-67, Anuario de disposiciones administrativas; 1870/71,
Actos administrativos; 1868-69, 1915,
1923-   Anuario administrativo).
19 -1947 "Edición oficial"; 1948-
"Publicación oficial del Ministerio
de Gobierno, Justicia e Inmigración".
Imprint varies: 1923-36, 1938 published in La Paz. None published for
1937. 1891 issue contains Suplemento a los anuarios de 1888 y 1890.
1892 contains Apendice al anuario
de 1891. 1889 contains suplemento
a 1888. For laws of previous years
see Bolivia. Laws, statutes, etc.
Colección oficial de leyes, decretos,
órdenes, resoluciones etc. que se
han expedido para el régimen de la
República Boliviana. t. 1-16, 1825-
1854. The following years have been
recorded: Cf. Guide to Official Públi-
cations...Anuario t. 1, 1855 publicado por Félix Reyes Ortiz. Anuario
administrativo y político de Bolivia,
t. 2, 1856 por Félix Reyes Ortiz.
Continued by Colección oficial de
leyes, decretos, órdenes, resoluciones
supremas, ser. 2, v. 1-6, 1857-63.
Anuario de disposiciones administrativas, 1864-67, La Paz, n.d. Anuario administrativo 1868-69, La
Paz, n.d. Actos administrativos del
gobierno provisorio durante la Secretaría general, 1870-71, La Paz,
n.d. Anuario de leyes supremas disposiciones, 1872-1898, La Paz, [1873]-
99. Anuario de leyes, decretos y

(continued)

BOLIVIA. LAWS, STATUTES, ETC.
  Anuario...(Cont'd.)

  resoluciones supremas, 1899-
  1903, La Paz, 1900-1904. Anuario
  de leyes, decretos, resoluciones
  y órdenes supremas, 1904-05, La
  Paz, 1905-06. Anuario de leyes,
  decretos y resoluciones supremas
  expedidas en el año 1906, La Paz,
  1907. Anuario de leyes, decretos
  y resoluciones supremas de 1907,
  La Paz, 1908. Anuario de leyes y
  supremas disposiciones de 1908,
  La Paz, 1909. Anuario de leyes y
  disposiciones supremas de 1909,
  La Paz, 1910. Anuario de leyes,
  resoluciones y disposiciones supremas de 1910, La Paz, 1911. Anuario
  de leyes, decretos y resoluciones
  supremas, 1911-14. La Paz, 1912-15.
  Anuario administrativo del año 1915,
  La Paz, 1916. Anuario de leyes y
  disposiciones supremas, 1916-21,
  La Paz, 1917-22. Anuario de leyes,
  resoluciones legislativas, decretos, resoluciones supremas y circulares de 1922, La Paz, 1924.
  Anuario administrativo 1923-36,
  1938, La Paz, [1924]-1940.

  DLC 1855-1948
  DPU 1875, 1900-12, 1916, 1918
  FU 1872, 1880, 1881, 1883, 1889,
      1891-92, 1896, 1900, 1903-04,
      1923, 1925, 1928, 1936, 1947
  IU 1855-56, 1860-1916
  MH
  MH-L 1859-   ; 1925-26
  MiU-L
  NB 1860-1922
  NcD 1825-38, 1939 pt. 2, 1940-42,
      1945
  NN 1855-56, 1859-1936, 1938-47
  NNC
  RPB 1856, 1868-73
  TxU 1944, 1946-48

BOLIVIA. LAWS, STATUTES, ETC.
  Anuario de leyes y supremas disposi-
  ciones.
  See Bolivia. Laws, statutes, etc.
  Anuario administrativo.

BOLIVIA. LAWS, STATUTES, ETC.
  Anuario de supremas disposiciones.
  See Bolivia. Laws, statutes, etc.
  Anuario administrativo.

BOLIVIA. LAWS, STATUTES, ETC.
  Anuario legislativo de.
  La Paz, 19

  CtY 1909
  DLC 1904-29, 1931-36, 1938, 1940-45,
      1947-49, 1956
  MH-L 1905, 1911
  NjP 1922, 1926
  NN 1920/21-25/26, 1927/28, 1928/29,
      1929, 1932-35, 1938, 1940/41,
      1941
  TxU 1957, 1960

BOLIVIA. LAWS, STATUTES, ETC.
  Colección oficial de leyes, decretos, órdenes, resoluciones etc. que
  se han expedido para el régimen de
  la República Boliviana. Reimpresa
  de órden del gobierno, con anota-
  ciones y dos índices. En esta colección se han suprimido algunas disposiciones contenidas en la antigua,
  insertándose las que corrían impre-
  sas por separado, y otras que se
  han sacado de los archivos. t. 1-
  16 que comprende las años de 1825-
  1854; 2 cuerpo t. 1-6; 1857-63 que
  comprende el tiempo corrido desde
  9 de septiembre de 1857 hasta...
  Paz de Ayacucho, Impr. del Colegio
  de Artes, 1834-

  Imprint varies. Index: 1825-82, 1883-89,
  1890-1900, 1899-1908, 1906-07. For

(continued)

BOLIVIA, LAWS, STATUTES, ETC.
  Colección oficial...(Cont'd.)

  laws after 1854 see Bolivia.
  Laws, statutes, etc. Anuario administrativo.

  DLC t. 1-6, 1825-54; ser. 2, t. 1-
     6, 1957-63
  FU v. 4-5, Jly. 1835-37-1838; v.
     8-9 Nov. 1842/Aug. 1844-Sept.
     1844/Feb. 1845; v. 12, 1847-
     1848; v. 14, Oct. 1950-Oct.
     1951
  IU
  MH-L
  NcD
  NN 1-16, 1825/26-1853/54; ser. 2,
     t. 1, 1857/58
  RPB 1-[2, 3] 5-15; ser. 2, v. 1-6

BOLIVIA. LAWS, STATUTES, ETC.
  Colección oficial de leyes, decretos, órdenes y resoluciones vigentes de la República Boliviana, formada de órden del supremo gobierno,
  por la comisión nombrada al efecto,
  y redactada según el órden alfabético y cronolójico prescrito por
  el mismo.
  Sucre, Impr. de Beeche, 1846-47.

  DLC v. 1, 3, 5
  MH-L
  IU 1-5

BOLIVIA, LAWS, STATUTES, ETC.
  [Decretos]

  [La Paz, Cámara de Diputados, 18 -

  MH-L

BOLIVIA. LAWS, STATUTES, ETC.
  Decretos supremos.

  La Paz, Bolivia.

  At head of each decree: Presidencia
  de la República.

  TxU 1958, 1959

BOLIVIA. LAWS, STATUTES, ETC.
  Disposiciones y leyes hacendarias.

  La Paz, Escuela tipográfica salesiana.

  At head of title,   :Ministerio
  Hacienda. Editor: 1941-   Armando
  Ballivián S.

  DLC 1941, 1945
  NNUN

BOLIVIA. LAWS, STATUTES, ETC.
  Gaceta judicial.
  See Bolivia. Corte Suprema. Gaceta
  judicial.

BOLIVIA. LAWS, STATUTES, ETC.
  Indice general de leyes, decretos,
  resoluciones, órdenes y demás dis-
  posiciones administrativas de la
  República de Bolivia desde 1825
  hasta 1882 inclusive, por Meliton
  Torrico.
  Rosario de Santa-Fé, Tip. de la
  Capital, 1884.

----- -----Apéndice [1-   , ... Potosí
  [etc.] 1891-19

  Imprint varies. Appendix 1, 1883-89

(continued)

BOLIVIA. LAWS, STATUTES, ETC.
Indice...Apendice...(Cont'd.)

by Modesto Omiste; app. 2-3,
1890-1900, by J. M. Portillo;
app. 4, 1899-1908, by C. F. Pinilla
app. 5, 1906-   by Carlos
Torrico.

DLC 1-7, 1891-1928

BOLIVIA. LAWS, STATUTES, ETC.
Legislación del Ministerio de Economía Nacional; recopilación de
leyes, decretos y resoluciones sobre
comercio, industria, minas y petróleo...
La Paz, Bolivia, 19

Cover-title 19   . Editor's name,
Victor Yañez Caviedes, at head of
title.

DLC 1945-covers 1942-44
MH-L
TxU

BOLIVIA. LAWS, STATUTES, ETC.
Legislación del trabajo.

La Paz [Editorial Trabajo] 1949-

Name of the editor, Manuel José
Ríos, at head of title. Vol. 2 has
imprint: La Paz [Editorial "La Paz"]

DLC t. 1-3, 5
NN v. 1, 1946/49; v. 2, 1949/52; v.
    3, 1953/54

BOLIVIA. LAWS, STATUTES, ETC.
Legislación vigente desde el 17 de
mayo de 1936; compilación de decre-
tos-leyes, decretos, resoluciones
supremas y otras disposiciones dic-

(continued)

BOLIVIA. LAWS, STATUTES, ETC.
Legislación vigente...(Cont'd.)
tadas por el actual gobierno socialista
de Bolivia, formada por Carlos Walter
Urquidi...en colaboración con la
Oficina de Información Periodística
de La Paz.
Cochabamba, Imprenta inglesa,
1936-

DLC t. 1-2, 1936-37

BOLIVIA. LAWS, STATUTES, ETC.
Leyes numeradas y compiladas de
la República Boliviana y comentadas
por el Dr. Agustín Iturricha...
La Paz, Bolivia, Talleres gráficos
"La Prensa," 1909-

Vol. 1: Ed. hecha por el Señor José
Lavadenz, conforme á la suprema re-
solución de 16 de noviembre de 1908.

DLC t. 1-2, 1909-1911

BOLIVIA. LAWS, STATUTES, ETC.
Leyes dictadas por el Congreso de
19 -
La Paz, Bolivia.

1907 has been recorded.

DLC

BOLIVIA. LAWS, STATUTES, ETC.
Leyes sociales de Bolivia. 1944-

La Paz.

Bolivia, Ministerio de Trabajo,
Salubridad y Previsión Social.
[Publicaciones] 1, 3. On cover,
1945-   : Edición oficial.

DLC 1, 3, 1944-46
NcD 1945
NN
OU

BOLIVIA. LAWS, STATUTES, ETC.
  Ordenanzas municipales aprobadas
  en la legislatura. 1913?-

  [La Paz, Bolivia]

  DLC 1913-15, 1919, 1924-29, 1933-35
  NcD 1920
  NN 1913-14, 1920

BOLIVIA. LAWS, STATUTES, ETC.
  Presupuesto general.
  See Bolivia. Presupuesto general.

BOLIVIA. LAWS, STATUTES, ETC.
  República Boliviana: registro oficial de leyes, decretos y órdenes
  del gobierno. no. 1-47; enero 1,
  1826-marzo 12, 1829.
  La Paz, Bolivia.

  MH-L 1-47

BOLIVIA. LAWS, STATUTES, ETC.
  Revista de legislación y jurisprudencia administrativa.
  See Revista de legislación y jurisprudencia administrativa.

BOLIVIA. LAWS, STATUTES, ETC.
  Revista jurídica.
  See Revista jurídica.

BOLIVIA. LAWS, STATUTES, ETC.
  Revista nacional de jurisprudencia,
  legislación y administración.
  See Revista nacional de jurisprudencia, legislación y administración.

BOLIVIA. LEGACION. PARAGUAY.
  Boletín. año 1, no. 1; agosto 6,
  1942-
  Asunción, Paraguay.

BOLIVIA. MINISTERIO DE AGRICULTURA.
  Created by law of Oct. 18, 1904 as
  Ministerio de Colonias y Agricultura.
  In 1906 as Ministerio de Colonización
  y Agricultura. In 1910 formed the
  Ministerio de Instrucción y Agricultura.
  In 1928 agriculture was transferred
  to Ministerio de Hacienda e Industria
  as Dirección General de Agricultura.
  In 1930 was again transferred to the
  Ministerio de Educación to form the
  Ministerio de Instrucción Pública y
  Agricultura. In 1936 became the
  Ministerio de Agricultura, Coloniza-
  ción e Inmigración. In 1938 was
  listed as Ministerio de Agricultura
  Regadío y Colonización. In 1940 was
  absorbed by Ministerio de Economía.
  From 1942-   as Ministerio de
  Agricultura, Ganadería y Colonización.
  1965-   as Ministerio de Agricultura.

BOLIVIA. MINISTERIO DE AGRICULTURA.
  See also Bolivia. Ministerio de
  Colonización y Agricultura; Bolivia
  Ministerio de Instrucción Pública
  y Agricultura.

BOLIVIA. MINISTERIO DE AGRICULTURA.
  Boletín. año 1; mayo 15, 1945-

  La Paz, 1945-

  No. 1-4, 1945 have been recorded.

  DNAL

BOLIVIA. MINISTERIO DE AGRICULTURA.
  Boletín experimental. no. 1;
1952-

La Paz, Servicio Agrícola Inter-
americano.

                    irregular

No. 2-5, 8-10, 14-22, 25-31, 1952-
1964 have been recorded. Nos. 42-
43, 1970 also recorded. Agency's
name changes. Ministerio de Asuntos Campesinos y Agricultura. División de Investigaciones Agrícolas.

BOLIVIA. MINISTERIO DE AGRICULTURA.
  Boletín informativo. no. 1; 1966-

La Paz, Bolivia.

Published by the Ministry's Departamento de Relaciones Públicas.
1966-1968 have been recorded.

BOLIVIA. MINISTERIO DE AGRICULTURA.
  Boletín técnico informativo. v. 1,
nø. 1; 1957-
La Paz, Bolivia.

BOLIVIA. MINISTERIO DE AGRICULTURA.
  Cartilla. no. 1; 1967-
La Paz, Bolivia.

Nos. 1-7, 1967-   have been recorded.

BOLIVIA. MINISTERIO DE AGRICULTURA.
  Circular de extensión. 195 -

La Paz, Bolivia.

                (continued)

BOLIVIA. MINISTERIO DE AGRICULTURA.
  Circular...(Cont'd.)

1-5, 7-79 have been recorded. Published in cooperation with the Servicio Agrícola Interamericano? no.
3-16, 1952-53?

BOLIVIA. MINISTERIO DE AGRICULTURA.
  GEO. año 1-4 (no. 1-24); agosto 1936-
octubre 1940.
La Paz, Bolivia.

Monthly, no. 1-14; quarterly, no.
15-18; irregular, no. 19-24. Nos.
15, 18- called año 4; no. 16-17
called 4 época. Nos. 1-7, 10-14,
Oct. 1936-Oct. 1937 have title:
Colonización y agricultura; no. 8-
9, Apr.-May 1937 Revista de colonización y agricultura; no.   -24,
GEO. Complete title: GEO; agricultura, colonización y ramas anexas.

DLC no. 1-3, 5-20, 23, 1936-40
DNAL 1-
NN

BOLIVIA. MINISTERIO DE AGRICULTURA.
  Guía del viajero en Bolivia.
  See Bolivia. Ministerio de Coloni-
zación y Agricultura. Sección de
Estudios Geográficos. Guía del
viajero en Bolivia.

BOLIVIA. MINISTERIO DE AGRICULTURA.
  Informe de labores.

La Paz, Bolivia.

1966-67 have been recorded.

DLC 1967-

BOLIVIA. MINISTERIO DE AGRICULTURA.
   Investigaciones ganaderas.
   See Investigaciones ganaderas.

BOLIVIA. MINISTERIO DE AGRICULTURA.
   Memoria. 1904/05-
   La Paz, 1905-

                    annual

   Title varies slightly; 1904/05-09/10.
The following have been recorded:
Ministerio de Colonias y Agricultura.
Presented August 6, 1905; Ministerio
de Colonización y Agricultura. Pre-
sented 1906, 1907, 1908, 1909, 1910;
Ministerio de Instrucción y Agricultura, 1911, 1912, 1913, 1914;
Ministerio de Instrucción Pública y
Agricultura, 1915, 1918, 1919; Junta
de Gobierno, 1920; Ministerio de
Instrucción Pública y Agricultura,
1923, 1924, 1925, 1926, 1927, 1928;
Ministerio de Hacienda e Industria,
1929; Junta Militar de Gobierno,
1931; Ministerio de Instrucción Pública y Agricultura, 1931, 1933;
Junta Militar Socialista, May-Dec.
1936; Ministerio de Agricultura,
Regadío, Colonización e Inmigración,
1940. Congress did not meet in 1920,
1937. 1956/60 issue published in
1962. Cf. Bibliografía Boliviana.
See also its Informe de labores.

CtY 1904/05, [05/06] 1906/07
CU
DLC 1904/05-09/10, 1939/40, 1944/45
DNAL 1905/06-09/10
DPU 1905/06-09/10
FU 1940
ICJ 1907
ICN
ICU 1904/05-07/08
IU [1904/05] 1905/06
NcD 1907
NjP 1904, [1906] 1909
NN 1904/05-08/09, 1940, 1945 plus
    anexos 1905-09
PP [1905]
PPULC
RPB
TxU 1905/05-1909/10

BOLIVIA. MINISTERIO DE AGRICULTURA.
   Revista de agricultura, ganadería
   y colonización. año 1-3 (no. 1-6);
   agosto 1942-44.
   La Paz, Bolivia.

                    irregular

   Nos. 2-3 have title: Agricultura,
ganadería, colonización. Nos. 1-
have caption title: Revista del Ministerio de Agricultura, Ganadería y
Colonización.

   DLC año 1-2, 1942-43
   DNAL 1-

BOLIVIA. MINISTERIO DE AGRICULTURA.
   Revista de agricultura y ganadería.
   See Revista de agricultura y gana-
   dería. 1927-

BOLIVIA. MINISTERIO DE AGRICULTURA.
   BIBLIOTECA.
   Lista de libros y publicaciones
   recibidas. 1953-
   La Paz, Bolivia.

                    bimonthly

   1953-68 have been recorded.

BOLIVIA. MINISTERIO DE AGRICULTURA.
   DIVISION DE COMERCIALIZACION.
   Boletín. no. 1; mayo 1965-

   La Paz, Servicio Agrícola Interamericano.

   DPU 1-

BOLIVIA. MINISTERIO DE AGRICULTURA.
   DIVISION DE COMERCIALIZACION.
   Informe anual de actividades.

   La Paz, Bolivia.

   DLC 1965-

BOLIVIA. MINISTERIO DE AGRICULTURA.
SERVICIO DE EXTENSION AGRICOLA.
See Bolivia. Servicio de Exten-
sión Agrícola.

BOLIVIA. MINISTERIO DE AGRICULTURA.
SERVICIO DE EXTENSION AGRICOLA.
Arando la tierra.
See Arando la tierra.

BOLIVIA. MINISTERIO DE AGRICULTURA,
GANADERIA Y COLONIZACION.
Memoria.
See Bolivia. Ministerio de Agri-
cultura. Memoria.

BOLIVIA. MINISTERIO DE AGRICULTURA,
GANADERIA Y COLONIZACION.
Revista.
See Bolivia. Ministerio de Agri-
cultura. Revista de agricultura,
ganadería y colonización.

BOLIVIA. MINISTERIO DE AGRICULTURA,
GANADERIA Y COLONIZACION.
Siembra.
See Siembra.

BOLIVIA. MINISTERIO DE AGRICULTURA,
REGADIO, COLONIZACION E INMIGRA-
CION.
Memoria.
See Bolivia. Ministerio de Agri-
cultura. Memoria.

BOLIVIA. MINISTERIO DE ASUNTOS CAM-
PESINOS.
Created in 1952 as Ministerio de
Asuntos Campesinos.

BOLIVIA. MINISTERIO DE ASUNTOS CAMPE-
SINOS.
Festival folklórico campesino. 1er.
1965-
La Paz, 1965-

See also Festival Cívico Folklórico
Campesino. Revista.

DLC

BOLIVIA. MINISTERIO DE ASUNTOS CAMPE-
SINOS.
Folleto. no. 1-

La Paz, Bolivia.

DPU no. 8, 1953

BOLIVIA. MINISTERIO DE COLONIZACION Y
AGRICULTURA.
See also Bolivia. Ministerio de Ins-
trucción Pública y Agricultura;
Bolivia. Ministerio de Agricultura.

BOLIVIA. MINISTERIO DE COLONIZACION Y
AGRICULTURA.
Boletin agrícola. año 1-6 (no. 1-43);
1905-marzo 1910.
La Paz, Bolivia.

monthly

L.C. set incomplete: no. 1-26, 43
wanting. For agricultural publications
after 1909, see Ministerio de Instrucción Pública y Agricultura. For coloni-
zation publications before 1897 (?)
see Ministerio de Instrucción Pública
y Agricultura, and for 1903?-05?
Ministerio de Guerra.

CtY [2-5]
DLC t. 4-5, 1908-09
DNAL 2-6
DPU [1-5]
ICN
ICU [5]
NN [2-6] 1906-10

BOLIVIA. MINISTERIO DE COLONIZACION
    Y AGRICULTURA.
    Boletín del Ministerio de Coloni-
    zación y Agricultura. julio? 1909-

    La Paz, Bolivia.

    Only 3 issues were published. Also
    called 2a. epoca. (1st epoca corres-
    ponds to its Revista, 1905-08 which
    the Boletín supersedes).

BOLIVIA. MINISTERIO DE COLONIZACION
    Y AGRICULTURA.
    Colonización y agricultura.
    See Bolivia. Ministerio de Agricul-
    tura. GEO.

BOLIVIA. MINISTERIO DE COLONIZACION
    Y AGRICULTURA.
    Informe de los actos de la dele-
    gación nacional en el territorio
    de Colonias.
    La Paz, Bolivia.

    DLC 1906
    NN 1906 (1 sem.)

BOLIVIA. MINISTERIO DE COLONIZACION
    Y AGRICULTURA.
    Informe del... delegado del gobierno
    en el territorio del Nordeste.

    La Paz, Bolivia.

    DLC 1899-1901, 1906, 1908

BOLIVIA. MINISTERIO DE COLONIZACION
    Y AGRICULTURA.
    Lecturas agrícolas. Miscelánea de
    propaganda industrial agro-pecuaria.
    1-   serie. Ed. oficial.
    La Paz, Tipografía comercial de I.
    Argote, editor, 1905-

(continued)

BOLIVIA. MINISTERIO DE COLONIZACION
    Y AGRICULTURA.
    Lecturas agrícolas...(Cont'd.)

    At head of title, 1. serie: Minis-
    terio de Colonias y Agricultura.
    At head of title, 2 serie: Ministerio
    de Colonización y Agricultura.

    DNAL
    DPU

BOLIVIA. MINISTERIO DE COLONIZACION
    Y AGRICULTURA.
    Informe y anexos a la rendición de
    cuentas.
    La Paz, Bolivia.

    NN 1899/1901 (Sept.-May)

BOLIVIA. MINISTERIO DE COLONIZACION
    Y AGRICULTURA.
    Memoria.
    See Bolivia. Ministerio de Agricul-
    tura. Memoria.

BOLIVIA. MINISTERIO DE COLONIZACION
    Y AGRICULTURA.
    Revista. v. 1, no. 1; 1905-v. 4 no.
    42; 1908.
    La Paz, 1905-1908.

    Frequency varies: quarterly 1905-06;
    monthly 1907-   . 1-4 (no. 1-42),
    1905-08. Ceased with no. 42. Title
    varies: Revista del Ministerio de
    Colonias y Agricultura; Revista del
    Ministerio de Colonización y Agri-
    cultura. Continued by its Boletín
    del Ministerio de Colonización y
    Agricultura (1909-   called
    2 epoca).

    CtY no. 10-15, 19-29
    CU 1

(continued)

BOLIVIA. MINISTERIO DE COLONIZACION
Y AGRICULTURA.
Revista...(Cont'd.)

DLC no. 1-40, 1905-08
DNAL 1-3
DNW
ICJ [1-4]
ICN
ICU [1]-[3-4]
NN v. [1-4] no. 1-28, 31/33, 34-
   37/39.
NNA
NNM [no. 1-12, 19-33, 35-36]
RPB no. 1-3, 7-12, 29-33

BOLIVIA. MINISTERIO DE COLONIZACION
Y AGRICULTURA.
Revista de colonización y agricul-
tura.
See Bolivia. Ministerio de Agricul-
tura. GEO.

BOLIVIA. MINISTERIO DE COLONIZACION
Y AGRICULTURA. SECCION DE ESTADIS-
TICA Y BIBLIOTECA.
Cátalogo general de las publica-
ciones ingresadas durante el año
de 1906-1908? año 1, vol. 1-3.
La´ Paz, 1907-1909?

At head of title, 1906-   : Ministerio de Colonización y Agricultura.
Sección de Estadística y Biblioteca.
Vol. 1, "seguido del Catálogo de
la Sección cartográfica".

DLC año 1-3, 1907-09
ICJ 3
NN

BOLIVIA. MINISTERIO DE COLONIZACION
Y AGRICULTURA. SECCION DE ESTUDIOS
GEOGRAFICOS.
Guía del viajero en Bolivia, por
Luis S. Crespo...
La Paz, 1908-

(continued)

BOLIVIA. MINISTERIO DE COLONIZACION
Y AGRICULTURA. SECCION DE ESTUDIOS
GEOGRAFICOS.
Guía del viajero...(Cont'd.)

At head of title: Ministerio de Colonización y Agricultura. Sección de Estadística y Estudios Geográficos.

DLC t. 1, 1908
ICU
IU
NNA

BOLIVIA. MINISTERIO DE COMUNICACIONES.
Memoria.
See Bolivia. Ministerio de Obras
Públicas y Comunicaciones. Memoria.

BOLIVIA. MINISTERIO DE COMUNICACIONES.
Memoria sobre trabajos llenados por
The Marconi's wireless telegraph...
See Bolivia. Ministerio de Fomento.
Memoria sobre los trabajos llenados
por The Marconi's...

BOLIVIA. MINISTERIO DE CULTURA, INFOR-
MACION Y TURISMO.
Created in 1967 as Ministerio de
Cultura, Información y Turismo.

BOLIVIA. MINISTERIO DE CULTURA, INFOR-
MACION Y TURISMO. DEPARTAMENTO DE
LITERATURA, BIBLIOTECAS Y ARCHIVOS.
See Bolivia. Departamento de Litera-
tura, Bibliotecas y Archivos.

BOLIVIA. MINISTERIO DE CULTURA, INFOR-
MACION Y TURISMO. DIRECCION DE IN-
FORMACIONES.
Documentos del gobierno revoluciona-
rio.
See Documentos del gobierno revo-
lucionario de Bolivia.

BOLIVIA. MINISTERIO DE CULTURA, INFOR-
MACION Y TURISMO. DIRECCION DE IN-
FORMACIONES.
Publicaciones. no. 1-
La Paz, Bolivia.

No. 5, 1969 titled El gobierno re-
volucionario de Bolivia y la política hemisférica de Nixon.

BOLIVIA. MINISTERIO DE DEFENSA NACIO-
NAL.
Created as Ministerio de Guerra y
Marina in 1826. Sometime before 1837
it was designated as Ministerio de
Guerra. By decree of Dec. 28, 1899
it became Ministerio de Guerra y
Colonización. A Ministerio de Defensa Nacional was created during the
war with Paraguay. Regulations govern-
ing the functions of the Ministry
were issued on Dec. 7, 1933. The
Ministerio de Defensa Nacional and
the Ministerio de Guerra were mer-
ged by decree-law of May 17, 1936
under the name of Ministerio de
Defensa Nacional.

BOLIVIA. MINISTERIO DE DEFENSA NACIO-
NAL.
See also Bolivia. Ministerio de
Guerra.

BOLIVIA. MINISTERIC DE DEFENSA NACIO-
NAL.
Biblioteca del Ministerio de Defensa
Nacional. v. 1-
La Paz, Bolivia.

DLC v. 4, 8-9, 13
FU no. 9, 1943; no. 12, 1943
MH
NN 13-
TxU v. 4, 1942; v. 12, 1943; v. 13,
    1943

BOLIVIA. MINISTERIO DE DEFENSA NACIONAL.
Boletín de la guerra. no. 1; 1879?-

Sucre, Bolivia.

No. 2-39, 1879-1880.

BOLIVIA. MINISTERIO DE DEFENSA NACIONAL.
Memoria.
See Bolivia. Ministerio de Guerra.
Memoria.

BOLIVIA. MINISTERIO DE DEFENSA NACIONAL.
Publicaciones militares.
See Publicaciones militares.

BOLIVIA. MINISTERIO DE DEFENSA NACIONAL.
BIBLIOTECA.
Ejército de Bolivia.
See Bolivia. Ministerio de Defensa
Nacional. Biblioteca del Ministerio
de Defensa Nacional.

BOLIVIA. MINISTERIO DE DEFENSA NACIONAL.
Reglamentos. no. 1; 1911-

La Paz, Bolivia.

DNW no. 39, 1919
DPU no. 2, 1911; no. 3, 1911; no.
    5, 1912; unnumbered for 1908,
    1906, 1904, 1919

BOLIVIA. MINISTERIO DE DEFENSA Y
COLONIZACION.
See Bolivia. Ministerio de Defensa
Nacional. See also Bolivia. Minis-
terio de Colonización y Agricultura.

BOLIVIA. MINISTERIO DE ECONOMIA NACIO-
NAL.
The Ministry of Nacional Economy
was created by a law of Nov. 8, 1940
absorbing the Ministerio de Industria y Comercio and the Ministerio
de Minas y Petróleos. For a period
of about a year, the Dirección General de Agricultura (now Ministerio
de Agricultura) also formed part
of the Ministerio de Economía Nacional.

BOLIVIA. MINISTERIO DE ECONOMIA NACIO-
NAL.
See also Bolivia. Ministerio de
Fomento.

BOLIVIA. MINISTERIO DE ECONOMIA NACIO-
NAL.
Boletín económico. no. 1; enero?
1962-
La Paz, Bolivia.

                    monthly?

DLC no. 3-4, 1962-63
DNAL 4-
NN no. 3, 1962
TxU no. 2-3

BOLIVIA. MINISTERIO DE ECONOMIA NACIO-
NAL.
Boletín informativo. año 1, no. 1;
enero/marzo 1941-
La Paz, Bolivia.

                    irregular

Agency created in 1940 absorbing the
Ministerio de Industria y Comercio
and the Ministerio de Minas y Petróleos. Continues the Boletín of the
Dirección General de Minas y Petróleos. Includes a Sección de Agricultura y Ganadería. Title varies:

            (continued)

BOLIVIA. MINISTERIO DE ECONOMIA NACIONAL.
Boletín informativo...(Cont'd.)

v. 1, no. 1-v. 2, no. 4 Jan. 1941-
Apr. 1944 as Boletín informativo;
v. 2, no. 5-   as Boletín oficial. Also includes reports on
mining administration.

DI
DLC 1-6, Jan./Mar. 1941-Jan.-Mar.
   1944
NN año 1-2, no. 1-2, 3-5, 1941-42
TxU no. 3-4, 1942; no. 6, 1944

BOLIVIA. MINISTERIO DE ECONOMIA NACIONAL.
Boletín oficial.
See its Boletín informativo.

BOLIVIA. MINISTERIO DE ECONOMIA NACIO-
NAL.
La industria azucarera en...

La Paz, Bolivia...

1962 (Boletín no. 4) has been recorded.
(Its Boletín económico no. 4). See
also Comisión Nacional de Estudio de
la Caña y del Azúcar. Industria
azucarera boliviana.

BOLIVIA. MINISTERIO DE ECONOMIA NACIO-
NAL.
Informe de labores.
La Paz, Bolivia.

1967/68, 1968/69 have been recorded.
See also its Memoria.

DLC 1966/67, 1969/70
FU 1961/62, 1964/65
TxU 1952-62, 1966/67

BOLIVIA. MINISTERIO DE ECONOMIA NACIO-
NAL.
Memoria. 1940/41-
La Paz, 1942-

Agency created in 1940 absorbing
the Ministerio de Industria y Comercio and the Ministerio de Minas y
Petróleos.

CU
DI
DLC 1940/41, 1943/44, 1944/45

BOLIVIA. MINISTERIO DE ECONOMIA NACIO-
NAL.
Resumen del informe de labores.

La Paz, Bolivia.

DLC 1966/67
TxU 1966/67

BOLIVIA. MINISTERIO DE ECONOMIA NACIO-
NAL. DIRECCION DE MINAS Y PETROLEOS.
See Bolivia. Dirección General de
Minas y Petróleos.

BOLIVIA. MINISTERIO DE EDUCACION.
It was established by the Constitution of 1839 as the Ministerio
de Instrucción Pública. By decree
of Nov. 4, 1842, Relaciones Exteriores was added to form the Ministerio de Instrucción Pública y Relaciones Exteriores. By decree of
Nov. 8, 1853, it was designated as
the Ministerio de Instrucción Pública y Culto. In 1854 became again
Ministerio de Instrucción Pública
y Relaciones Exteriores. On Oct. 18,
1862 a Ministerio de Justicia e Ins-

BOLIVIA. MINISTERIO DE EDUCACION. (Cont'd.)
trucción Pública was formed. Culto
was added on Nov. 1, 1864. The Ministerio de Instrucción Pública y Culto
was established on April 8, 1865. On
Nov. 11, 1865 it became Ministerio de
Instrucción Pública y Relaciones Exteriores, and on June 19, 1867 it
became the Ministerio de Culto e Instrucción Pública. The Ministerio de
Justicia e Instrucción Pública was
reestablished on Feb. 16, 1869, Culto
being added on Jly. 1, 1869. In 1888,
Culto was separated leaving a Ministerio de Justicia e Instrucción Pública. By decree of May 22, 1895 a
Ministerio de Instrucción Pública y
Colonización was formed. It became
the Ministerio de Instrucción Pública
y Fomento in 1896. By decree of Dec.
28, 1899, the Ministerio de Justicia
e Instrucción Pública was again formed.
Ministerio de Fomento e Instrucción
Pública was reestablished by decree
of Dec. 16, 1901. By decree of Oct.
27, 1903, Justicia e Instrucción Pública again formed part of the same
Ministry. A decree of Dec. 23, 1910
formed the Ministerio de Instrucción
y Agricultura. Name changed to Ministerio de Instrucción Pública y Agricultura in 1915. About May 22, 1936
it changed to Ministerio de Educación
y Asuntos Indígenas. By decree of
Aug. 28, 1938 the name changed to
Ministerio de Educación, Bellas Artes
y Asuntos Indígenas. In 1952 it became Ministerio de Educación y Bellas
Artes. Later Ministerio de Educación.

BOLIVIA. MINISTERIO DE EDUCACION.
See also Bolivia. Ministerio de
Instrucción Pública y Agricultura;
Bolivia. Ministerio de Justicia e
Instrucción Pública.

BOLIVIA. MINISTERIO DE EDUCACION.
  Biblioteca boliviana.
  See Biblioteca boliviana.

BOLIVIA. MINISTERIO LE EDUCACION.
  Boletín de instrucción pública.
  no. 1-21; enero 1867-febrero 18,
  1868.
  Sucre, Bolivia.

  No. 5; marzo 11, 1867. Cf. Biblioteca Boliviana.

BOLIVIA. MINISTERIO DE EDUCACION.
  Certamen nacional, seis de agosto,
  1896, Bolivia...La Paz, Imp. de
  "El Telégrafo," 1897-

  At head of title, V. 1-   :Minis-
  terio de Instrucción Pública y Fomento.

  DLC t. 1, 1897
  NN

BOLIVIA. MINISTERIO DE EDUCACION.
  Colección cuadernos juveniles.
  Seé Colección cuadernos juveniles.

BOLIVIA. MINISTERIO DE EDUCACION.
  Colección cultura boliviana.
  See Colección Cultura boliviana.

BOLIVIA. MINISTERIO DE EDUCACION.
  Colección Etnografía y folklore.
  See Colección Etnografía y folklore.

BOLIVIA. MINISTERIO DE EDUCACION.
  Colección nueva.
  See Biblioteca de autores bolivianos
  contemporáneos.

BOLIVIA. MINISTERIO DE EDUCACION.
  Colección teatral.
  See Colección teatral.

BOLIVIA. MINISTERIO DE EDUCACION.
  Educación cultura, deportes. Ex-
  tracto de labores]
  [La Paz] Bolivia.

  Vols. for 1956/57-   issued by the
  Ministry under a variant name: Ministerio de Educación y Bellas Artes.

  DLC 1956/57

BOLIVIA. MINISTERIO DE EDUCACION.
  Estudios sociales.
  See Estudios sociales.

BOLIVIA. MINISTERIO DE EDUCACION.
  Folletos.
  See Bolivia. Dirección General de
  Instrucción. Folleto.

BOLIVIA. MINISTERIO DE EDUCACION.
  Memoria.
  La Paz, 18 -19

                              annual

  1894/95-95/96 issued by the Ministerio de Instrucción Pública y Colonización; 1897-   by the Ministerio de Instrucción Pública y Fomento;   -1914, by the Ministerio
  de Instrucción Pública y Agricultura.
  There are two reports for 1931:
  anexos a la Memoria que presenta
  el miembro de la h. Junta militar de
  gobierno encargado de la cartera
  del despacho de instrucción pública
  y agricultura... al Congreso nacio-

                    (continued)

BOLIVIA. MINISTERIO DE EDUCACION.
  Memoria...(Cont'd.)

nal de 1931 (dated Feb. 1931), and
Memoria que presenta el ministro
de instrucción pública y agricultura.
.. al Congreso nacional de 1931 (sub-
sequent to Decree-law of Feb. 24,
1931; published in 1933).
published in Sucre. The following
years have been recorded: 1832, 1840,
1843, 1846, 1848, 1849, 1850, 1851,
Feb. 1, 1855, Aug. 1855, 1857, 1860,
1862, 1863, 1864, 1868, 1870, 1871,
1872, 1874, 1877, 1880, 1882, 1883,
1884, 1885, 1886, May 14, 1889, Aug.
6, 1889, Aug. 20, 1889, 1890, 1891,
1892, 1894-1915, 1918, 1919, 1920,
1923-28, 1931, 1933, 1936. Congress
did not meet: 1841-42, 1845, 1852-
1854, 1856, 1858-60, 1865-67, 1869,
1875-76, 1878-79.

CSt-H 1926
CtY 1912, 1918-19
CU
CU-B 1915-16, 1918-19, 1921
DLC 1894/95-96/97, 1904, 1905 (anex
    only), 1909, 1911-16, 1919, 1921-
    1927/28, 1930/31-32/33
DNAL 1911-26
DPU 1912-26
FU 1902-30, 1915, 1918-19, 1926-28,
    1931, 1933
ICJ 1894/95-95/96, 1911-12
ICU 1894/95, 1911-13
IU 1843, 1916
NcD 1912, 1915, 1917-18, 1921, 1923-
    1926, anexos 1913-15, 1916 pt.
    2, 1918-19, 1921, 1923-26, 1927,
    1929
NcU
NjP 1926
NN 1911-19, 1923, 1926-27, 1933
    anexos 1913-14, 1916-19, 1923,
    1926-28, 1933
TxU 1895, 1911/12, 1916/17

BOLIVIA. MINISTERIO DE EDUCACION. DE-
  PARTAMENTO DE PRENSA.
  Educación. 1968-
  See Educación. 1968-

BOLIVIA. MINISTERIO DE EDUCACION,
  ASUNTOS INDIGENAS Y BELLAS ARTES.
  See Bolivia. Ministerio de Educación.

BOLIVIA. MINISTERIO DE EDUCACION,
  BELLAS ARTES Y ASUNTOS INDIGENAS.
  See Bolivia. Ministerio de Educa-
  ción.

BOLIVIA. MINISTERIO DE EDUCACION Y
  ASUNTOS INDIGENAS.
  Educación. 1937-
  See Educación. 1937-

BOLIVIA. MINISTERIO DE EDUCACION Y
  ASUNTOS INDIGENAS.
  Folletos. no. 1-
  La Paz, Bolivia.

  No. 3, 2nd semester 1936 has been
  recorded.

  DPU no. 3, 1936

BOLIVIA. MINISTERIO DE EDUCACION Y
  ASUNTOS INDIGENAS. SECCION DE
  CONTABILIDAD.
  Estado de las cuentas bancarias
  del Ministerio al...

  La Paz, Bolivia, Editorial Claridad.

          annual?

  Estado de las cuentas al 31 de
  enero de 1938 has been recorded.

BOLIVIA. MINISTERIO DE EDUCACION Y
BELLAS ARTES.
See Bolivia. Ministerio de Educación.

BOLIVIA. MINISTERIO DE EDUCACION Y
CULTURA.
Estadística escolar.
See Bolivia. Dirección General de
Educacion. Departamento de Esta-
dística Escolar. Estadística Esco-
lar.

BOLIVIA. MINISTERIO DE EDUCACION Y
CULTURA. DEPARTAMENTO DE PUBLICA-
CIONES.
Colección Cultura boliviana.
See Colección Cultura boliviana.

BOLIVIA. MINISTERIO DE FOMENTO.
See also Bolivia. Ministerio de Fomento y Comunicaciones.

BOLIVIA. MINISTERIO DE FOMENTO.
Memoria sobre trabajos llenados por
The Marconi's wireless telegraph
durante el período de 1927/28-
La Paz, Bolivia, 1929-

At head of title 1927/28-   : Ministerio de Comunicaciones.

CtY 1928/29
DLC 1927/28
NN 1927/28, 1928/29, 1930

BOLIVIA. MINISTERIO DE FOMENTO E
INSTRUCCION PUBLICA.
See Bolivia. Ministerio de Educa-
ción; Bolivia. Ministerio de Fo-
mento y Comunicaciones; Bolivia.
Ministerio de Obras Públicas y
Comunicaciones.

BOLIVIA. MINISTERIO DE FOMENTO Y
COMUNICACIONES.
Memoria. 1901/02-
La Paz, Bolivia.

1901/02-02/03 as Ministerio de Fomento é Instrucción Pública; 1904-17
in Ministerio de Gobierno y Fomento,
Memoria; 1918/19 as Ministerio de
Fomento é Industria. See also Bolivia. Ministerio de Obras Públicas y
Comunicaciones. Memoria.

CtY 1902/03, 1928, 1931
DC 1903, 1926-27
DLC 1901/02-02/03, 1918/19, 1922/23-
1928/29, 1930/31
DPU 1922/23-26
ICN
NcD 1903
NcU
NjP 1912, 1915-16, 1919
NN 1906-09, 1911-19, 1923, 1925-28,
1931
NNA 1923-26

BOLIVIA. MINISTERIO DE GOBIERNO.
See Bolivia. Ministerio de Gobierno,
Justicia e Inmigración.

BOLIVIA. MINISTERIO DE GOBIERNO.
Anuario administrativo.
See Bolivia. Laws, statutes, etc.
Anuario administrativo.

BOLIVIA. MINISTERIO DE GOBIERNO.
Informe.
See Bolivia. Ministerio de Gobierno,
Justicia e Inmigración. Memoria.

BOLIVIA. MINISTERIO DE GOBIERNO.
Memoria.
See Bolivia. Ministerio de Gobierno,
Justicia e Inmigración. Memoria.

BOLIVIA. MINISTERIO DE GOBIERNO,
JUSTICIA E INMIGRACION.
The Ministry was established by
the Constitution of 1826 as Minis-
terio del Interior y Relaciones Ex-
teriores. The constitution of 1839
called for a Ministerio del Inte-
rior; Relaciones Exteriores to be
added to any Ministry as convenient.
Culto was added to Interior in 1853.
In 1857 it became Ministerio de
Gobierno, Culto y Justicia. In 1861
Ministerio del Interior y Justicia.
In December 22, 1862 the Ministerio
de Gobierno, Justicia y Relaciones
Exteriores was created. Decree of
March 30, 1863 established the Ministerio de Gobierno, Culto y Relaciones
Exteriores and the Ministerio de Instrucción y Justicia. By decree of
January 10, 1864 Gobierno formed a
single ministry. Culto was added to
form Ministerio de Gobierno y Culto
on March 16, 1864. By decree of June
7, 1865 the Ministerio de Gobierno,
Justicia y Relaciones Exteriores was
formed. By decree of February 16, 1869
a Ministerio de Gobierno y Relaciones
Exteriores and the Ministerio de Justicia e Instrucción Pública were formed. In 1871 Ministerio de Gobierno y
Relaciones Exteriores; in 1884, Ministerio de Gobierno y Culto. By decree
of January 15, 1885, the Ministerio
de Gobierno e Industria was formed.
On October 23, 1888, Colonias was also
added to the Ministry. The Ministerio
de Gobierno y Justicia was formed by
decree of May 22, 1895. By decree
December 28, 1899 the Ministerio de
Gobierno y Fomento and the Ministerio de Justicia e Instrucción Pública were established. On December
23, 1910 the Ministerio de Justicia
e Industria was created. On October
1919 the Ministerio de Gobierno y
Justicia was formed. The Ministerio
de Gobierno, Correos y Telégrafos
and the Ministerio de Justicia y Fomento were established by decree of
January 10, 1921. By decree of March
10, 1923, the Ministerio de Gobierno

(continued)

BOLIVIA. MINISTERIO DE GOBIERNO, JUSTICIA
E INMIGRACION. (Cont'd.)
y Justicia was reestablished. In 1938
it was named Ministerio de Gobierno,
Justicia y Propaganda. By November 8,
1940 Inmigración was added to form
the Ministerio de Gobierno, Justicia
e Inmigración.

BOLIVIA. MINISTERIO DE GOBIERNO, JUSTICIA
E INMIGRACION.
Memoria. 1825?-
La Paz, Bolivia.

annual

Report year irregular. Began publication with the report presented
Feb. 12, 1825. Cf. L.C. Guide to the
official publications of the other
American republics: Bolivia. Two reports, an Informe and a Memoria,
issued for 1894/95. Title varies: 18 -
    Informe. 4th Informe 1890/91.
Issued by the ministry under its variant
names: 18 -   Departamento de Gobierno; 1825, 1870 Ministerio de Gobierno y Relaciones Exteriores; 1832-
1855 Ministerio del Interior (varies
Ministerio y Relaciones Exteriores,
Ministerio del Interior y del Culto);
1862 as Ministerio de Gobierno. 1895-
1898, 1919, 1923-28 Ministerio de
Gobierno y Justicia; 1901-18 Ministerio
de Gobierno y Fomento; 1921 as Ministerio de Gobierno, Correos y Telégrafos.
Reports for 18   published in
Sucre. Reports for   accompanied
by supplements. The following years
have been recorded: 1825, 1832, 1833,
1834, 1837, 1839, 1840, 1843, 1844,
1845, 1846, 1848, 1850, 1851, 1855, 1857,
1862, May 5, 1863, Nov. 16, 1863, 1864,
1868, 1870, 1871, 1872, 1874, 1877, 1880,
1881, 1884, 1885, 1886-May 14, 1889, Aug.
6, 1899-1921, 1923-28, 1936. Congress did
not meet: 1830, 1841-42, 1845, 1849,
1852-54, 1856, 1858-60, 1865-67,
1869, 1875-76, 1930, 1931, 1933.
Title varies: Mensaje, Informe.

(continued)

BOLIVIA. MINISTERIO DE GOBIERNO, JUS-
TICIA E INMIGRACION.
Memoria...(Cont'd.)

CtY 1904, 1906, 1908, 1912
CU 1913
DLC 1867/68, 1869/70, 1871/72,
    1876/1877, 1880/81, 1884/85-85/86
    1888/89, 1890/91, 1893/94-97/98,
    1899-1900-1920/21, 1922/23-25/26,
    1927/28, 1930/31
DPU 1888, 1894, 1900-24
FU 1911
ICJ 1861-62, 1872, 1881-82, 1886-89,
    1900-1901, 1904, [1905], 1907,
    1909-1912
ICN
ICU 1900, 1904-13, 1915, 1917
IU 1882, 1904, 1918-19, 1923/24
MoU 1912-
NcD 1901
NjP
NN 1919, 1921, 1927/28-
NNA 1907 [17-18]

BOLIVIA. MINISTERIO DE GOBIERNO Y
JUSTICIA.
Memoria.
See Bolivia. Ministerio de Gobierno,
Justicia e Inmigración. Memoria.

BOLIVIA. MINISTERIO DE GUERRA.
See also Bolivia. Ministerio de Defensa Nacional.

BOLIVIA. MINISTERIO DE GUERRA.
Boletin militar.
See Boletín militar.

BOLIVIA. MINISTERIO DE GUERRA.
Memoria.
La Paz, Bolivia.

annual

(continued)

BOLIVIA. MINISTERIO DE GUERRA.
Memoria. (Cont'd.)

Title varies: 18   Memoria del
ministro de la guerra al Congreso
ordinario. 18   Memoria que
presenta el ministro de la guerra
y colonización al Congreso ordinario.
Agency created in 1826. Issued 1895/96
by the Ministry under an earlier name:
Ministerio de Guerra; 1900/01-1930/31
under an earlier name: Ministerio de
Guerra y Colonias. The following years
have been recorded: 1825, 1837, 1840,
1843, 1846, 1848, 1850, 1851, Feb. 1,
1855, Aug. 1855, 1857, Aug. 6, 1862,
May 5, 1863, Aug. 6, 1863, Aug. 6,
1864, Aug. 6, 1868, Aug. 6, 1870,
1871, Aug. 6, 1872, Aug. 6, 1874,
1877, 1880, 1881-83, 1885-87, 1889-
1897, 1899, 1900-1919, 1921-31, 1936.
Apparently none was issued for the
period 1826-36, 1838-39, 1847, 1861.
Congress did not meet 1841-42, 1845,
1849, 1852-54, 1856, 1858-60, 1865-
1867, Aug. 6, 1870, 1875-76, 1878-79,
1930, 1933, 1937.

CSt-H 1919-19
CtY 1911-13
DLC 1869/70, 1876/77, 1880/81-82/83,
    1884/85-85/86, 1888/89, 1890/91,
    1892/93-1893/94, 1899/1900-1918/19,
    1920/21-28/29, 1930/31
DPU [1877, 1886, 1889-1927]
DNW
ICJ 1840, 1846, 1848, 1851, 1855,
    1862, 1868, 1874-75, 1877, 1882-
    1887, 1889-90, 1900-02, 1910, [1911]
ICU 1901, 1903, 1908-15, 1917, 1919,
    1923
IU 1862
NcU
NjP 1916
NN 1900/01-19, 1921-
NNC
TxU 1900-1907, 1909-12, 1915, 1924-27

BOLIVIA. MINISTERIO DE GUERRA.
Revista militar.
See Revista militar.

BOLIVIA. MINISTERIO DE HACIENDA.
The Ministerio de Hacienda was established by the Constitution of
1826. In 1857 it was combined with
Policía Militar to form the Ministerio de Hacienda y Policía Militar
and in 1862 with Culto to form
Hacienda y Culto. In 1863 the ministry again became Ministerio de Hacienda and remained until a decree of
Oct. 22, 1871 changed it to the Ministerio de Hacienda e Industria. The
latter designation was used until
1929 except for certain years (1885,
1897, 1911-20) when the ministry
was known as Ministerio de Hacienda
and in 1928 and 1929 when Agricultura was added to form Ministerio
de Hacienda, Industria y Agricultura.
In 1940, by a decree became the
Ministerio de Hacienda y Estadística.
Became Ministerio de Hacienda in
1962.

BOLIVIA. MINISTERIO DE HACIENDA.
See also Bolivia. Ministerio de
Hacienda e Industria.

BOLIVIA. MINISTERIO DE HACIENDA.
Boletín. no. 1; 1947-
La Paz, Bolivia.

                    monthly

Agency's name changes. 1857-51 as
Ministerio de Hacienda y Policía
Militar; 1862-63 as Ministerio de
Hacienda y Culto; 1863-70 as Minis-
terio de Hacienda; 1871-1929 as
Ministerio de Hacienda e Industria.
1929 as Ministerio de Hacienda, In-
dustria y Agricultura; 1940-62 as
Ministerio de Hacienda y Estadís-
tica; 1962 as Ministerio de Hacienda.

CU
DLC no. 4-14, Feb.-Dec. 1948 (lacking
    no. 9)

BOLIVIA. MINISTERIO DE HACIENDA.
Cálculo de las entradas ordinarias
y extraordinarias relativas a los
presupuestor departamentales.

La Paz, Bolivia.

DLC has 1929 and 1954

BOLIVIA. MINISTERIO DE HACIENDA.
Hacienda é industria... año 1,
no. 1-año 3, no. 3; enero de 1909-
septiembre 1911.
La Paz, Bolivia, 1909-11.

                    irregular

Running title, 1909-   : Revista
del Ministerio de Hacienda é Industria.

CtY [1]
DLC 1-3, 1909-11
ICJ [2]
IU [2]
NN año 1, no. 5, 6, 11-12, 1909;
    año 2, no. 1, 4-5, 9, 1910/11;
    año 3, no. 3, 1911
PP [1]
PPULC
TxU [v. 2] 1910

BOLIVIA. MINISTERIO DE HACIENDA.
Informe.
See its Memoria.

BOLIVIA. MINISTERIO DE HACIENDA.
Memoria. 1831-
La Paz, Bolivia.

                    annual

Agency created in 1826. Began publication with the report presented

                    (continued)

BOLIVIA. MINISTERIO DE HACIENDA.
Memoria...(Cont'd.)

June 25, 1831. Report year irregu-
lar. Title varies. Issued by the
ministry under its variant names:
1844 issued by Ministerio del Interior encargado del Ministerio del
Hacienda; 1857 by Ministerio de
Hacienda y Policía Militar; 1862 by
Ministerio de Hacienda y Culto; 1877
1883, 1886-1910 by Ministerio de
Hacienda e Industria; 19 -
Ministerio de Hacienda y Estadística.
Published in Sucre, 18 -   .
Reports for 18 -   accompanied
by supplements. 1967 vol. has title
Informe de labores por la gestión.
The following years have been recorded: 1831, 1832, 1833, 1834, 1837,
1839, 1840, 1843, 1844, 1846, 1848,
1850, 1851, 1855, 1857, 1862, 1863,
1868, 1870, 1871, 1872, 1874, 1877,
1880, 1882-1884, 1885, 1886, 1887,
1888, 1889, 1890-1927, 1929, 1936,
1940. Congress did not meet. 1841-
1842, 1845, 1849, 1852-54, 1856,
1858-60, 1865-67, 1869, 1875-76,
1878-79, 1930, 1933, 1937.

CSt-H 1914, 1916-18
CtY 1896, 1900, 1902-04, 1907, 1911
CU [1913]
CU-B 1920
DC 1900, 1902, 1910, 1914-24, 1926,
    1928
DLC 1840, 1845/46, 1854/55, 1856/57,
    1861/62-1862/63, 1867/68-68/69,
    1871/72, 1873/74, 1876/77, 1881/
    1882-1926/27, 1928/29, 1930/31,
    1939/40, 1944/45, 1945/46, 1956/
    1960
DPU [1840-]
FU 1843, 1850, 1919, 1945, 1956-60
    (Informe)
IASI 1956-60
ICJ 1831-33, 1837, 1839-40, 1843,
    1844, 1846, 1850-51, 1855, 1857,
    1862-63, 1868, 1870, 1877, 1882-
    1889, 1900-02, 1905, 1907-08

(continued)

BOLIVIA. MINISTERIO DE HACIENDA.
Memoria...(Cont'd.)

ICU 1895/96, 1900, 1902-[05]-[10]-
    1913, 1915, [1918-19, 21]
IU 1832, 1862, 1883-85, 1887, 1906-
    1912, 1917, [1918-19], 1924
MB 1901
NcD 1832-72, 1901, 1923, 1926, 1929
NcU
NjP 1921-22, 1924-26
PP 1909
RPB 1872, 1877
TxU 1902-03, 1905-06, 1911, 1915,
    1917, 1920, 1922-23, 1956-60

BOLIVIA. MINISTERIO DE HACIENDA.
Presupuesto general.
See Bolivia. Presupuesto general.

BOLIVIA. MINISTERIO DE HACIENDA.
Revista de hacienda. 1954-
See Revista de hacienda.

BOLIVIA. MINISTERIO DE HACIENDA.
Revista de hacienda. año 1, no. 1;
enero/febrero/marzo 1939-

  La Paz, Bolivia.

                         quarterly
Ceased publication with 1941.

DLC año 1, no. 1-2, 1939; año 3,
    no. 7, 1941
TxU [año 1, 1939]

BOLIVIA. MINISTERIO DE HACIENDA E
INDUSTRIA.
See also Bolivia. Ministerio de
Hacienda.

BOLIVIA. MINISTERIO DE HACIENDA E
INDUSTRIA.
Aduanas de la República...
See Bolivia. Administrador de la
Aduana Nacional. Memoria. See also
Bolivia. Dirección General de
Aduanas. Memoria.

BOLIVIA. MINISTERIO DE HACIENDA E
INDUSTRIA.
Presupuesto general.
See Bolivia. Presupuesto general.

BOLIVIA. MINISTERIO DE HACIENDA E
INDUSTRIA.
Revista del Ministerio de Hacienda
e Industria.
See Bolivia. Ministerio de Hacienda.
Hacienda e industria.

BOLIVIA. MINISTERIO DE HACIENDA E
INDUSTRIA. SECCION DE ECONOMIA
BANCARIA Y MONETARIA.
Boletín A. no. 1; 1928-
See Bolivia. Oficina Nacional de
Estadística Financiera. Boletín.
Sección de economía bancaria y
monetaria.

BOLIVIA. MINISTERIO DE HACIENDA E
INDUSTRIA. SECCION FINANZAS.
Boletín A.
See Bolivia. Oficina Nacional de
Estadística Financiera. Boletín.
Sección finanzas.

BOLIVIA. MINISTERIO DE HACIENDA Y
ESTADISTICA.
Informe de labores.
See Bolivia. Ministerio de Hacienda.
Memoria.

BOLIVIA. MINISTERIO DE HIGIENE Y
SALUBRIDAD.
See also Bolivia. Ministerio de
Salud Pública; Bolivia. Ministerio
de Trabajo, Salubridad y Previsión
Social.

BOLIVIA. MINISTERIO DE HIGIENE Y
SALUBRIDAD.
Boletín. año 1, no. 1; diciembre
1938-año 2, no. 2; abril/junio
1939.
La Paz, Bolivia.

quarterly

Absorbed by Bolivia. Ministerio de
Trabajo, Salubridad y Previsión
Social. Boletín. Agency created in
1938. Combined with Ministerio de
Trabajo y Previsión in 1940 to form
the Ministerio de Trabajo, Salubridad y Previsión Social.

DLC
NNC

BOLIVIA. MINISTERIO DE INDUSTRIA Y
COMERCIO.
Industria was added to the Ministerio de Hacienda to form Ministerio
de Hacienda e Industria in 1871. In
1910 industry was transferred to
justice to form Ministerio de Justicia
e Industria. In 1919 it became Ministerio de Fomento e Industria. In 1921
it became again Ministerio de Hacienda
e Industria. In 1940 it was absorbed by
the newly created Ministerio de Economía
Nacional as Dirección General de Industria y Comercio, later Dirección
General de Industrias.

MINISTERIO DE INDUSTRIA Y COMERCIO.
See also Bolivia. Ministerio de Economía Nacional.

BOLIVIA. MINISTERIO DE INDUSTRIA Y
COMERCIO.
Informe de labores.
See Bolivia. Ministerio de Econo-
mía Nacional. Informe de labores.

BOLIVIA. MINISTERIO DE INDUSTRIA Y
COMERCIO. SECCION DE FOMENTO INDUS-
TRIAL.
Boletín departamental.
See Bolivia. Oficina de Propiedad
Industrial. Boletín departamental.

BOLIVIA. MINISTERIO DE INFORMACIONES,
CULTURA Y TURISMO.
See Bolivia. Ministerio de Cultura,
Información y Turismo.

BOLIVIA. MINISTERIO DE INMIGRACION.
See Bolivia. Ministerio de Gobierno.

BOLIVIA. MINISTERIO DE INSTRUCCION
PUBLICA Y AGRICULTURA.
See also Bolivia. Ministerio de Educación; Bolivia. Ministerio de Justicia e Instrucción Pública; Bolivia. Ministerio de Agricultura;
Bolivia. Ministerio de Colonización
y Agricultura.

BOLIVIA. MINISTERIO DE INSTRUCCION
PUBLICA Y AGRICULTURA.
Boletín de agronomía. 1; octubre
15, 1922-
La Paz, Bolivia.

For agricultural publications, 1905
(?)-09, see Ministerio de Colonización y Agricultura. For public in-
struction publications, 1904-06,
see Ministerio de Justicia é Industria.

DNAL 1-

BOLIVIA. MINISTERIO DE INSTRUCCION
PUBLICA Y AGRICULTURA.
Boletín de instrucción. Publicación
mensual. v. 1-3 (no. 1-15); mayo
1886-febrero 1888?
La Paz, Bolivia.

monthly

CtY no. 2, 6-9, 11-12, 15

BOLIVIA. MINISTERIO DE INSTRUCCION
PUBLICA Y AGRICULTURA.
Certamen nacional Seis de Agosto.
See Bolivia. Ministerio de Edu-
cación. Certamen nacional Seis de
Agosto.

BOLIVIA. MINISTERIO DE INSTRUCCION
PUBLICA Y AGRICULTURA.
Folleto.
See Bolivia. Dirección General de
Instrucción. Folleto.

BOLIVIA. MINISTERIO DE INSTRUCCION
PUBLICA Y AGRICULTURA.
Memoria.
See Bolivia. Ministerio de Edu-
cación. Memoria. See also Bolivia.
Ministerio de Agricultura. Memoria.

BOLIVIA. MINISTERIO DE INSTRUCCION
PUBLICA Y COLONIZACION.
Revista de instrucción pública.
See Revista de instrucción pública,
1896-97.

BOLIVIA. MINISTERIO DE INSTRUCCION
PUBLICA Y JUSTICIA.
Circular. no. 1-
La Paz, Bolivia.

No. 37 (Sección de Justicia) 1900
has been recorded.

BOLIVIA. MINISTERIO DE JUSTICIA.
   In 1857 appeared as part of the
   Ministerio de Gobierno, Culto y
   Justicia; in 1861 Ministerio del
   Interior y Justicia; In 1871 Minis-
   terio de Justicia, Instrucción Pú-
   blica y Culto; in 1880 Ministerio de
   Instrucción Pública, Justicia y Culto;
   in 1899 Ministerio de Justicia e Ins-
   trucción Pública; in 1910 Ministerio de
   Justicia e Industria; in 1938 Ministerio
   de Gobierno Justicia y Propaganda;
   in 1940 Ministerio de Gobierno
   Justicia e Inmigración.

BOLIVIA. MINISTERIO DE JUSTICIA.
   See also Bolivia. Ministerio de
   Justicia e Industria (before Oct.
   26, 1918); Bolivia. Ministerio de
   Justicia e Instrucción Pública;
   Bolivia. Ministerio de Gobierno,
   Justicia e Inmigración.

BOLIVIA. MINISTERIO DE JUSTICIA.
   Discursos pronunciados en la apertura del año judicial...

   La Paz, Bolivia, 19

   At head of title,   :Ministerio
   de Justicia e Industria. For judicial publications after O. 25, 1918
   see under Ministerio de Gobierno,
   Justicia e Inmigración.

   CtY 1905
   DLC 1916
   ICN
   NN 1905

BOLIVIA. MINISTERIO DE JUSTICIA.
   Memoria.
   La Paz, Bolivia.

                              annual

                         (continued)

BOLIVIA. MINISTERIO DE JUSTICIA.
   Memoria...(Cont'd.)

   Title varies slightly. Report year
   irregular. Reports for   have
   title: Informe. Issued by the Ministry under its variant names: Ministerio de Justicia, Instrucción Pública y Culto (varies slightly);
        Ministerio de Justicia e Instrucción
   Pública;   Ministerio de Justicia e
   Industria;   Ministerio de Justicia e
   Fomento. Published in Cochabamba, ;
   in Sucre,   . Reports for   accompanied
   by supplements. Issued 1840-46, 1855-57 by
   Ministerio de Instrucción Pública;
   1848-51, 1868 by Ministerio del
   Culto é Instrucción Pública; 1862,
   1864, 1889-90, 1900, by Ministerio
   de Justicia é Instrucción Pública;
   1863 by Ministerio de Instrucción
   Pública y Justicia; 1882-88 by Ministerio de Justicia, Instrucción Pública
   y Culto; 1902 by Ministerio de Fomento
   é Instrucción Pública. Scattered
   volumes have title Exposición; Informe... The following years have
   been recorded: 1832, 1849, 1862, 1863,
   1864, 1868, 1870, 1871, 1872, 1874,
   1880, 1882-1886, May 14, 1889, Aug.
   6, 1889, Aug. 20, 1889, 1890-1901,
   1904-1910, 1912-17, 1919, 1921, 1922,
   1923-28, 1931. None issued in 1861.
   Congress did not meet: 1852-54, 1856,
   1858-60, 1865-67, 1875-76, 1878-79,
   1930, 1933.

   CtY 1904-06, 1909-10
   CU
   CU-B 1907, 1908
   DC 1921
   DI-GS
   DLC 1863/64, 1871/72, 1873/74, 1876/
       1877, 1881/82-85/86, 1887 (anexos
       only) 1888/89-1891/92, 1893/94-
       1894/95, 1899/1900-1900/01, 1903/
       1904-1917/18, 1920/21-21/22
   DPU 1894, 1900-01, 1904-18, 1920-22
   FU 1884, 1887, 1888, 1890, 1913 anexo
       only and anexos 1916, 1918
   FU-L 1906, 1906 anexo, 1912-15

                         (continued)

BOLIVIA. MINISTERIO DE JUSTICIA.
  Memoria...(Cont'd.)

  ICJ 1840, 1843, 1846, 1848, 1850-
      1851, 1855, 1857, 1862-64, 1868,
      1882, 1883, 1885, 1886, 1888-
      1890, [1900] 1902, 1912
  ICN
  ICU 1872, 1904/05-05/06, 1907-10,
      1912-13, 1915-[17]
  IU [1912]
  MH-L 1877, 1882-83, 1885, [1886],
      1887, 1900-02, [1904]-[06],
      1907, 1907-13, [1915]-17
  NcU
  NN 1904, 1906-08, 1917-18, anexos
      only, 1905, 1909, 1912
  RPB 1868

BOLIVIA. MINISTERIO DE JUSTICIA.
  Registro civil de Bolivia.
  La Paz, Bolivia.

  IASI 1941, 1945

BOLIVIA. MINISTERIO DE JUSTICIA E
    INDUSTRIA.
  See also Bolivia. Ministerio de
  Justicia; Bolivia. Ministerio de
  Justicia e Instrucción Pública.

BOLIVIA. MINISTERIO DE JUSTICIA E
    INDUSTRIA.
  Informaciones judiciales. Contiene
  los discursos de los presidentes de
  corte, en la apertura del año judicial de   y los informes de
  las fiscalías de distrito.
  La Paz, Bolivia.

  Continues Bolivia. Ministerio de
  Justicia e Instrucción Pública.
  Informaciones de los presidentes
  de corte.

                    (continued)

BOLIVIA. MINISTERIO DE JUSTICIA E
    INDUSTRIA.
  Informaciones...(Cont'd.)

  DLC 1915, 1917-18
  DPU 1917
  ICU 1915, 1917

BOLIVIA. MINISTERIO DE JUSTICIA E
    INDUSTRIA.
  Revista de instrucción pública,
  1907-
  See Revista de instrucción pública.
  1907-

BOLIVIA. MINISTERIO DE JUSTICIA E
    INSTRUCCION PUBLICA.
  See also Bolivia. Ministerio de
  Educación; Bolivia. Ministerio de
  Instrucción Pública y Agricultura;
  Bolivia. Ministerio de Justicia;
  Bolivia. Ministerio de Justicia e
  Industria.

BOLIVIA. MINISTERIO DE JUSTICIA E
    INSTRUCCION PUBLICA.
  Discursos pronunciados en la aper-
  tura del año judicial.
  See Bolivia. Ministerio de Justicia.
  Discursos pronunciados en la aper-
  tura del año judicial.

BOLIVIA. MINISTERIO DE JUSTICIA E
    INSTRUCCION PUBLICA.
  Informaciones de los presidentes de
  corte, fiscales de distrito y rec-
  tores de las universidades de la
  república en la apertura del año
  judicial y escolar de La Paz.

  La Paz, Bolivia.

                    (continued)

BOLIVIA. MINISTERIO DE JUSTICIA E
INSTRUCCION PUBLICA.
Informaciones...(Cont'd.)

At head of title,   :Minis-
terio de Justicia e Instrucción
Pública. Continued by Bolivia. Ministerio de Justicia e Industria. Informaciones judiciales...

DLC 1907-08
DPU
IU 1886, 1909

BOLIVIA. MINISTERIO DE JUSTICIA E
INSTRUCCION PUBLICA.
Memoria.
See Bolivia. Ministerio de Justi-
cia. Memoria.

BOLIVIA. MINISTERIO DE MINAS Y PETRO-
LEO.
Created in 1900 as Dirección Gene-
ral de Minas y Petróleo attached to
Ministerio de Hacienda e Industrias.
It became Ministerio de Minas y Pe-
tróleo in 1936. In 1940 it was absor-
bed by Ministerio de Economía Nacio-
nal. Reestablished as Ministerio de
Minas y Petróleo in 1952.

BOLIVIA. MINISTERIO DE MINAS Y PETRO-
LEO.
See also Bolivia. Dirección General
de Minas y Petróleo; Bolivia. Ministerio de Economía Nacional.

BOLIVIA. MINISTERIO DE MINAS Y PETRO-
LEO.
Memoria.
La Paz, Bolivia.

DLC 1939/40

BOLIVIA. MINISTERIO DE MINAS Y PETRO-
LEO.
Minas y petróleos de Bolivia.
See Minas y petróleos de Bolivia.

BOLIVIA. MINISTERIO DE MINAS Y PETRO-
LEO. DEPARTAMENTO NACIONAL DE GEO-
LOGIA.
See Bolivia. Servicio Geológico.

BOLIVIA. MINISTERIO DE OBRAS PUBLICAS.
See Bolivia. Ministerio de Obras
Públicas y Comunicaciones.
See also Bolivia. Ministerio de
Obras Públicas, Comunicaciones y
Transportes.

BOLIVIA. MINISTERIO DE OBRAS PUBLICAS,
COMUNICACIONES Y TRANSPORTES.
Obras públicas y transporte. no.
1-
La Paz, Bolivia.

No. 10, Nov. 1969 has been recorded.

BOLIVIA. MINISTERIO DE OBRAS PUBLICAS,
Y COMUNICACIONES.
The ministry was established in 1889
as part of the Ministerio de Gobierno
Correos, Telégrafos, Colonias, Obras
Públicas y Caminos. Designated as
Fomento, it formed part of the Ministerio de Instrucción Pública y Fomento
in 1896, and in 1899 it formed part
of the Ministerio de Gobierno y Fomento. A decree of Dec. 16, 1901 reestablished   the Ministerio de Fomento
e Instrucción Pública, and in 1904
a Ministerio de Gobierno y Fomento
was reestablished. Industria was
added to the Ministerio de Fomento in
1919, and a decree of Jan. 31, 1921
established the Ministerio de Justicia y Fomento. Cabinet changes added

(continued)

BOLIVIA. MINISTERIO DE OBRAS PUBLICAS
Y COMUNICACIONES. (Cont'd.)
Comunicaciones to Fomento in a de-
cree of Mar. 10, 1923 to form the
Ministerio de Fomento y Comunica-
ciones, 1923-37. The Ministerio de
Obras Públicas y Comunicaciones was
established by a law of Aug. 19,
1938. Name changed to Ministerio de
Obras Públicas, Comunicaciones y

Transportes in 1968?

BOLIVIA. MINISTERIO DE OBRAS PUBLICAS
Y COMUNICACIONES.
Boletín de vialidad-hidráulica-elec-
tricidad-arquitectura. año 1, no. 1;
1942?-
La Paz, Bolivia.

Año 1, no. 5, July/Aug. 1942-1945
have been recorded.

NN año 2, no. 7, Jan./Feb. 1943

BOLIVIA. MINISTERIO DE OBRAS PUBLICAS
Y COMUNICACIONES.
Memoria.
La Paz, 19

                annual

At head of title,   : República
de Bolivia. 1st. report recorded
1891. Agency established in 1889.
See also Bolivia. Ministerio de Fomento y Comunicaciones. Memoria.
The following have been recorded:
Ministerio de Gobierno, Correos,
Telégrafos, Colonias y Obras Públicas, presented Aug. 20, 1891.
Ministerio de Instrucción Pública
y Fomento presented Aug. 1897; 1898;

                (continued)

BOLIVIA. MINISTERIO DE OBRAS PUBLICAS
Y COMUNICACIONES.
Memoria...(Cont'd.)

Secretaría General de Estado, presented
Oct. 20, 1899. Ministerio de Gobierno
y Fomento, presented Aug. 1900; Aug.
22, 1901. Ministerio de Fomento é Instrucción Pública, presented Aug. 6,
1902; Aug. 1903. Ministerio de Gobierno
y Fomento, presented Aug. 6, 1904; Aug.
6, 1905; Aug. 6, 1906; 1907; Aug. 6,
1908; 1909; Aug. 6, 1910; 1911, Aug.
6, 1912; Aug. 6, 1913; Aug. 6, 1914;
Aug. 6, 1915; Aug. 6, 1916; Aug. 6,
1917. Ministerio de Fomento é Industria presented Aug. 6, 1919. Memoria
de la H. Junta de Gobierno presentada
a la H. Convención nacional de 1920.
Ministerio de Justicia y Fomento,
presented 1921; Nov. 22, 1922. Ministerio de Fomento y Comunicaciones,
covers 1922/23 presented Aug. 1923;
1923/24; 1925; 1926; 1927 (presented
Aug.); 1928 (presented Aug.). Congress did not meet in 1930. Presented
Feb. 27, 1931. Congress did not meet
in 1933 and 1937. Ministerio de
Obras Públicas y Comunicaciones, presented Aug. 1941.

DLC 1940/41
NNUN
TxU 1931, 1940/41, 1942, 1943/44

BOLIVIA. MINISTERIO DE OBRAS PUBLICAS
Y COMUNICACIONES.
Revista. no. 1; julio 1963-

La Paz, Dirección General de Prensa
e Información del Ministerio de Obras
Públicas y Comunicaciones, 1963-

BOLIVIA. MINISTERIO DE OBRAS PUBLICAS
Y COMUNICACIONES. DIRECCION GENERAL
DE VIALIDAD.
See Bolivia. Dirección General de
Vialidad.

BOLIVIA. MINISTERIO DE PRENSA, PROPA-
GANDA E INFORMACIONES.
Boletín de cultura. no. 1; 1953-

La Paz, Bolivia.

Agency's name varies. See also
Boletín de cultura (La Paz, Subsec-
retaría de Prensa, Informaciones y
Cultura).

DLC no. 1-5, 1953
TxU no. 1

BOLIVIA. MINISTERIO DE PRENSA, PROPA-
GANDA E INFORMACIONES.
Publicaciones. 1-
La Paz, Bolivia.

DLC 6, 1952-

BOLIVIA. MINISTERIO DE RELACIONES
EXTERIORES.
See Bolivia. Ministerio de Relaciones
Exteriores y Culto.

BOLIVIA. MINISTERIO DE RELACIONES
EXTERIORES Y COLONIZACION.
See Bolivia. Ministerio de Rela-
ciones Exteriores y Culto.

BOLIVIA. MINISTERIO DE RELACIONES EX-
TERIORES Y CULTO.
By the Constitution of 1826 Rela-
ciones Exteriores was combined with
Interior under a Ministerio del In-
terior y Relaciones Exteriores. The
Constitution of 1839 provided that
Relaciones should be attached to
one of the four ministries establi-
shed: Interior, Hacienda, Guerra y
Marina and Instrucción Pública. A

(continued)

BOLIVIA. MINISTERIO DE RELACIONES EX-
TERIORES Y CULTO.
law of Nov. 22, 1844 provided for
Instrucción Pública y Relaciones
Exteriores as one of the four ministries of the government and the
combination was preserved by the
decree of Dec. 9, 1857 which established the five ministries of the
epoch. A decree of Oct. 22, 1871
established the Ministerio de Gobierno y Relaciones Exteriores. On
Jan. 1, 1885 the Ministerio de Relaciones Exteriores y Colonización
was established. Since 1889 the
portfolio has been designated as
Ministerio de Relaciones Exteriores
y Culto. Culto had been previously
attached to Interior (1855) to Instrucción Pública (1868) and to
Justicia e Instrucción Pública (1872-
1886).

BOLIVIA. MINISTERIO DE RELACIONES EX-
TERIORES Y CULTO.
Archivo diplomático y consular. v.
1-v. 2 no. 3; 4 trimestre 1910-
marzo/abril 1911.
La Paz, Bolivia.

CtY [2]
DLC v. 1-2 (no. 1-3) 1910-11
DPU 1-2
MH-L

BOLIVIA. MINISTERIO DE RELACIONES EX-
TERIORES Y CULTO.
Boletín del Ministerio de relaciones
exteriores...[t. 1-8] [no. 1-12] enero
1929-1932. n.s. no. 1; 1940-

La Paz, [1929]-

Vol. 1, no. 6, November-December 1929
and vol. III, no. 8, April-December
1930 issued as Anexos to the Memoria,
1929, and 1930 respectively.

(continued)

BOLIVIA. MINISTERIO DE RELACIONES EX-
TERIORES Y CULTO.

CLU 4-
CtY
CU
DLC t. 1-8, no. 1-12, 1929-June 1932;
    n.s. no. 2-25, Jan. 1939-Dec.
    1952; no. 28/29, 1954
DNAL
FU n.s. no. 2, 1939; no. 4-5, May-
    Aug., Sept.-Dec. 1940; no. 6,
    Jan.-Apr. 1941; no. 14, Jan.-
    June 1947; no. 15, July-Dec. 1947;
    no. 16, Jan.-June 1948; no. 20,
    Jan.-June 1950; no. 21, Jly.-Dec.
    1950; no. 22, Jan.-June 1951
MiU
NN año 1-8, no. 1-12, 1929-32; n.s.
    no. 3, 5, 7-22, 1940-51
NNUN
TxU no. 5, 1929; no. 9-11, 1931-32;
    n.s. no. 22, 1951

BOLIVIA. MINISTERIO DE RELACIONES EX-
TERIORES.
Boletín del Ministerio de relaciones
exteriores. vol. 1, no. 1-vol. 2,
no. 4; agosto 15, 1892-octubre 1894.
Sucre, Bolivia.

quarterly

Published in La Paz and Sucre. V. 1
has six numbers called "Cuadernos"
and 1 supplement as follows: Cuaderno
Primero,Oct. 15, 1892, La Paz. 28p.;
Cuaderno Segundo,Dec. 31, 1892, La
Paz. 26p.; Cuaderno Tercero, 1er Trim.
1893, La Paz 43p.; Cuaderno Cuarto,
2d Trim. 1893, La Paz 34p.; Cuaderno
Quinto, 3 Trim. 1893, La Paz 64p.;
Cuaderno Sexto,4 Trim. 1893, Sucre
80p.; Suplemento al Tomo I, Sucre
44p. Cf. Biblioteca Boliviana.

BOLIVIA. MINISTERIO DE RELACIONES EX-
TERIORES Y CULTO.
Boletín del Ministerio ...año 1, no.
1-11; febrero 15, 1887-agosto 28,
1888.
Sucre, Bolivia.

Published by the agency under its
earlier name: Ministerio de Relaciones Exteriores y Colonización.

BOLIVIA. MINISTERIO DE RELACIONES EX-
TERIORES Y CULTO.
Boletín económico de Bolivia, órgano del Departamento Consular y
de Expansión Comercial del Minis-
terior de Relaciones Exteriores.
año 1, no. 1; noviembre 1935.
La Paz, Bolivia.

Cover title. No more published.

NN

BOLIVIA. MINISTERIO DE RELACIONES EX-
TERIORES Y CULTO.
Boletín informativo. año 1, no. 1;
primer semestre 1933-
La Paz, Bolivia.

semiannual

Suspended publication.

DLC 1st semester 1933
NN 1st. sem. 1933

BOLIVIA. MINISTERIO DE RELACIONES EX-
TERIORES Y CULTO.
Boletín oficial del Ministerio de
Relaciones Exteriores. See its
Boletín del Ministerio de Relaciones
Exteriores, 1929-

BOLIVIA. MINISTERIO DE RELACIONES EX-
TERIORES Y CULTO.
Colección de tratados vigentes de
la República de Bolivia.
See Bolivia. Treaties, etc. Co-
lección de tratados vigentes en
Bolivia.

BOLIVIA. MINISTERIO DE RELACIONES EX-
TERIORES Y CULTO.
Cuadernos de información y doctrina.
1; 1952-
La Paz, Bolivia.

DLC 1-2, 1952
DPU

BOLIVIA. MINISTERIO DE RELACIONES EX-
TERIORES Y CULTO.
Escalafón del cuerpo diplomático
boliviano. (servicio activo.)

La Paz, Bolivia.

No more published?

DLC Feb. 1930

BOLIVIA. MINISTERIO DE RELACIONES EX-
TERIORES Y CULTO.
Exposición.
See its Memoria.

BOLIVIA. MINISTERIO DE RELACIONES EX-
TERIORES Y CULTO.
Informe.
See its Memoria.

BOLIVIA. MINISTERIO DE RELACIONES EX-
TERIORES Y CULTO.
Lista del honorable cuerpo-consular
extranjero acreditado en la ciudad
de La Paz, Bolivia.

La Paz, Bolivia.

(continued)

BOLIVIA. MINISTERIO DE RELACIONES EX-
TERIORES Y CULTO.
Lista del...(Cont'd.)

                    quarterly?

Issued by the Ministry under a
variant name: Ministerio de Relaciones Exteriores y Culto. Consular and diplomatic lists are often
reproduced in its Memoria and in
its Boletín.

DLC 1911, 1962-
DS 1957-
TxU 1959

BOLIVIA. MINISTERIO DE RELACIONES EX-
TERIORES Y CULTO.
Lista del diplomática.

La Paz, Bolivia.

Irregular with variations in title.
Recorded for Jly. 1911, Mar. 1913,
Aug. 1916, Apr., Sept. 1918, 1923,
1925, 1927, 1934, May, Nov. 1935,
Sept. 1936, Jan. 1938, 1939, Jly.
1940, Mar. 1941, Apr., Oct. 1942,
and Sept. 1943

DLC Sept. 1936, Jan. 1938, Oct. 1942
    Jly. 1946, June 1951, Feb., Sept.
    1952, Sept. 1955, Jly. 1956, Feb.,
    Jly. 1957, Oct. 1958, Dec. 1959,
    Dec. 1960, Dec. 1961, Dec. 1962,
    Nov., Dec. 1963

BOLIVIA. MINISTERIO DE RELACIONES EX-
TERIORES Y CULTO.
Memoria.

La Paz, Bolivia, 18 -

18   have title: Informe. Part
of the illustrative material is
folded. 18   issued by the Departamento de Relaciones Exteriores; 18
by the Ministerio de Relaciones Exteriores y Colonización; 18
by the Ministerio de Relaciones Ex-

(continued)

BOLIVIA. MINISTERIO DE RELACIONES EX-
TERIORES Y CULTO.
Memoria...(Cont'd.)

teriores y Culto. The following
years have been recorded: 1825,
1831, 1832, Aug. 27 1833, 1834,
Aug. 1837; June 13 1839, Aug. 7
1840, April 23, 1843, Aug. 1846,
June 1847, Aug. 6 1848, Aug. 6
1850, July 16 1851, Feb. 1855, Aug. 1855,
Aug. 7 1857, Aug. 6 1862, May
6 1863, Aug. 6 1863, Jly. 28 1864,
Aug. 6 1864, Aug. 7 1868, Aug.
8 1870, June 18 1871, Oct. 10 1872,
Aug. 18 1874, Nov. 16 1877, June
7 1880, July 15 1881, Aug. 1884,
Aug. 29 1885, Aug. 7 1886, 1887,
May 5 1888, Aug. 14 1888, May 14
1889, Aug. 22 1889, Sept. 1890,
Aug. 22 1891, Jly. 30 1892, Sept.
9 1893, Sept. 27 1894, Aug. 14
1897, Aug. 17 1898, Oct. 20 1899,
Aug. 20 1900, Aug. 16 1901, 1902,
Aug. 30 1903, Aug. 6 1904, Aug. 6
1905, Aug. 6 1906, Aug. 6 1907,
1908, Aug. 6 1909, Aug. 6 1910, Aug.
6 1911, Aug. 6 1912, Aug. 6 1913,
Aug. 6 1914, 1915, 1916, 1917, Aug.
6 1918, Aug. 6 1919, Oct. 30 1921,
1922, Aug. 5 1923, Aug. 6 1924, Aug.
1925, Aug. 6 1926, 1927, Aug. 6
1928, Aug. 4 1929, March 1931, Aug.
6 1934, April 15 1940, Aug. 6 1941.
Congress did not meet: 1830, 1841-
1842, 1845, 1849, 1852-54, 1865-67,
1878-79. Not published 1931-39.
1839-51 issued by Ministerio del
Interior y Relaciones Exteriores.
1855-62 issued by Ministerio de Relaciones Exteriores; 1863 by Ministerio de Gobierno, Culto y Relaciones Exteriores. Scattered volumes
have title Informe. 1908, 1913, 1925
reports have anexos titled Tratados
vigentes.

CLU 1928-
CSt-H 1915-18
CtY 1902, 1903, 1910, 1912, 1929/31-
DC 1913-14, 1927
DGW-C 1917, 1924-

(continued)

BOLIVIA. MINISTERIO DE RELACIONES EX-
TERIORES Y CULTO.
Memoria...(Cont'd.)

DLC 1862/65, 1885/86-86/89, 1890,
1891/92-96/97, 1899/1900-1918/
1919, 1920/21-29/30, 1939/40-
1940/41, 1942/43-44/45, 1946/47-
1949/50
DPU 1890, 1893-1926
FU 1917, 1934, 1943, 1947-49, 1913
anexo only
ICJ 1855, 1862-63, 1889, 1906, 1909-
1910, [1912], 1913
ICU 1890, [1899]-1901, 1904, 1906-13,
1923
IU 1844, 1851, 1897, 1906
MH-BA 1904/05, 1908/09, 1920/21
MH-L 1908 [1910, 1913, 1923-25]
NcD 1877, 1889, 1913-15, 1917-18,
1924, 1928-29, 1929-30, 1934,
anexos to 1923
NcU
NjP 1912, 1916, 1917, [1922] 1923,
1925
NN 1899/1900, 1903/04-07/08, 1909/
1910-18/19, 1920/21-28/29, 1929/
1931, 1931/34, 1940/41, 1942/43,
1944/45
NNA 1879
OU
PP 1907-09
RPB 1839, 1850-51, 1862-63, 1868,
1870, 1895
TxU 1886, 1891/92-94/95, 1900/01,
1902/03, 1904/05-07/08, 1909/
1910-11/12, 1913/14-14/15, 1928/
1929-29/30, 1931/34, appendix
only for 1912, 1917

BOLIVIA. MINISTERIO DE RELACIONES EX-
TERIORES Y CULTO.
Publicaciones. Cuadernos de doctrina
e información.
See its Cuadernos de información y
doctrina.

BOLIVIA. MINISTERIO DE RELACIONES EX-
TERIORES Y CULTO. CENTRO BOLIVIANO
DE INVESTIGACIONES DE DERECHO IN-
TERNACIONAL.
See Centro Boliviano de Investi-
gaciones de Derecho Internacional.
La Paz, Bolivia.

BOLIVIA. MINISTERIO DE RELACIONES EX-
TERIORES Y CULTO. DEPARTAMENTO DE
COOPERACION INTELECTUAL.
See Bolivia. Departamento de Coopera-
ción Intelectual.

BOLIVIA. MINISTERIO DE RELACIONES EX-
TERIORES Y CULTO. DEPARTAMENTO DE
PRENSA Y PUBLICACIONES.
Publicaciones. Memorandum. no. 1-

La Paz, Bolivia.

DLC no. 2, 1955 as monograph
FU no. 2, 1955

BOLIVIA. MINISTERIO DE SALUBRIDAD.
See Bolivia. Ministerio de Salud
Pública. See also Bolivia. Minis-
terio de Higiene y Salubridad;
Bolivia. Ministerio de Trabajo,
Salubridad y Previsión Social.

BOLIVIA. MINISTERIO DE SALUD PUBLICA.
This agency was created in 1906
as Dirección General de Sanidad
Pública under the Ministerio de
Gobierno. Became a separate minis-
try by decree of Aug. 20, 1938.
By decree of Nov. 8, 1940, the
Ministerio de Higiene y Salubridad
and the Ministerio del Trabajo y
Previsión Social were combined,

(continued)

BOLIVIA. MINISTERIO DE SALUD PUBLICA. (Cont'd.)
and the designation of Ministerio
del Trabajo, Salubridad y Previsión
Social was given to the new ministry
through 1946. Established as Ministerio de Higiene y Salubridad (varies
Ministerio de Salubridad), 1947-62.
Changed to Ministerio de Salud Pública
in 1962.

BOLIVIA. MINISTERIO DE SALUD PUBLICA.
See also Bolivia. Ministerio de
Trabajo, Salubridad y Previsión
Social; Bolivia. Ministerio de Hi-
giene y Salubridad.

BOLIVIA. MINISTERIO DE SALUD PUBLICA.
Memoria. 1947/48-
La Paz, Bolivia.

                        annual

For reports before 1947 see Bolivia.
Ministerio de Trabajo, Salubridad
y Previsión Social, Memoria. 1947/48-
    published by the agency under
its earlier name: Ministerio de Salubridad; 1962-   by Ministerio de
Salud Pública.

DLC 1947/48, 1948/49
FU 1947/48, 1948/49

BOLIVIA. MINISTERIO DE SALUD PUBLICA.
DIRECCION GENERAL DE SANIDAD.
See Bolivia. Dirección General de
Sanidad.

BOLIVIA. MINISTERIO DE SALUD PUBLICA.
DIVISION DE ENDEMIAS RURALES.
See Bolivia. División de Endemias
Rurales.

BOLIVIA. MINISTERIO DE TRABAJO, SALU-
BRIDAD Y PREVISION SOCIAL.
See also Bolivia. Ministerio de
Higiene y Salubridad; Bolivia.
Ministerio de Salud Pública; Boli-
via. Ministerio de Trabajo y Pre-
visión Social.

BOLIVIA. MINISTERIO DE TRABAJO, SALU-
BRIDAD Y PREVISION SOCIAL.
Boletín. no. 1-6; septiembre 1937-
junio 1941.
La Paz, Bolivia.

irregular

Issued irregularly. No. 1, Boletín
del Ministerio del Trabajo, Previsión Social y Salubridad, dated Sept.
1937; no. 2, Jan. 1938; no. 3, Boletín del despacho de previsión social
del Ministerio del Trabajo y Previsión Social, dated Oct. 1938; no.
4 and 5, Boletín del Ministerio del
Trabajo y Previsión Social, dated
1939 and June 1940, respectively;
no. 6, June [i.e.] Oct. 1941. Absorbed the Boletín of the Dirección
General del Trabajo.

CU
DLC año 1, no. 1, Sept. 1937; no. 4,
    1939; no. 6, 1941
DPU
NN no. 1, no. 4-6, 1937, 1939-41

BOLIVIA. MINISTERIO DE TRABAJO, SALU-
BRIDAD Y PREVISION SOCIAL.
Boletín del despacho de previsión
social.
See its Boletín.

BOLIVIA. MINISTERIO DE TRABAJO, SALU-
BRIDAD Y PREVISION SOCIAL.
Boletín del Ministerio de Higiene
y Salubridad.
See Bolivia. Ministerio de Higiene
y Salubridad. Boletín.

BOLIVIA. MINISTERIO DE TRABAJO, SALU-
BRIDAD Y PREVISION SOCIAL.
Memoria. 1941-
[La Paz] Bolivia.

annual

Agency established in 1936 as Minis-
terio del Trabajo y Previsión Social.
In 1940 it was combined with the
Ministerio de Higiene y Salubridad
(established in 1938) and the name
Ministerio del Trabajo, Salubridad
y Previsión Social was given to the
Ministry. Separated from Higiene y
Salubridad in 1947 and became the
Ministerio de Trabajo y Previsión
Social. For reports on public health
after 1947 see Bolivia. Ministerio
de Salud Pública. Memoria. 1947-

CtY
DLC 1940
FU 1941
NcD
NN 1941-42

BOLIVIA. MINISTERIO DE TRABAJO, SALU-
BRIDAD Y PREVISION SOCIAL.
Publicaciones. no. 1; 1944-

La Paz, Bolivia.

No. 1-2 of a previous series was
published in 1940.

DLC 1-3, 1944-46
FU no. 1
NcD no. 1-3
NN 1-3

BOLIVIA. MINISTERIO DE TRABAJO, SALU-
BRIDAD Y PREVISION SOCIAL.
Publicaciones. no. 1; 1940-

La Paz, Bolivia.

No. 1-2, 1940 have been recorded.

BOLIVIA. MINISTERIO DE TRABAJO, SALU-
BRIDAD Y PREVISION SOCIAL.
Síntesis de informes y estadísticas
de salubridad...1942-
[La Paz, 1943-

Cover-title, 1942-19 . At head of
title, 1942-   : Bolivia. Ministerio
de Trabajo, Salubridad y Previsión
Social. Despacho de Salubridad. Sección "Biodemografía". 1942-   reproduced from typewritten copy.

CU
DLC 1942
DPU
FU 1942

BOLIVIA. MINISTERIO DE TRABAJO, SALU-
BRIDAD Y PREVISION SOCIAL. SECCION
DE ESTADISTICA Y SALARIO MINIMO.
Resumen de hechos. 1947?-

La Paz, Bolivia.

monthly?

IASI 1947, no. 3

BOLIVIA. MINISTERIO DE TRABAJO Y
PREVISION SOCIAL.
The ministry was established by
decree of May 17, 1936. At times,
in 1937 and 1938, the ministry was
referred to as Ministerio del Trabajo, Previsión Social y Salubridad
(occasionaly Sanidad). The public
health section became a separate
ministry by decree of Aug. 20, 1938.
By decree of Nov. 8, 1940 it was
combined with Ministerio de Higiene
y Salubridad to form the Ministerio
de Trabajo, Salubridad y Previsión
Social. Established again as Ministerio de Trabajo y Previsión Social
since 1947. Name changed to Ministerio de Trabajo y Seguridad Social.

BOLIVIA. MINISTERIO DE TRABAJO Y PRE-
VISION SOCIAL. (1936-1940)
Memoria.   -1940.
La Paz, Bolivia.

annual

See also Bolivia. Ministerio de
Trabajo, Salubridad y Previsión
Social. Memoria.

BOLIVIA. MINISTERIO DE TRABAJO Y
SEGURIDAD SOCIAL.
See Bolivia. Ministerio de Trabajo
y Previsión Social.

BOLIVIA. MINISTERIO DEL CULTO E INSTRUC-
CION PUBLICA.
Boletín de instrucción pública. 1867-
See Bolivia. Ministerio de Educación.
Boletín de instrucción pública.

BOLIVIA. MINISTERIO DEL CULTO E INS-
TRUCCION PUBLICA.
Memoria.

La Paz, Bolivia.

annual

See also Bolivia. Ministerio de
Justicia. Memoria.

DLC

BOLIVIA. MINISTERIO DEL INTERIOR Y
CULTO.
See also Bolivia. Ministerio de
Gobierno, Justicia e Inmigración.

BOLIVIA. MINISTERIO DEL INTERIOR Y
CULTO.
Memoria que el ministro de estado
en el despacho del Interior y Culto
presenta a las Cámaras Lejislativas...
Sucre [1832-1857]

1832, 1834, 1843-44, 1846 issued
by the Ministerio del Interior;
1833, 1837, 1840, 1848, 1850-51
by Ministerio del Interior y Relaciones Exteriores; 1855, 1857 by
the Ministerio del Interior y Culto.
1843 title reads: Exposición.

DPU
ICJ

BOLIVIA. MINISTERIO DEL INTERIOR Y
RELACIONES EXTERIORES.
Memoria.
See Bolivia. Ministerio de Gobierno,
Justicia e Inmigración. Memoria.

BOLIVIA. MINISTERIO DEL TRABAJO, PRE-
VISION SOCIAL Y SALUBRIDAD.
Bolivia. Ministerio de Trabajo, Salu-
bridad y Previsión Social.
See also Bolivia. Ministerio de
Salud Pública.

BOLIVIA. MUSEO NACIONAL, LA PAZ.
See La Paz, Bolivia. Museo Nacional.

BOLIVIA. OFICINA DE ESTADISTICA FINAN-
CIERA.
See also Bolivia. Dirección General
de Estadística; Bolivia. Dirección
General de Estadística y Censos;
Bolivia. Dirección General de Esta-
dística, Inmigración y Propaganda
Industrial; Bolivia. Dirección Gene-
ral de Estadística y Estudios Geo-

(continued)

BOLIVIA. OFICINA DE ESTADISTICA...(Cont'd.)
gráficos; See also Bolivia. Dirección
Nacional de Estadística y Censos;
Bolivia. Oficina Nacional de Inmigración, Estadística y Propaganda Geográfica.

BOLIVIA. OFICINA DE ESTADISTICA FINAN-
CIERA.
See also Bolivia. Oficina Nacional
de Estadística Financiera.

BOLIVIA. OFICINA DE ESTADISTICA FINAN-
CIERA.
Anuario. 1930-
La Paz, Bolivia, 1930-

See also its Publicaciones.

DLC

BOLIVIA. OFICINA DE ESTADISTICA FINAN-
CIERA.
Publicaciones. v. 1; 1929-

La Paz, Bolivia, 1929-

V. 1 Esquema de la organización de
las entidades públicas y de los
regímenes económico administrativos
de Bolivia, 1929, V. 2 as Anuario
1929. Economía y Finanzas. 1930.

CtY 1-
DLC 1-2, 1929-30
ICJ no. 1, 1929
NcD 1, 1929
NN 1-2

BOLIVIA. OFICINA DE ESTADISTICA
FINANCIERA. SECCION COMERCIAL.
Comercio especial de Bolivia.
See Bolivia. Dirección General de
Aduanas. Comercio especial de
Bolivia.

BOLIVIA. OFICINA DE ESTADISTICA
FINANCIERA. SECCION COMERCIAL.
Cuadro comparativo sobre el movi-
miento de exportación de minerales...

La Paz, Bolivia.

Mimeographed. Each no. gives satis-
tics for the corresponding month of
the preceding year. At head of title:
1928, Sept.-Oct.: Oficina Técnica
de Hacienda e Industria. Sección
Estadística; 1928, Nov. 1929, March:
Oficina Técnica de Comercio y
Aduanas. Sección Estadística. Monthly
with annual summary.

NN [1928]-1929 (Jan.-Dec. and annual
    summary); 1930 (Jan.-Mar.)

BOLIVIA. OFICINA DE INVESTIGACIONES
ECONOMICAS Y FINANCIERAS.
Boletín. 1950-

La Paz, Bolivia.

IASI 1950, 1952-53

BOLIVIA. OFICINA DE PROPIEDAD INDUS-
TRIAL.
Boletín departamental. año 1, no.
1; 1917-
La Paz, Bolivia.

Issued 3 times a month. Continued
Aug. 1939 by Revista industrial,
1939-   . No. 4-60 published Apr.
1, 1917-Oct. 20, 1918. Año 8, no.
305, Sept. 1925-año 21, no. 775,
Dec. 1938 have been recorded. No.
383-451 incorrectly issued as año
24-25.

NN [año 8-21] 1925-38

BOLIVIA. OFICINA DE PROPIEDAD IN-
DUSTRIAL.
Cálculo de las entradas ordinarias
relativas al presupuesto...

La Paz, Bolivia.

                 annual

Each year issued with a separate
section for the national budget and
for each of the departments: Beni,
Chuquisaca, Cochabamba, La Paz,
Oruro, Potosí, Santa Cruz, Tarija.

NN

BOLIVIA. OFICINA DE PROPIEDAD IN-
DUSTRIAL.
Revista industrial.
See Revista industrial. 1939-

BOLIVIA. OFICINA DE PROYECTOS ESPECIALES.
Informe de labores.

La Paz, Bolivia.

1961-63, 1966 have been recorded.

BOLIVIA. OFICINA NACIONAL DE ESTA-
DISTICA.
See Bolivia. Dirección General de
Estadística.

BOLIVIA. OFICINA NACIONAL DE ESTA-
DISTICA FINANCIERA.
Boletín. Sección de aduanas y comercio.
no. 1B-
La Paz, Bolivia [1928?]-

Agency created in 1928 as Oficina
Técnica de Hacienda e Industria.
Name changed to Oficina Nacional de
Estadística Financiera in 1929.

NN 1B

BOLIVIA. OFICINA NACIONAL DE ESTA-
DISTICA FINANCIERA.
Boletín. Sección de economía ban-
caria y monetaria. no. 1A-
La Paz, Bolivia, [1928?]-

Agency created in 1928 as Oficina
Técnica de Hacienda e Industria.
Name changed to Oficina Nacional
de Estadística Financiera in 1929.
At head of title: Ministerio de
Hacienda e Industria. Sección de
Economía Bancaria y Monetaria. The
sections function under the Ofi-
cina de Estadística Financiera of
the Ministerio de Hacienda (varies)
Ceased publication with no. 2B.

CtY
DLC 1A-3A; 1B, 1928
MdBJ 1-
NN 1A-3A; 1B

BOLIVIA. OFICINA NACIONAL DE ESTA-
DISTICA FINANCIERA.
Boletín. Sección economía social.
no. 1-
La Paz, Bolivia [1928?]-

Agency created in 1928 as Oficina
Técnica de Hacienda e Industria;
name changed to Oficina Nacional
de Estadística Financiera in 1929.

NN no. 1B

BOLIVIA. OFICINA NACIONAL DE ESTA-
DISTICA FINANCIERA.
Boletín. Sección finanzas. no. 1A-

La Paz, Bolivia [1929?]

Agency created in 1928 as Oficina
Técnica de Hacienda e Industria,
attached to Ministerio de Hacienda.

(continued)

BOLIVIA. OFICINA NACIONAL DE ESTA-
DISTICA FINANCIERA.
Boletín. Sección finanzas...(Cont'd.)

Name changed to Oficina Nacional de
Estadística Financiera in 1929.

DLC 1-9
MdBJ 2-3
NN 1-2, 4, 4/5, 5, 6, 8

BOLIVIA. OFICINA NACIONAL DE ESTA-
DISTICA FINANCIERA.
Comercio especial de Bolivia. Im-
portación-exportación de los pri-
meros trimestres de los años...
See Bolivia. Dirección General de
Aduanas. Comercio especial de Bolivia.
See also Bolivia. Dirección General
de Estadística. Comercio exterior...
anuario. Importación. Exportación.

BOLIVIA. OFICINA NACIONAL DE INMIGRA-
CION ESTADISTICA Y PROPAGANDA GEOGRAFICA.
See also Bolivia. Dirección General de
Estadística; Bolivia. Dirección Gene-
ral de Estadística y Censos; Bolivia.
Dirección General de Estadística,
Inmigración y Propaganda Industrial;
Bolivia, Dirección General de Esta-
dística y Estudios Geográficos; Bo-
livia. Dirección Nacional de Estadís-
tica y Censos; Bolivia. Oficina de
Estadística Financiera.

BOLIVIA. OFICINA NACIONAL DE INMIGRA-
CION, ESTADISTICA Y PROPAGANDA GEO-
GRAFICA.
Boletín.
See Bolivia. Dirección General de
Estadística y Estudios Geográficos.
Boletín.

BOLIVIA. OFICINA NACIONAL DE INMIGRA-
CION, ESTADISTICA Y PROPAGANDA GEO-
GRAFICA.
Compilación de leyes y supremas dis-
posiciones relativas á concesiones
ferrocarrileras. año 1880-1904.
La Paz, Bolivia.

DLC 1880-1904

BOLIVIA. OFICINA NACIONAL DE INMIGRA-
CION, ESTADISTICA Y PROPAGANDA GEO-
GRAFICA.
Estadística judicial.
La Paz, Bolivia.

DLC 1897-98
ICJ 1897/98

BOLIVIA. OFICINA NACIONAL DE INMIGRA-
CION, ESTADISTICA Y PROPAGANDA GEO-
GRAFICA.
Informes del director.
See Bolivia. Dirección General de
Estadística, Inmigración y Propa-
ganda Industrial. Informe.

BOLIVIA. OFICINA NACIONAL DE INMIGRA-
CION, ESTADISTICA Y PROPAGANDA GEO-
GRAFICA.
Monografías de la industria minera.
1-3; 1898-1900.
La Paz, Bolivia.

DI-GS 1, 3
DLC 1-3, 1898-1900
NN 2
TxU 3, 1900

BOLIVIA. OFICINA NACIONAL DE INMIGRA-
CION, ESTADISTICA Y PROPAGANDA GEO-
GRAFICA.
Publicación. v. 1; 1900-
La Paz, Bolivia.

1-3, 1900-04 have been recorded.

BOLIVIA. OFICINA NACIONAL DE INMIGRA-
CION, ESTADISTICA Y PROPAGANDA GEO-
GRAFICA.
Revista. no. 1; 1897?
La Paz, Bolivia.

No more published?

DAS 1
DPU 1

BOLIVIA. OFICINA NACIONAL DE INMIGRA-
CION, ESTADISTICA Y PROPAGANDA GEO-
GRAFICA.
Sinópsis estadística y geográfica.
1-3; 1903-04.
La Paz, Bolivia.

CtY 2
DAS
DLC 1-3, 1903-04
ICJ
ICU 1-2
IU 2-3
RPB

BOLIVIA. OFICINA TECNICA DE COMERCIO
Y ADUANAS. SECCION COMERCIAL.
Comercio especial de Bolivia.
See Bolivia. Dirección General de
Aduanas. Comercio especial de Boli-
via.

BOLIVIA. OFICINA TECNICA DE HACIENDA.
See Bolivia. Ministerio de Hacienda.

BOLIVIA. OFICINA TECNICA DE HACIENDA
E INDUSTRIA.
See Bolivia. Dirección General de
Estadística.
See also Bolivia. Oficina Nacional
de Estadística Financiera.

BOLIVIA. PRESIDENCIA.
  Gaceta oficial.
  See Bolivia. Gaceta oficial. 1960-

BOLIVIA. PRESIDENTE.
  Mensaje. 1828?-

  La Paz, Bolivia. 18

  Message for 1938 has title: Mensaje
  del presidente de la Junta Militar
  de Gobierno...a la Convención Nacional...Some years as Discurso. Began
  publication in 1828? 1930, 1935-37
  not published.

  CtY 1828, 1905, 1910, 1912-13
  CU
  DC 1922-24, 1926, 1929
  DGW-C 1917, 1922-23, 1926
  DLC 1828 (Aug.), 1831 (June), 1838
      (May), 1880-83, 1885, 1888, 1890,
      1894-95, 1900, 1902-08, 1910-22,
      1924-29, 1931-32, 1936, 1938-50,
      1954-56, 1958-60, 1963-
  DPU 1891, 1894-1926
  FU 1900, 1901, 1905-07, 1909, 1910,
      1913-16, 1918, 1927, 1950, 1956,
      1958-59, 1963, 1965-67
  ICJ 1828, 1831-40, 1843, 1846-48,
      1851, 1854-55, 1857, 1862, 1868,
      1870-74, 1877, 1888-90, 1900-01,
      1907, 1910-13, 1915
  ICU 1888, 1900, 1905, 1907, 1910-
      1915, 1922
  IU 1831, 1837, 1846, 1855, 1862,
      1871, 1880, 1883, 1886, 1888,
      1906
  MH-BA 1907, 1923-24
  NcD 1828, 1834, 1903-04, 1906-08,
      1910, 1932, 1958-59
  NjP 1926
  NN 1833, 1885-87, 1912, 1915, 1917-
      1918, 1920-24, 1926 and anexo-
      1929, 1931-33, 1938, 1940-41,
      1958-59, 1956/60, 1961-63
  RPB 1831-32, 1848, 1851, 1855-56
  TxU 1832, 1893, 1906-07, 1909-12,
      1914-16, 1922-23, 1926 and
      suppl. 1938, 1956, 1958-62,
      1965-66

BOLIVIA. SECRETARIA DE PRENSA.
  Publicación. 1; 1962-
  La Paz, Bolivia.

BOLIVIA. SECRETARIA NACIONAL DE
  PLANIFICACION Y COORDINACION.
  See Bolivia. Comisión Nacional de
  Coordinación y Planeamiento.

BOLIVIA. SECRETARIO-GENERAL DE ESTADO.
  Memoria que presenta el secretario
  general de estado a la convención
  nacional. 18-
  La Paz, Bolivia.

  Title varies. 1871 Memoria to the
  Asamblea Constituyente; 1880 Memoria
  to the Convención Nacional covering
  reports on Hacienda, Relaciones Exteriores, Guerra, Gobierno, Instrucción Pública, Justicia and Culto.
  1889 issued as an anexo to the report
  of the Ministerio de Gobierno. 1899
  (issued in 5 pts.) covering Dec. 12,
  1898-Oct. 1899 was presented to the
  Convención Nacional. It included
  reports on Culto, Correos y Telégrafos, Fomento, Hacienda, Guerra,
  Instrucción, Justicia, Relaciones
  Exteriores and Gobierno.

  CtY 1899
  DLC 1899, Anexos 1-4
  ICJ 1871, 1880, [1899]
  NN 1899 (anexos parte 1-3 only)

BOLIVIA. SERVICIO DE EXTENSION AGRICOLA.
  Informe.
  La Paz, Bolivia.

  Junio 1964-julio 1965 have been recorded.

BOLIVIA. SERVICIO DE EXTENSION AGRI-
    COLA.
    Serie de agricultura. no. 1; 1964-

    La Paz, Bolivia.

BOLIVIA. SERVICIO DE EXTENSION AGRI-
    COLA.
    Serie ganadería. no. 1; 1964-

    La Paz, Bolivia.

    No. 1-2, 1964 has been recorded.

BOLIVIA. SERVICIO DE EXTENSION AGRI-
    COLA.
    Serie técnica. no. 1; 1964-

    La Paz, Bolivia.

    No. 1-5, 1964 have been recorded.

BOLIVIA. SERVICIO DE EXTENSION AGRI-
    COLA.
    Informe semestral.

    La Paz, Bolivia.

    Jan.-Jly. 1961 have been recorded.

BOLIVIA. SERVICIO DE EXTENSION AGRI-
    COLA.
    Noticias de extensión. no. 1-

    La Paz, Bolivia.

    No. 3, 1962 has been recorded.

BOLIVIA. SERVICIO GEOLOGICO.
    Boletín. no. 1; 1961-

    La Paz, Bolivia, 1961-

                    (continued)

BOLIVIA. SERVICIO GEOLOGICO.
    Boletín...(Cont'd.)

    Agency attached to Ministerio de
    Minas y Petróleos. Issuing body
    name baries. No. 1-5, issued under
    its earlier name: Departamento Nacio-
    nal de Geología; no. 6, 1965-
    under Servicio Geológico. No. 4 has
    title: Bibliografía geológica, minera-
    lógica y paleontológica de Bolivia.
    No. 1-8, 1961-66 have been recorded.

    CtY 6-
    DI-GS
    DLC 1, 1961; 3-4, 1962; 6, 1965
    FU no. 1, 1961; no. 3, 1962 (special
        issue) no. 4, 1962; no. 5, 1964
        (special issue)
    IU 6-
    NSyU 6-
    OkU 1-
    TxU no. 1, 3-5, 1961-65

BOLIVIA. SERVICIO METEOROLOGICO.
    Anuario meteorológico. 1953-

    La Paz, Bolivia.

    Cover title. Issues for 1958-
    have added title page: Anuario
    meteorológico de Bolivia.

    DLC 1954, 1958-60, 1963
    DS 1953-
    FTaSU 1946-
    FU 1956, 1963-64
    TxU

BOLIVIA. SERVICIO METEOROLOGICO.
    Boletín anual meteorológico. año
    1945-
    La Paz, Bolivia,1945-

    At head of title: 1945-48 Ministerio
    de Agricultura, Ganadería y Coloni-
    zación; 1949-   , Ministerio de
    Agricultura, Ganadería y Riegos.

    DAS
    DNAL

BOLIVIA. SERVICIO METEOROLOGICO.
Boletín mensual. octubre 1907-
See La Paz, Bolivia. Observatorio Meteorológico. Boletín
mensual del Servicio Meteorológico.

BOLIVIA. SERVICIO METEOROLOGICO.
Boletín mensual del tiempo. no.
1/3; abril/junio 1942-

La Paz, Bolivia.

monthly

Began publication with Jan.-Mar.
1941[(sic) Apr. June 1942] issue
under the title: Boletín. Cf. U.
S. Library of Congress. A guide
to the official publications of
the other American republics. II.
Bolivia.

DAS
DLC año 4, nos. 1, 3-5, 8, 11, 1945
    año 5, nos. 1-2, 4, 6-7, 10-
    12, 1946; no. 1/3, 1949
DNAL
ICU
MH
PPULC

BOLIVIA. SERVICIO METEOROLOGICO.
Circulares. no. 1-

La Paz, Bolivia.

No. 4, 1944 has been recorded.

DAS no. 4
MH

BOLIVIA. SERVICIO METEOROLOGICO.
Instrucción. no. 1; 1942-

La Paz, Bolivia, 1942-

ICU

BOLIVIA. SERVICIO NACIONAL DE CAMINOS.
Caminos de Bolivia.
See Caminos de Bolivia.

BOLIVIA. SERVICIO NACIONAL DE CAMINOS.
Informe.
La Paz, Bolivia.

1955-61 have been recorded.

BOLIVIA. SERVICIO NACIONAL DE METEORO-
LOGIA.
See Bolivia. Servicio Meteorológico.

BOLIVIA. SERVICIO NACIONAL DE VETERI-
NARIA.
See Bolivia. Dirección General de
Agricultura. Servicio Nacional de
Veterinaria.

BOLIVIA. SERVICIO TECNICO AGRICOLA.
DIVISION FORESTAL, CAZA Y PESCA.
Boletín estadístico trimestral.
no. 1; julio 1966-
La Paz, Bolivia.

No. 1-2, July-Oct. 1966.

BOLIVIA. SUBSECRETARIA DE PRENSA, IN-
FORMACIONES Y CULTURA.
Publicaciones. Serie Conferencias.
1-
La Paz [Ediciones, SPIC]

DLC no. 15, 1955
TxU no. 15, 1955

BOLIVIA. SUBSECRETARIA DE PRENSA, IN-
FORMACIONES Y CULTURA.
Publicaciones. Serie Cultura. 1-

La Paz [Ediciones, SPIC]

DLC 2, 1952

BOLIVIA. SUBSECRETARIA DE PRENSA, IN-
FORMACIONES Y CULTURA.
Publicaciones. Serie Doctrina 1-

La Paz [Ediciones SPIC]

DLC no. 3, 1954
FU no. 3, 1954

BOLIVIA. SUBSECRETARIA DE PRENSA, IN-
FORMACIONES Y CULTURA.
Publicaciones. Serie Documentos.
1-
La Paz [Ediciones SPIC]

DLC no. 14, n.d.
FU no. 14; no. 25, 1956
TxU no. 18, 1955

BOLIVIA. SUBSECRETARIA DE PRENSA, IN-
FORMACIONES Y CULTURA.
Publicaciones. Serie Filosofía.

La Paz, Bolivia.

No. 7, 1954? has been recorded.

CLSU no. 7

BOLIVIA. SUBSECRETARIA DE PRENSA, IN-
FORMACIONES Y CULTURA.
Publicaciones. Serie Legislación.
no. 1-
La Paz [Ediciones SPIC]

MH-L no. 4, 1955

BOLIVIA. SUBSECRETARIA DE PRENSA, IN-
FORMACIONES Y CULTURA.
Pututu.
See Pututu.

BOLIVIA. SUPERINTENDENCIA DE BANCOS.
Estadística bancaria.

La Paz, Bolivia.

monthly

Issued   -Mar. 1946 by the
office's Sección Estadística; Apr.
1946-   by its Departamento de
Estadística y Control. Reproduced
from typewritten copy. Jan.-June
1967 and Jan.-June 1969 have been
recorded.

IASI
TxU [1945-46] 1947-50 [1951-53]

BOLIVIA. SUPERINTENDENCIA DE BANCOS.
Estadística bancaria. Boletín. no.
1; junio 1942-
La Paz, Bolivia.

semiannual

DLC no. 1-162, 1942-58 (scattered
    nos. are missing)

BOLIVIA. SUPERINTENDENCIA DE BANCOS.
Memoria.
La Paz, Bolivia.

1st and 2nd report were not published.
The 3rd report covers 1931-32. None
were published for 1933-34. The fourth
report covers 1935-36. The fifth report, 1937-38 is titled Situación
económica de Bolivia. The sixth report covers 1939-41, and the seventh
1942. The 39th covers 1966 and the
41st covers 1968.

DLC 1931/32, 1933, 1935/36-47/55,
    1963/64
FU 1937-38
IASI 1961, 1968
NN 1931/32, 1935/36-39/41, 1942,
    1943/46, 1947-55, 1956/59, 1960-
NNUN

BOLIVIA. SUPERINTENDENCIA DE BANCOS.
Situación de los principales rubros
bancarios de la República.

La Paz, Bolivia.

monthly

Published by the agency's Departamento de Control y Estadística. 31
May 1963 has been recorded.

DLC 1961-
TxU

BOLIVIA. SUPERINTENDENCIA DE BANCOS.
DEPARTAMENTO DE CONTROL Y ESTADISTICA.
Situación de los principales rubros
bancarios de la República.
See Bolivia. Superintendencia de
Bancos. Situación de los principales
rubros bancarios de la República.

BOLIVIA. SUPERINTENDENCIA NACIONAL
DE MINAS.
Boletín de minas. 1918?-
Oruro, Bolivia.

Published by the Superintendencia
Departamental at Oruro. 1918-año
26, no. 877, July 20, 1943 have
been recorded.

BOLIVIA. SUPERINTENDENCIA NACIONAL
DE MINAS.
Boletín de minas. 1905-
Potosí, Bolivia.

Published by the Superintendencia
Departamental al Potosí. 1905-año
34 no. 1318, Dec. 9, 1941 have been
recorded.

BOLIVIA. SUPERINTENDENCIA NACIONAL DE
MINAS.
Boletín de minas. 1904?-
La Paz, Bolivia.

Began publication in 1904? Año 1,
1904?- año 39, no. 2037, March 1,
1942 have been recorded. Departamental agencies at La Paz, Oruro, Potosí,
Cochabamba, Chuquisaca and Santa
Cruz have published bulletins relative to mining concessions.

BOLIVIA. SUPREMO TRIBUNAL DE JUSTICIA.
See Bolivia. Corte Suprema.

BOLIVIA. SUPREMO TRIBUNAL NACIONAL DE
CUENTAS.
See Bolivia. Tribunal Nacional de
Cuentas.

BOLIVIA. TESORO NACIONAL.
Cuenta general del ejercicio financiero...
La Paz, Bolivia, 18 -19

Title varies slightly: Cuenta general
de la nación. The following issues
have been recorded: 1873, 1884, 1885,
1886, 1896, 1897, 1900, 1901, 1902,
1905-21, 1935, 1940. 19 -19 prepared
by Tesorería Nacional; 19 -19 by
Contraloría General.

DLC 1886, 1896-97, 1900-02, 1905-
    1910, 1912-13, 1935, 1940
DPU 1910-12, 1915, 1917
ICJ 1873, 1882, 1884-86, 1900-01
IU 1873
NN 1925-27
OU
RPB 1873

BOLIVIA. TREATIES, ETC.
Colección de tratados vigentes de
la República de Bolivia... compilado,
concordado y anotado por: Luis de
Iturralde Chinel...
La Paz, Bolivia, Editorial "Universo,"
1940-

At head of title: Ministerio de Relaciones Exteriores. V. 1-5 compiled
by Luis Iturralde Chinel, director
of the Departamento Político y Diplomático. Vol. 6-   compilado y
anotado por Santiago Jordán Sandoval.

CU
DLC t. 1-6, 1940-52
DPU
FU t. 2, 1920-29; t. 4, Convenios
    bilaterales. A-CH; t. 5, Convenios
    bilaterales. CH-V; t. 6 Convenios
    multilaterales, 1939-50
MH
NcD
NcU
NN
TxU

BOLIVIA. TREATIES, ETC.
Tratados vigentes. [t. 1-

La Paz, Bolivia.

Issued in 1908, 1913, 1925 (3v) as
Anexos to the Memoria of the Ministry of Foreign Affairs presented in
1908, 1913, 1925.

DLC t. 1-3, 1825-1925
NN

BOLIVIA. TRIBUNAL NACIONAL DE CUENTAS.
Informe. 1884-1928?
Sucre, Bolivia [18-   ]

(continued)

BOLIVIA. TRIBUNAL NACIONAL DE CUENTAS.
Informe...(Cont'd.)

Reports have been recorded for the
years 1884, 1891 and 1893/94. Agency
established in 1883. Incorporated
in the Contraloría General in 1929
and abolished in 1938. Title varies.
See also Bolivia. Contraloría General.

DLC 1892-93
ICJ 1891

BOLIVIA. TRIBUNAL NACIONAL DE CUENTAS.
Memoria.
See its Informe.

BOLIVIA.
Bolivia. Ministerio de Cultura, Información y Turismo. 1; julio/agosto
1969-
[La Paz, Bolivia]

                              bimonthly

DLC 1-

BOLIVIA.
New York, Consulado de Bolivia.
v. 1, no. 1; enero/febrero 1962-

New York.

BOLIVIA.
v. 1; septiembre 1926-v. 12; 1946?
New York, 1926-46?

                              bimonthly

Issued under the auspices of the
Consulate general of Bolivia in New
York. Vols. 1-2 have subtitle: A...

(continued)

BOLIVIA. (Cont'd.)

survey of Bolivian activities,
industry, commerce, banking, travel, statistics (varies slightly).
Quarterly, v. 1, no. 1-2, Sept.-
Dec. 1926; bimonthly, Jan. 1927-
1946? Editor Sept. 1926-May 1927
Alberto Palacios; July 1927-
Emeterio Cano de la Vega. Suspended publication 1946-55? The Library of Congress shows record for
a new series which continues the
numbering beginning with v. 12,
no. 1, 1955. See DLC holdings.

AzU [1-3]-
CaOLU 1
CaOOA 1-
CCC [5-6]
CL 2, 4-
CLSU [1-7]
CSt [4]-[6-7]
CStoC [3-6] 7
CtHT 5-
CtY 1-
CU 1-
DL 1-
DLC v. 1-12, 1926-46 (missing v.
    3, no. 9); New series v. 12
    no. 1-2, 1955; v. 13, no. 6-7,
    1956; v. 14, no. 2-5, 1957; v.
    15, no. 1, 1958
DNAL 1-
FU v. 1-3, Sept. 1926-Oct. 1932;
    v. 4, no. 2-12, Jan. 1933-Oct.
    1934; v. 5-v. 8, no. 16, Nov.
    1934-Summer 1943; v. 9, no. 20-
    v. 12, no. 27, Spring 1944-Apr.
    1946
IaGG 3-
ICU 1-[3]-6
IEN-C 1-
IU 1-
KU 1-
KyU 6-
LNHT [1-2]
MB 3-
MCM [1]-

(continued)

BOLIVIA. (Cont'd.)

MdBE [3-6]
MH 1-[4-5]-
MH-BA 1-
MiU 1-
MnNC [1]-
MnU 1-
MoU 1-
N 1-
NBuG 1-2, 4-
NbU 1-
NIC 1-[3-5]-
NjP 1-5
NmU 1[3]-
NN 1-12, 1925-46
NNC [6]
NvU [2]-
OAU 14-
OCLloyd 3-
OO [5, 7]
OrCS 1-
OrP [1]-
OrU 1-[3]-[6]-
PPT [4]-
PU [6]
TU [1-6]-
TxU [v. 1], v. 2-3, [v. 4], v. 5-8,
    [v. 10-12] 1926/28-1946
ULA [2-5]
UU [1-2]
ViW [7]
ViU 1 [2-5] 6
WaS 1-
WaU 1-
WHi 1-
WU [6]-
WvU 1-4, 6-
WyU [2-6]-

BOLIVIA.
See Bolivia. Dirección Nacional de
Informaciones. Bolivia; boletín
quincenal.

BOLIVIA; A BIMONTHLY SURVEY OF BOLI-
VIAN ACTIVITIES; INDUSTRY, COMMERCE,
BANKING, TRAVEL, STATISTICS.
See Bolivia. 1926-

BOLIVIA; A GOOD NEIGHBOR.
  See Bolivia. 1926-

BOLIVIA; BOLETIN QUINCENAL.
  See Bolivia. Dirección Nacional de
  Informaciones. Bolivia; boletín
  quincenal.

BOLIVIA, LAND OF PROMISE.
  Bolivia. Consulado General, New
  York. 1; julio 1970-
  New York?

                    monthly

  DLC 1-

BOLIVIA ECONOMICA; REVISTA DE ECONO-
  MIA NACIONAL.
  Oficina de Informaciones y Estu-
  dios Económicos, Industriales y
  Financieros. 1; enero 1931-

  La Paz, Bolivia.

  Has supplement titled Bolivian review.

  CaOS [2]-
  CU [1-3]
  DLC año 3, no. 26, Feb. 1933
  DNAL [2-4]
  NNC [1-2]

BOLIVIA EN CIFRAS.
  Bolivia. Secretaría Nacional de
  Planificación y Coordinación. 1;
  agosto 1966-
  La Paz, Bolivia.

                    annual

  FU no. 2, 1967
  TxU no. 1, 1966

BOLIVIA MADERERA.
  Bolivia. Ministerio de Agricultura,
  Servicio Forestal y de Caza. v. 1;
  1951-
  La Paz, Bolivia.

                    monthly

  V. 1-v. 2, no. 16, 1951-56 have
  been recorded. Superseded by Boletín forestal, 1956-   . See also
  Boletín forestal.

BOLIVIA RURAL.
  [no.] 1; 1947?-
  La Paz, Bolivia.

  "Revista del Departamento de Educación Rural".

  DLC nos. 1-5, 7, 1947
  InU

BOLIVIAN REVIEW.
  v. 1-2, no. 12, April? 1931-February
  1932?
  La Paz, Bolivia.

  Supplement to Bolivia económica.

  DLC v. 1, Apr. 1, 1931
  DPU [1]-
  NNC [1-2]

C.O.N.A.V.I.
  See Conavi.

CAJA DE SEGURIDAD SOCIAL DE TRABAJADORES
  PETROLEROS, LA PAZ, BOLIVIA.
  Memoria anual.
  La Paz, Bolivia.

  IASI 1967, 1969

CAJA DE SEGURO SOCIAL DE PETROLEROS.
   See Caja de Seguridad Social de
   Trabajadores Petroleros, La Paz,
   Bolivia.

CAJA DE SEGURO Y AHORRO OBRERO.
   See Caja Nacional de Seguro Social,
   La Paz.

CAJA NACIONAL DE SEGURIDAD SOCIAL,
   LA PAZ.
   See Caja Nacional de Seguro Social,
   La Paz.

CAJA NACIONAL DE SEGURO SOCIAL, LA
   PAZ.
   Estadísticas.
   La Paz, Bolivia.

   1966, 1968 have been recorded. Pub-
   lished by the agency's Departamento
   Técnico, Estadística Nacional (varies,
   Sección Estadísticas Generales).
   Agency created in 1935. Name varies:
   Caja de Seguro y Ahorro Obrero; Caja
   Nacional de Seguridad Social.

   IASI 1967 (published in 1968); 1968
      (published in 1969)

CAJA NACIONAL DE SEGURO SOCIAL, LA
   PAZ.
   Memoria. [no. 1-
   La Paz, Bolivia.

                  irregular

   The first report covers Aug. 1935-
   June 1939; 2nd July 1939-Dec. 1942;
   the 3rd Jan. 1943-June 1945. A
   summary report appears in the Memoria
   of the Superintendencia de Bancos.

                (continued)

CAJA NACIONAL DE SEGURO SOCIAL, LA PAZ.
   Memoria...(Cont'd.)

   Agency created in 1935. Name varies:
   Caja de Seguro y Ahorro Obrero; Caja
   Nacional de Seguridad Social.

   DLC 1958-60
   NN 1939/42, 1943/45

CAJA NACIONAL DE SEGURO SOCIAL, LA PAZ.
   Noticias. 1; julio 1954-
   La Paz, Bolivia.

   DPU 1-

CAJA NACIONAL DE SEGURO SOCIAL, LA PAZ.
   Serie divulgación. no. 1-
   La Paz, Bolivia.

   At head of title, no. 3, 4: Caja
   Nacional de Seguridad Social. Agency's
   name varies: Caja de Seguro y Ahorro
   Obrero; Caja Nacional de Seguridad
   Social.

   FU no. 3, 5, (1958?)

CALENDARIO AGRICOLA GANADERO.
   See Potosí, Bolivia. Universidad
   Autónoma "Tomas Frías". Instituto
   Práctico de Agricultura. Calendario
   agrícola ganadero.

CAMINOS DE BOLIVIA.
   Bolivia, Servicio Nacional de Caminos.
   v. 1, no. 1; 1957-
   La Paz, Bolivia.

   V. 1-4, no. 1-16, 1957-60 have been
   recorded.

CAMPO.
  Banco Agrícola de Bolivia. año 1,
  no. 1; mayo? 1947-
  La Paz, Bolivia.

                    monthly

  V. 5-v. 10 nos. 63-129, 1952-57
  have been recorded. "Publicación
  del Banco Agrícola de Bolivia".

  DLC [1]-
  DNAL [1]-
  TxU 1-

CANCIONES ESCOLARES DE AUTORES
  BOLIVIANOS.
  La Paz, Bolivia. t. 1-

  Edición oficial del Ministerio
  de Educación, Bellas Artes y
  Asuntos Indígenas.

  InU

CARTA INFORMATIVA.
  See Banco Minero de Bolivia, La
  Paz. Carta informativa.

CENTRO BOLIVIANO DE INVESTIGACIONES
  DE DERECHO INTERNACIONAL, LA PAZ,
  BOLIVIA.
  Publicaciones. no. 1; 1941-
  La Paz, Editorial La Paz.

  TxU 1, 1941

CENTRO BOLIVIANO DE PRODUCTIVIDAD
  INDUSTRIAL.
  Memoria y plan.
  La Paz, Bolivia.

  IU 1964/65-
  NN 1964/65-

CENTRO DE INVESTIGACIONES ARQUEOLO-
  GICAS EN TIWANAKU, LA PAZ.
  Publicación. no. 1; 1961-

  La Paz, Bolivia, 1961-

  Agency works in coordination with
  the Dirección de Antropología of
  the Ministerio de Educación. No.
  1 as Informe de labores Oct. 1957-
  Feb. 1961.

  CLSU
  CtY
  DLC
  IU
  MiU
  NIC
  NN
  NNC
  TxU no. 1, 1961

CHAPARE, BOLIVIA. CENTRO DE INVESTIGA-
  CIONES Y DEMOSTRACIONES AGRICOLAS.
  Divulgación. no. 1; 1966-

  Chapare, Bolivia.

  No. 1-2, 1966 have been recorded.

CHAPARE, BOLIVIA. CENTRO DE INVESTIGA-
  CIONES Y DEMOSTRACIONES AGRICOLAS.
  Experimental. no. 1; 1966-

  Chapare, Bolivia.

CHAPARE, BOLIVIA. CENTRO DE INVESTIGA-
  CIONES Y DEMOSTRACIONES AGRICOLAS.
  Informe anual.
  Chapare, Bolivia.

  1964-65 has been recorded.

CHASKI.
    Bolivia. Ministerio de Asuntos Campe-
    sinos. v. 1, no. 1; 1964?-

    La Paz, Bolivia.

    V. 1-3, nos. 6-20, Dec. 1964-Dec.
    1967 have been recorded.

    DLC [1]-

CHINOLI, POTOSI. CENTRO DE DEMOSTRA-
    CIONES.
    Boletín informativo. no. 1; 1964-

    Betanzos, Potosí.

    No. 1-4, 1964-67 have been re-
    corded.

CHINOLI, POTOSI. CENTRO DE DEMOSTRA-
    CIONES.
    Informe anual. 1962-
    Betanzos, Potosí.

    1962-67-   have been recorded.

CHIPIRIRI, BOLIVIA. ESTACION EX-
    PERIMENTAL DEL CHAPARE.
    See Chapare, Bolivia. Centro de
    Investigaciones y Demostraciones
    Agrícolas.

COCHABAMBA, BOLIVIA. ESTACION EX-
    PERIMENTAL AGRICOLA "LA TAMBORADA".
    Boletín del día demostrativo. 1965-

    Cochabamba, Bolivia.

COCHABAMBA, BOLIVIA. ESTACION EX-
    PERIMENTAL AGRICOLA "LA TAMBORADA".
    Boletín experimental. no. 1-2;
    1951.
    Cochabamba, Bolivia.

    DNAL

COCHABAMBA, BOLIVIA. ESTACION EXPERI-
    MENTAL AGRICOLA "LA TAMBORADA".
    Circular de extensión. no. 1-3;
    enero-octubre 1951.
    Cochabamba, Bolivia.

COCHABAMBA, BOLIVIA. ESTACION EXPERI-
    MENTAL AGRICOLA "LA TAMBORADA".
    Folleto. no. 1; 1959-
    Cochabamba, Bolivia.

COCHABAMA, BOLIVIA. ESTACION EXPERI-
    MENTAL AGRICOLA "LA TAMBORADA".
    Publicación técnica. 1-
    Cochabamba, Bolivia.

COCHABAMBA, BOLIVIA. ESTACION EXPERI-
    MENTAL AGRICOLA "LA TAMBORADA".
    DEPARTAMENTO DE GANADERIA.
    Folleto. no. 1; 1960-
    Cochabamba, Bolivia.

COCHABAMBA, BOLIVIA. UNIVERSIDAD AUTO-
    NOMA SIMON BOLIVAR.
    See Cochabamba, Bolivia. Universidad
    Mayor de San Simón.

COCHABAMBA, BOLIVIA. UNIVERSIDAD MAYOR
    DE SAN SIMON.
    Boletín informativo. v. 1-no. 1-12?
    enero/febrero 1960-1962?
    Cochabamba, Bolivia, Impr. Universi-
    taria.

                bimonthly

    DPU current issue
    FU v. 1, no. 1-7, Jan. 1960-Jan. 1961
    TxU [v. 1-2] 1960-61

COCHABAMBA, BOLIVIA. UNIVERSIDAD
MAYOR DE SAN SIMON.
Cuadernos de poesía. 1; 1965-

Cochabamba, Bolivia.

IU 1-

COCHABAMBA, BOLIVIA. UNIVERSIDAD
MAYOR DE SAN SIMON.
Cuadernos sobre agricultura. no.
1; 1941-
Cochabamba, Bolivia, Imprenta Uni-
versidad,19 .

Its Publicaciones. Title varies.
-       as its Publicaciones.
Obras sobre agricultura.

CaL 2-
CtY 4
DLC 3, 5-6/7
DNAL 1-3, 6/7
ViU 6/7

COCHABAMBA, BOLIVIA. UNIVERSIDAD
MAYOR DE SAN SIMON.
Cuadernos sobre derecho y ciencias
sociales.
See Cuadernos sobre derecho y cien-
cias sociales.

COCHABAMBA, BOLIVIA. UNIVERSIDAD
MAYOR DE SAN SIMON.
Cuadernos sobre doctrina y organi-
zación universitaria.
See Cuadernos sobre doctrina y
organización universitaria.

COCHABAMBA, BOLIVIA. UNIVERSIDAD
MAYOR DE SAN SIMON.
Folia universitaria.
See Folia universitaria.

COCHABAMBA, BOLIVIA. UNIVERSIDAD
MAYOR DE SAN SIMON.
Informes de labores.
Cochabamba, Bolivia.

                    annual

Vols. for   issued by the University under an earlier name: Universidad Autónoma Simón Bolívar.
1961 and 1962 issues recorded in
Bibliografía boliviana 1962 and 1963.

DLC 1947-50, 1952/53, 1964
TxU 1950, 1952-53, 1961

COCHABAMBA, BOLIVIA. UNIVERSIDAD
MAYOR DE SAN SIMON.
Legislación universitaria. 1; 1964-

Cochabamba, Bolivia.

IU 1-

COCHABAMBA, BOLIVIA. UNIVERSIDAD
MAYOR DE SAN SIMON.
Obras sobre agricultura.
See its Cuadernos sobre agricultura.

COCHABAMBA, BOLIVIA. UNIVERSIDAD
MAYOR DE SAN SIMON.
Publicaciones.
Cochabamba, Bolivia.

Unnumbered.

FU 1955
TxU 1941, 1947, 1959

COCHABAMBA, BOLIVIA. UNIVERSIDAD
MAYOR DE SAN SIMON.
Revista de cultura.
See Revista de cultura.

COCHABAMBA, BOLIVIA. UNIVERSIDAD
MAYOR DE SAN SIMON.
Tesis de grado. año

Cochabamba, Bolivia.

1964 has been recorded.

COCHABAMBA, BOLIVIA. UNIVERSIDAD
MAYOR DE SAN SIMON. DEPARTAMENTO
DE CULTURA.
Cuaderno.
See its Publicaciones.

COCHABAMBA, BOLIVIA. UNIVERSIDAD
MAYOR DE SAN SIMON. DEPARTAMENTO
DE CULTURA.
Publicaciones. 1; 1953-

Cochabamba, Bolivia.

CU 1-
DLC 2, n.d; 3, [1957]
IU
MH-P 2
NcU
NN 1-
PU
TxU no. 1

COCHABAMBA, BOLIVIA. UNIVERSIDAD
MAYOR DE SAN SIMON. ESCUELA DE
FARMACIA.
Gaceta médica boliviana.
See Gaceta médica boliviana.

COCHABAMBA, BOLIVIA. UNIVERSIDAD
MAYOR DE SAN SIMON. ESCUELA SU-
PERIOR DE AGRONOMIA.
Publicaciones. Obras sobre agri-
cultura.
See Cochabamba, Bolivia. Universi-
dad Mayor de San Simón. Cuadernos
sobre agricultura.

COCHABAMBA, BOLIVIA. UNIVERSIDAD MAYOR
DE SAN SIMON. ESCUELA SUPERIOR DE
AGRONOMIA.
Revista de agricultura.
See Revista de agricultura.

COCHABAMBA, BOLIVIA. UNIVERSIDAD MAYOR
DE SAN SIMON. FACULTAD DE CIENCIAS
AGRONOMICAS.
Boletín forestal. 1; 1948-

Cochabamba, Bolivia.

DNAL 1-2
ICF 1
NcD 1

COCHABAMBA, BOLIVIA. UNIVERSIDAD MAYOR
DE SAN SIMON. FACULTAD DE CIENCIAS
AGRONOMICAS.
Cuadernos de entomología. no. 1;
1948-
Cochabamba, Bolivia.

DLC 1

COCHABAMBA, BOLIVIA. UNIVERSIDAD
MAYOR DE SAN SIMON. FACULTAD DE CIEN-
CIAS AGRONOMICAS.
Cuadernos fitotécnicos. no. 1; 1947-

Cochabamba, Bolivia.

DLC 1
DNAL 1
NcD 1

COCHABAMBA, BOLIVIA. UNIVERSIDAD MAYOR
DE SAN SIMON. FACULTAD DE CIENCIAS
AGRONOMICAS.
Publicación. no. 1; 1943-

Cochabamba, Bolivia.

No. 1-13, 1943-49 have been recorded.

COCHABAMBA, BOLIVIA. UNIVERSIDAD
MAYOR DE SAN SIMON. FACULTAD DE
CIENCIAS AGRONOMICAS.
Revista de agricultura.
See Revista de agricultura.

COCHABAMBA, BOLIVIA. UNIVERSIDAD
MAYOR DE SAN SIMON. FACULTAD DE
CIENCIAS ECONOMICAS.
Revista. 1; 2 semestre 1959-

Cochabamba, Bolivia.

aemiannual irreg.

Issued by the Faculty's Instituto
de Estudios Sociales y Económicos.
Official organ of the Facultad de
Ciencias Económicas. "La prepara-
ción de esta revista corre a cargo
del decano y del director del Instituto de Estudios Sociales y Económicos " no. 1, 1959, p. [6].
Published as follows: año 1, no.1,
1959; año 3, no. 3, Apr. 1962; año
4, no. 4, Apr. 1963; año 5, no. 5,
June 1964; año 6, no. 6/7 July
1965; año 7, no. 8, Oct. 1966; año
8, no. 9, Feb. 1968; no. 10, Nov.
1969.

CLU 2-
CU 2-
DLC 2-4, 6/7-8, 1961-66
FU no. 1, 3-10, 1959-69
IASI v. 1, 1959; v. 3, 1962; v. 4,
    1963
NN [2]-
NNC-L 2-
TxU [v. 1-2] 1959-61

COCHABAMBA, BOLIVIA. UNIVERSIDAD
MAYOR DE SAN SIMON. FACULTAD DE
CIENCIAS MEDICAS.
Publicaciones. 1; 1942-

Cochabamba, Bolivia.

(continued)

COCHABAMBA, BOLIVIA. UNIVERSIDAD MAYOR
DE SAN SIMON. FACULTAD DE CIENCIAS
MEDICAS.
Publicaciones...(Cont'd.)

DNLM 6, 9
MiU 6, 9
NNNAM 1, 6-10
ViU 9-10

COCHABAMBA, BOLIVIA. UNIVERSIDAD MAYOR
DE SAN SIMON. FACULTAD DE DERECHO.
Boletín bibliográfico. no. 1; 1943-

Cochabamba, Bolivia, 1943-

No. 1-   issued by the faculty
under an earlier name of the university: Universidad Autónoma Simón
Bolívar.

DLC no. 1-2, 1943-44

COCHABAMBA, BOLIVIA. UNIVERSIDAD MAYOR
DE SAN SIMON. FACULTAD DE DERECHO.
Cuadernos sobre derecho y ciencias
sociales.
See Cuadernos sobre derecho y cien-
cias sociales.

COCHABAMBA, BOLIVIA. UNIVERSIDAD MAYOR
DE SAN SIMON. FACULTAD DE DERECHO.
Memoria.
Cochabamba, Bolivia.

1942 has been recorded.

COCHABAMBA, BOLIVIA. UNIVERSIDAD MAYOR
DE SAN SIMON. FACULTAD DE DERECHO.
Publicaciones. Cuadernos sobre
derecho y ciencias sociales.
See Cuadernos sobre derecho y
ciencias sociales.

COCHABAMBA, BOLIVIA. UNIVERSIDAD
MAYOR DE SAN SIMON. FACULTAD
DE DERECHO.
Revista jurídica.
See Revista jurídica.

COCHABAMBA, BOLIVIA. UNIVERSIDAD
MAYOR DE SAN SIMON. FACULTAD DE
DERECHO. INSTITUTO DE INVESTI-
GACIONES.
Cuaderno. [1] 1961?-
Cochabamba, Impr. Universitaria
[1961?-

                    irregular

See also its Publicación.

DLC 2-
FU no. 3, 1962 (microcard)
TxU 1-6

COCHABAMBA, BOLIVIA. UNIVERSIDAD
MAYOR DE SAN SIMON. FACULTAD DE
DERECHO. INSTITUTO DE INVESTI-
GACIONES.
[Publicación]
Cochabamba, Bolivia.

                    irregular

See also its Cuaderno.

DLC 2-6
FU no. 2, 1961

COCHABAMBA, BOLIVIA. UNIVERSIDAD
MAYOR DE SAN SIMON. FACULTAD DE
MEDICINA Y CIENCIAS BIOLOGICAS.
Gaceta médica boliviana.
See Gaceta médica boliviana.

COCHABAMBA, BOLIVIA. UNIVERSIDAD MAYOR
DE SAN SIMON. FACULTAD DE QUIMICA
Y FARMACIA.
Gaceta farmacéutica.
See Gaceta framacéutica.

COCHABAMBA, BOLIVIA. UNIVERSIDAD MAYOR
DE SAN SIMON. INSTITUTO DE ESTUDIOS
SOCIALES Y ECONOMICOS.
See Cochabamba, Bolivia. Universidad
Mayor de San Simón. Facultad de
Ciencias Económicas. Revista. 1959-

COCHABAMBA, BOLIVIA. UNIVERSIDAD MAYOR
DE SAN SIMON. MUSEO ARQUEOLOGICO.
[Publicaciones] 1; 1956-
Cochabamba, Bolivia, 1956-

Its Publicaciones.

CU 1-
DLC 1, 1956
MH-P 1-
TxU no. 1, 1956

COCHABAMBA, BOLIVIA. UNIVERSIDAD MAYOR
DE SAN SIMON. SEMINARIO DE FILOSOFIA.
Publicaciones. 1; 1953-
Cochabamba, Bolivia.

DLC 1, 1953

COLECCION AMAUTA.
Oruro, Bolivia (City) Universidad
Técnica. Departamento de Extensión
Cultural. 1; mayo 1960-
Oruro, Bolivia.

CLSU 1
DLC 1, 1960
IU
TxU 1, 1960

COLECCION CUADERNOS JUVENILES.
Bolivia. Ministerio de Educación
y Bellas Artes. 1; 1956-

La Paz, Departamento de Publicaciones y Difusión Cultural.

DLC 1, 1956
FU no. 1, 1956; no. 4, 1957-no. 8,
    1958
NN 4-5, 1957
TxU 4-5, 1957

COLECCION CULTURA. (ORURO).
See Oruro, Bolivia (City) Universidad Técnica. Departamento de Extensión Cultural. Colección Cultura.

COLECCION CULTURA BOLIVIANA.
Bolivia. Ministerio de Educación
y Cultura, Departamento de Publicaciones. v. 1; 1964-

La Paz, Bolivia.

AzU
DLC 1, 1964
FU 1, 1964; 2, 1965
IU 2-
MH 1-
NcD
NNC

COLECCION DE CULTURA BOLIVIANA.
See Colección de la Cultura Boliviana.

COLECCION DE CULTURA COOPERATIVA.
See Bolivia. Consejo Nacional de
Cooperativas. Colección de cul-
tura cooperativa.

COLECCION DE ETNOGRAFIA Y FOLKLORE.
See Colección Etnografía y folklore.

COLECCION DE LA CULTURA BOLIVIANA.
Potosí, Bolivia. no. 1; 1952-

Potosí, Bolivia.

                    irregular

Has subseries named Primera Segunda, Tercera and Cuadernos.

DLC nos. 1-3, 5-6, 9-10, 1952-64

COLECCION DE LA CULTURA BOLIVIANA.
Colección Primera. Los escritores
de la Colonia. 1; 1952-

Potosí, Bolivia.

Subseries of Colección de la cultura boliviana.

AAP
DLC 1
NcD 1
NNC 1
ViU 1-

COLECCION DE LA CULTURA BOLIVIANA.
Colección Segunda. Los escritores
del siglo XIX. 1; 1954-

Potosí, Bolivia.

Subseries of Colección de la Cultura Boliviana.

DLC 1-3, 1954-56
MiU
NIC
TxDaM

COLECCION DE LA CULTURA BOLIVIANA.
Colección Tercera. no.1-
Potosí, Bolivia.

Subseries of the Colección de la
Cultura Boliviana.

DLC nos. 1-2, 5

COLECCION DE LA CULTURA BOLIVIANA.
Cuadernos. 1; 1954-no. 5; 1955.
Potosí, Bolivia.

No more published. Subseries of
the Colección de la Cultura Boliviana.

CLU 1-
DLC nos. 1-3, 1954-55, no. 5,
    [1954]
FU unnumbered issue for 1953
MH
NcD
ViU

COLECCION ETNOGRAFIA Y FOLKLORE.
Bolivia. Ministerio de Educación. Departamento de Folklore.
1; 1957-
La Paz, Bolivia.

DLC 1-3, 1955?-57
MH
MH-P 1-
NN
TxU 1-3, 1957

COLECCION LA LIRA.
Bolivia. Ministerio de Educación
y Bellas Artes. no. 1; 195 -

La Paz, Bolivia.

DLC 2, 1958

COLECCION TEATRAL.
Bolivia. Ministerio de Educación
y Bellas Artes. no. 1; 1958-

La Paz, Bolivia.

NN 1, 1958
TxU 1, 1958

COLECCION UNIVERSIDAD DE SAN FRAN-
CISCO XAVIER. SERIE ARCHIVISTICA
Y BIBLIOGRAFICA.
Sucre, Bolivia, Universidad Mayor
de San Francisco Xavier. 1; 1960-

Sucre, Bolivia.

FU no. 1

COLECCION UNIVERSIDAD DE SAN FRAN-
CISCO XAVIER. SERIE DE FOLKLORE.
Sucre. Bolivia, Universidad Mayor
de San Francisco Xavier 1; 1950-

Sucre, Bolivia.

Until 1960 the series was called
Biblioteca Universidad de San Francisco Xavier. Serie Folklore.

CU 2-
DLC 1, 1950
InU 1-
MiEM
NIC 1
NN 1, 1950
TxU 1, 1950

COLECCION UNIVERSIDAD DE SAN FRAN-
CISCO XAVIER. SERIE ENSAYOS.
Sucre, Bolivia, Universidad Mayor
de San Francisco Xavier. 1; 1948-

Sucre, Bolivia.

Title changed: 19 -1960, Biblioteca
Universidad de San Francisco Xavier.
Serie de ensayos.

CLSU
CU 1-2
DLC 1-2, 1948-54; no. 4-5, 1964-68
DPU 1
FU no. 1, 1948; no. 5, 1966; no. 9,
    1968
KU 1-

(continued)

COLECCION UNIVERSIDAD DE SAN FRAN-
CISCO XAVIER. SERIE ENSAYOS. (Cont'd.)

MB
MH
MiU 1
NcD 1
NIC
NNC
TxU 1, 2, 1954

COLECCION UNIVERSIDAD DE SAN FRAN-
CISCO XAVIER. SERIE FILOSOFICA.
Sucre, Universidad Mayor de San
Francisco Xavier. 1; 1942-

Sucre, Bolivia.

Until 1960 the series was called
Biblioteca Universidad de San Francisco Xavier.

CLSU
CtY 1
DLC 1-3, 1942-64
FU 1942
MB 3, 1963
NcD 1
NN 1
TxU 1, 1942

COLECCION UNIVERSIDAD DE SAN FRAN-
CISCO XAVIER. SERIE HISTORIOGRA-
FICA.
Sucre, Universidad Mayor de San
Francisco Xavier. 1; 1953-
Sucre, Bolivia.

                    irregular

Until 1960 the series was called
Biblioteca Universidad de San
Francisco Xavier.

CU 1-
DLC 1-2, 1953-54; 3-4, 1960-63
FU 3, 1960; no. 4, 1963
NIC
PST
TxU 1-2, 1954-54; 3, 1960

COLECCION UNIVERSIDAD DE SAN FRAN-
CISCO XAVIER. SERIE JURIDICA.
Sucre, Universidad Mayor de San
Francisco Xavier. 1; 1942-

Sucre, Bolivia.

Until 1960 the series was called
Biblioteca Universidad de San Francisco Xavier.

TxU 1, 1942

COLECCION UNIVERSIDAD DE SAN FRAN-
CISCO XAVIER. SERIE LITERARIA.
Sucre, Universidad Mayor de San
Francisco Xavier. 1; 1960-

Sucre, Bolivia.

Until 1960 the series was called
Biblioteca Universidad de San
Francisco Xavier.

DLC 1, 1960
FU 1, 1960 (microcard)

COLECCION UNIVERSIDAD DE SAN FRAN-
CISCO XAVIER. SERIE PEDAGOGICA.
Sucre, Universidad Mayor de San
Francisco Xavier. 1; 1942-

Sucre, Bolivia.

Until 1960 the series was called Biblioteca Universidad de San Francisco Xavier.

TxU 1, 1942

COLECCION UNIVERSIDAD DE SAN FRANCISCO
XAVIER. SERIE PLASTICA.
Sucre, Universidad Mayor de San Fran-
cisco Xavier. 1; 1958-

Sucre, Bolivia.

Until 1960 the series was called Biblioteca Universidad de San Francisco Xavier.

DLC 1, 1958
KU

COLECCION UNIVERSIDAD DE SAN FRAN-
CISCO XAVIER. SERIE POETICA.
Sucre, Universidad Mayor de San
Francisco Xavier. 1; 1942-

Sucre, Bolivia.

Until 1960 the series was called
Biblioteca Universidad de San
Francisco Xavier.

AzU
CLSU
DLC 2-4, 1954-63
FU no. 3, 1960
MH 4-
NIC
TxU 1, 1942; 2, 1954

COLONIZACION Y AGRICULTURA.
See Bolivia. Ministerio de Agricultura. Geo.

COMISION BOLIVIANA DE ENERGIA NU-
CLEAR, LA PAZ, BOLIVIA.
Boletín informativo. 1; enero
1964-
La Paz, Bolivia.

Subseries of its Publicación. Name
changes: 1960-61 as Comisión
Nacional de Energía Nuclear; 1962-
    as Comisión Boliviana de Ener-
gía Nuclear.

Agency created in Jan. 1960 and
attached to the Comisión Nacional
de Coordinación y Planeamiento under the supervisión of the vice-
president of the Republic. In Jan.
1962 it was placed under the supervisión of the Junta Nacional de
Planeamiento.

DLC 1-

COMISION BOLIVIANA DE ENERGIA NUCLEAR,
LA PAZ, BOLIVIA.
Publicación. no. 1; 1967?-

La Paz, Bolivia.

DLC

COMISION NACIONAL DE ESTUDIO DE LA
CAÑA Y DEL AZUCAR.
Industria azucarera boliviana. 19 -

La Paz, Bolivia.

1964/65-69/70 have been recorded.
See also Bolivia. Ministerio de Economía Nacional. La industria azucarera.

DLC 1964/65-
FU 1967-68

COMERCIO E INDUSTRIA DE BOLIVIA.
La Paz, Bolivia. 1; enero 1952-

La Paz, Bolivia.

DLC año 1, no. 1, Jan. 1952

COMPAÑIA RECAUDADORA NACIONAL.
Informe.
La Paz, Bolivia, 1931-

Agency established in 1928. 1929-
1930 report has title: Informe presentado a la consideración del Ministro de Hacienda por la Compañía Recaudadora Nacional correspondiente
a las gestiones de 1929 y 1930. A
summary report is included in the
Memoria of the Ministerio de Hacienda
in 1929. First report covers the
period Nov. 1, 1928-Dec. 31, 1930.
No more published.

DLC 1928/30

CONAVI.
La Paz, Consejo Nacional de Vivienda, Departamento de Relaciones Públicas. año 1, no. 1; noviembre 1966-

La Paz, Bolivia.

DPU 1

CONFERENCIA NACIONAL DE ESTADISTICA DE BOLIVIA.
Conferencia nacional de estadística de Bolivia. [Recomendaciones] 1; 1959-
La Paz, Ministerio de Hacienda y Estadística, Dirección Nacional de Estadística y Censos.

DLC
TxU 1959

CONSEJO NACIONAL DE REFORMA AGRARIA.
See Bolivia. Consejo Nacional de Reforma Agraria.

CONTRALOR FISCAL.
Publicación editada con el auspicio de la Contraloría General de la República. no. 1; primer trimestre 1961-

La Paz, Bolivia.

COOPERATIVISMO.
Bolivia. Dirección Nacional de Cooperativas. v. 1, no. 1-

La Paz, Bolivia.

Vol. 2, no. 2-3, July 1961-Apr. 1962 have been recorded.

CORDILLERA.
Bolivia. Ministerio de Educación. Departamento de Publicaciones y Difusión Cultural. v. 1-3, no. 7; julio/agosto 1956-octubre/diciembre 1957?
La Paz, Bolivia.

bimonthly

Subtitle: revista boliviana de cultura.

DLC 1-2, 1956-57
DPU 1
FU año 2, no. 4, Jan.-Feb. 1957; no. 6, Jly.-Sept. 1957; no. 7, Oct.-Dec. 1957
IaU
IU [1-2]
MH [2]
MoU 1-
NN 1-
NSyU 1-
PPiU [1-2]
ViU [1]

CORPORACION BOLIVIANA DE FOMENTO.
Informe.
La Paz, Bolivia, 19

Report year ends with March. Nov. 1964/Aug. 1966, Aug. 1968/Aug. 1969 have been recorded.

DLC 1943/45, 1945/46, 1946/47, 1947/48, 1948/50
TxU 1945/46

CORPORACION BOLIVIANA DE FOMENTO.
Memoria.
La Paz, Bolivia.

TxU 1943/45, 1946/47

CORPORACION BOLIVIANA DE FOMENTO.
Programa de colonización; informe
trimestral. 1er. trimestre 1966-

La Paz, Bolivia.

CORPORACION BOLIVIANA DE FOMENTO.
Publicaciones. 1; 1964-

La Paz, Bolivia.

NIC 1

CORPORACION MINERA DE BOLIVIA.
Informe económico-financiero.

La Paz, Bolivia, Departamento de
Relaciones Públicas de la Corporación Minera de Bolivia.

1968 has been recorded.

CORPORACION MINERA DE BOLIVIA.
Memoria anual.
La Paz, Bolivia.

1967 has been recorded. Agency
created in 1952. Also known as
Comibol. It controls the mining
industry nationalized in 1952.

DLC 1965/66-
FU 1965-66

CORREO DIPLOMATICO.
Organo de la Célula "María Barzola"
del Ministerio de Relaciones Exteriores de Bolivia. año 1, no. 1-

La Paz, Bolivia.

Año 2, no. 9, 1962 has been recorded.

CRONICA UNIVERSITARIA.
Oruro, Bolivia. Centro de Estudiantes de Ciencias Económicas. Universidad Técnica de Oruro. no. 1;
noviembre/diciembre 1959-

Oruro, Bolivia.

                    monthly

CUADERNOS DE BIBLIOGRAFIA.
See Bolivia. Departamento de Literatura, Bibliotecas y Archivos. Cuadernos de bibliografía.

CUADERNOS DE CULTURA UMSA.
La Paz, Bolivia. Universidad Mayor
de San Andrés. 1; mayo 1956-

La Paz, Bolivia.

DLC 1, 1956-

CUADERNOS DE ENTOMOLOGIA.
See Cochabamba, Bolivia. Universidad
Mayor de San Simón. Facultad de Ciencias Agronómicas. Cuadernos de entomología.

CUADERNOS DE INFORMACION Y DOCTRINA.
See Bolivia. Ministerio de Relaciones Exteriores. Cuadernos de
información y doctrina.

CUADERNOS DE POESIA.
See Cochabamba, Bolivia. Universidad Mayor de San Simón. Cuadernos
de poesía.

CUADERNOS FITOTECNICOS.
See Cochabamba, Bolivia. Universidad Mayor de San Simón. Facultad de Ciencias Agronómicas. Cuadernos fitotécnicos.

CUADERNOS JUVENILES.
See Colección Cuadernos juveniles.

CUADERNOS SOBRE DERECHO Y CIENCIAS SOCIALES.
Cochabamba, Bolivia, Universidad Autónoma Simón Bolívar. no. 1-54; 1939-1959.
Cochabamba, Imprenta Universitaria.

irregular

Nos.   issued as Publicaciones de la Universidad Autónoma "Simón Bolívar" (formerly Universidad Autónoma de Cochabamba). Sponsored by the university's Facultad de Derecho. No. 8 has title: Texto sobre derecho y ciencias sociales.

CLL no. 53
DLC 3, 5-7, 9-14, 16-35, 37-39, 41, 45-47, 51-53, 1939-59
FU 28, 51
NcD 14
NcU 30
NN 39, 1943
NNC-L no. 53
TxU no. 12, 1941; no. 19, 1942; no. 29, 1944; no. 34, 1946; no. 39, 1948; no. 40, 1949; no. 43, 1950; no. 51, 1959; no. 52, 1959

CUADERNOS SOBRE DOCTRINA Y ORGANIZA-
CION UNIVERSITARIA.
Cochabamba, Universidad Mayor de San Simón. 1; 1955-

Cochabamba, Bolivia. Impr. Universitaria.

(continued)

CUADERNOS SOBRE DOCTRINA Y ORGANIZA-
CION UNIVERSITARIA. (Cont'd.)

Its Publicaciones.

DLC 1-2, 1955
TxU 1-2, 1955

CUADERNOS UNIVERSITARIOS.
See Potosí, Bolivia. Universidad Autónoma Tomas Frías. Departamento de Cultura. Cuadernos universitarios.

CULTURA BOLIVIANA.
Oruro. Universidad Técnica. Departamento de Extensión Cultural. no. 1; 1964-
Oruro, Bolivia.

No. 6 is dated Aug. 1964.

DLC año 1-2, nos. 1-8, 1964; no. 11, 1965
DPU

DESARROLLO ECONOMICO.
La Paz, Bolivia. Ministerio de Economía Nacional. año 1, no. 1; julio 1968-
La Paz, Bolivia.

No. 1 has title: Un giro en la política económica de Bolivia.

FU no. 1

DINAMICA ECONOMICA.
Universidad Mayor de San Andrés. Facultad de Ciencias Económicas. 1; octubre/diciembre 1958-

La Paz, Bolivia.

(continued)

DINAMICA ECONOMICA. (Cont'd.)

quarterly

Agency's name changed to Facultad
de Economía. No. 1-   "publicación de la Facultad de Ciencias
Económicas de la Universidad Mayor
de San Andrés"; no.   -
"publicación de la Facultad de
Economía de la Universidad Mayor
de San Andrés, Instituto de Investigaciones Económicas". No. 7,
Jan.-Mar. 1970 has been recorded.

DLC año 1-2 (no. 1-4), 1958-60
NN [1]-
TxDaM 1-
TxU 1-

DOCUMENTOS DEL GOBIERNO REVOLUCIONA-
RIO DE BOLIVIA.
Bolivia. Ministerio de Informaciones,
Cultura y Turismo. Dirección de In-
formaciones. no. 1; septiembre 1969-

La Paz, Bolivia, 1969-

irregular

Each number has special t.p. Nos.
3?-   lack series title. Includes
speeches and writings of President
Alfredo Ovando Candía.

FU no. 1-2, Sept.-Oct. 1969; no.
4, 5, 1969; no. 10-12, 1970

DOCUMENTOS FUNDAMENTALES DE LA REVO-
LUCION.
La Paz, Bolivia. Ministerio de In-
formación. no. 1; septiembre 26,
1970-
La Paz, Bolivia.

DLC 1-

DOCUMENTOS PARA LA HISTORIA.
La Paz, Dirección de Prensa e Informaciones de la Presidencia de
la República. no. 1-

La Paz, Bolivia.

No. 2 Homenaje a la Corte Suprema
de Justicia.

DOCUMENTOS PARA LA HISTORIA DEL M.
N.R.
Bolivia. Dirección Nacional de In-
formaciones. no. 1; 195 -
La Paz, Bolivia.

DLC no. 1, n.d.; no. 3, 1958; no.
6, 1958
MH
NNC
TxDaM
ViU

DOCUMENTOS TRASCENDENTALES.
Bolivia. Ministerio de Relaciones
Exteriores.
La Paz, Bolivia.

1963 has been recorded.

ECONOMIA.
See Banco Minero de Bolivia, La Paz.
Economía.

ECONOMIA BOLIVIANA.
no. 1; octubre 1943-

La Paz, Bolivia.

No. 14-   called 2 época.

TxU 2 epoca no. 14, 1952

EDUCACION.
Bolivia. Ministerio de Educación.
Departamento de Prensa. año 1, no.
1; noviembre 1958-
La Paz, Bolivia.

"Organo informativo del Ministerio
de Educación."

DLC 1-
FU año 1, no. 1-2, Nov. 1968-Jan.
1969

EDUCACION.
Bolivia. Ministerio de Educación y
Asuntos Indígenas. no. 1; 1937-
La Paz, Bolivia.

EDUCACION BOLIVIANA.
Bolivia. Ministerio de Educación,
Servicio Cooperativo Interameri-
cano de Educación. v. 1, no. 1;
1953-v. 8, no. 26; 1960?
La Paz, Bolivia, 1953-60?

No more published? Agency created
in 1947. In 1963 it became part
of the Ministerio de Educación de
Bolivia.

EDUCACION RURAL.
Bolivia. Dirección General de
Educación Rural. v. 1, no. 1;
julio/agosto 1965-

La Paz, Bolivia.

bimonthly

EDUCACION Y FAMILIA.
Cochabamba, Instituto de Psicolo-
gía. 1; septiembre/octubre 1965-

Cochabamba, Bolivia.

(continued)

EDUCACION Y FAMILIA. (Cont'd.)

bimonthly

Title changed to Educación with no.
6.

CU
IU 1-

EKO.
La Paz, Bolivia. Centro de Estudiantes de Economía, Universidad Mayor
de San Andrés. no. 1; 1967-

La Paz, Bolivia.

"Revista del Centro de Estudiantes
de Economía."

EMPRESA NACIONAL DE FERROCARRILES.
Estadística de los ferrocarriles
de Bolivia. 19
La Paz, Empresa Nacional de Ferrocarriles, Sección Estadística.

Agency attached to Ministerio de
Obras Públicas, Comunicaciones y
Transportes, Dirección Nacional de
Ferrocarriles. Año 1966 has been
recorded.

FU 1968

EMPRESA NACIONAL DE FERROCARRILES.
Memoria anual.
La Paz, Ferroestado.

Agency attached to Ministerio de
Obras Públicas, Comunicaciones y
Transportes, Dirección Nacional
de Ferrocarriles. 1967 has been
recorded.

ESCUELA NUEVA.
  Cochabamba, Bolivia. 1; junio
1966-
Cochabamba, Bolivia.

              three times yearly

  DLC 1-

ESTA, REVISTA MENSUAL.
  Bolivia. Ministerio de Coloniza-
  ción y Agricultura.
  La Paz, Bolivia.

ESTADISTICA BANCARIA.
  See Bolivia. Superintendencia
  de Bancos. Estadística bancaria.

ESTADISTICAS EDUCATIVAS.
  See Bolivia. Dirección Nacional
  de Planificación Educativa. Estadísticas educativas.

ESTAÑO.
  Corporación Minera de Bolivia.
  1; abril/mayo 1961-
  La Paz, Bolivia.

                bimonthly?

  CLU 3-
  CU 6-
  DLC 1-7, 1961-63
  NN 1-

ESTUDIOS ECONOMICOS.
  Potosí, Bolivia. Universidad
  Autónoma Tomás Frías. Facultad
  de Economía y Finanzas. v. 1, no.
  1; noviembre 1945?-
  Potosí, Bolivia.

              (continued)

ESTUDIOS ECONOMICOS. (Cont'd.)

                irregular

  ULS gives Sept./Oct. 1946 as the
  beginning date. Name of the Facultad
  varies: Facultad de Comercio; Facultad de Economía y Finanzas. Subtitle
  varies: año 2, no. 2 Nov./Dec. 1946
  as Estudios económicos, revista de
  la Facultad de Comercio; año 3, no. 3
  Apr. 1949 as Estudios económicos,
  revista de la Facultad de Economía y
  Finanzas. Suspended publication
  1952-60. Resumed with v. 6? no. 8,
  1961. Published as follows: año 1,
  no. 1, 1945; año 2, no. 2, 1946; año
  3, no. 3, 1949; año 4, no. 4/5, 1950;
  año 5, no. 6/7, 1951; año 6, no. 8,
  1961.

  DLC nos. 1-6/7, 1945-51
  NN [2]-
  TxU v. 4, no. 4/5, 1950; v. 5, no.
    6/7, 1951

ESTUDIOS SOCIALES.
  Bolivia. Ministerio de Educación,
  Bellas Artes y Asuntos Indígenas.
  1; febrero 1941-

  La Paz, Bolivia.

  CU 1-
  NN 3-4, Dec. 1941-Feb. 1942

EXPOSICIONES PERMANENTES DE ARTE Y
  TECNICA, POTOSI.
  See Potosí, Bolivia. Universidad
  Autónoma "Tomas Frías". Exposi-
  ciones permanentes de arte y
  técnica.

EL EXTENSIONISTA. BOLETIN INFORMATIVO.
  Bolivia. Ministerio de Agricultura,
  Servicio de Extensión Agrícola. no.
  1; 1964-
  La Paz, Bolivia.

  No. 1-13, 1964-65 have been recorded.

FESTIVAL CIVICO FOLKLORICO CAMPESINO.
  Revista. 1; 1965-
  La Paz [Bolivia, Ministerio de
  Asuntos Campesinos]

  See also Bolivia. Ministerio de
  Asuntos Campesinos. Festival folklórico campesino.

  NNC 1-

FLORESTA.
  Bolivia. Ministerio de Agricultura.
  Servicio Forestal y de Caza de Bolivia. Asociación Nacional de Agróno-
  mos de Bolivia. v. 1, no. 1; octubre 1962-
  La Paz, Bolivia.

            quarterly irreg.

  V. 1-2, no. 1-2 Oct. 1962-Aug. 1963
  have been recorded. Has subtitle:
  revista de divulgación.

FOLIA UNIVERSITARIA.
  año 1, no. 1; diciembre 1947-

  Cochabamba, Imprenta Universitaria.

            irregular

  "Publicación oficial de la Universidad de Cochabamba". Suspended publication 1956-62. Resumed with no.
  9, 1963. No. 10, 1964 has been recorded.

            (continued)

FOLIA UNIVERSITARIA. (Cont'd.)

  Cu 1-
  DLC año 1-8, no. 1-8, 1947-55
  DNAL 1-
  ICF 1-
  MH [1-2]
  MiU 4-5
  NIC 1-
  NIC-A [1]
  NN 1
  NNC 1-
  TxU v. 1-8, 1947-55

FOLKLORE.
  Revista de arte vernacular y cos-
  tumbrista. no. 1-

  La Paz, Bolivia.

  DLC no. 2, 1965
  IU 2-

FORO AGRONOMICO.
  Bolivia. Ministerio de Agricultura,
  Ganadería y Colonización no. 1;
  febrero 1963-
  La Paz, Bolivia.

GEO.
  See Bolivia. Ministerio de Agricultura. GEO.

GACETA COMPESINA.
  Bolivia. Ministerio de Asuntos
  Campesinos. v. 1, no. 1; agosto 1952-

  La Paz, Bolivia.

  "Organo del Ministerio de Asuntos
  Campesinos". V. 2-4, nos. 3-5, Aug.
  1953-Aug. 1955 have been recorded.

  DLC 1, 3, 5, 1952-1955
  DNAL 1-

GACETA ECONOMICA.
1; noviembre 1967-
La Paz, Bolivia.

CU [1-2]
DLC 1-
NIC 1-

GACETA DE JURISPRUDENCIA SOCIAL.
Bolivia. Corte Nacional del Trabajo y Seguridad Social. 1; marzo 1965-
La Paz, Bolivia.

DPU 1-

GACETA FARMACEUTICA.
Cochabamba, Bolivia. Universidad Mayor de San Simón. Facultad de Química y Farmacia. año 1, no. 1-

Cochabamba, Bolivia.

Año 2, no. 3, Sept. 1954 has been recorded.

GACETA JUDICIAL.
See Bolivia. Corte Suprema. Gaceta judicial.

GACETA JUDICIAL AGRARIA.
See Bolivia. Consejo Nacional de Reforma Agraria. Gaceta judicial agraria.

GACETA MEDICA BOLIVIANA.
año 1-9; abril 1943-1951.
Cochabamba, Bolivia.

(continued)

GACETA MEDICA BOLIVIANA. (Cont'd.)

quarterly

"Organo oficial de la Facultad de Medicina y de las Escuelas de Odontología y Farmacia de Cochabamba." Frequency varies: bimonthly, quarterly. Agency's name varies: Facultad de Medicina; Facultad de Medicina y Ciencias Biológicas.

DLC año 1-9, 1943-51
DNLM [1]-
NIC 1-9

GACETA UNIVERSITARIA.
La Paz, Universidad Mayor de San Andrés. Departamento de Relaciones Públicas. no. 1; octubre 1969-

La Paz, Bolivia.

monthly

DLC 1-

GACETA UNIVERSITARIA.
Universidad Mayor de Chuquisaca.
Departamento de Cultura. marzo 1962-
Sucre, Bolivia, Sección Publicaciones y Canje.

Año 2, no. 8, Oct. 1963 has been recorded. University's name varies; Universidad Mayor de San Francisco Xavier; Universidad de Chuquisaca; Universidad Mayor, Real y Pontificia de San Francisco Xavier de Chuquisaca.

DLC año 1, no. 4, 1962; año 3, no. 9, 1964; no. 56, 1966

GENERAL SAAVEDRA, BOLIVIA. ESTACION
EXPERIMENTAL AGRICOLA DE LOS LLANOS.
See Santa Cruz, Bolivia(City) Esta-
ción Experimental Agrícola de Los
Llanos.

GEO; AGRICULTURA, COLONIZACION Y RAMAS
ANEXAS.
See Bolivia. Ministerio de Agricul-
tura. Geo.

GEOLOGIA Y METALURGIA.
Universidad Autónoma "Tomas Frías".
Instituto de Geología y Metalúrgia.
1; 1963-
Potosí, Bolivia.

CaOOG [1]
CSt 1-
DLC [2]-
IU [2]
KU [2]-
LU [2]-
UPB 2-
WyU 2-

GUIA DEL HONORABLE CUERPO CONSULAR
EXTRANJERO ACREDITADO EN LA PAZ.
See Bolivia. Ministerio de Relaciones Exteriores y Culto. Lista
del honorable cuerpo consular extranjero acreditado en la ciudad
de La Paz, Bolivia.

HACIENDA E INDUSTRIA.
See Bolivia. Ministerio de Hacienda. Hacienda e industria.

ILUSTRACION BOLIVIANA.
Organo de la Dirección General
de Propaganda. año 1, no. 1; mayo?
1945-
La Paz, Bolivia, Ministerio de Gobierno, Dirección General de Propaganda e Informaciones.

Año 1, no. 2, June 1945 has been
recorded.

DLC [1]

INDICE BIBLIOGRAFICO EN ADMINISTRA-
CION PUBLICA.
La Paz, Bolivia. Escuela de Administración Pública. Biblioteca. año
1, v. 1, no. 1; 1959-

La Paz, Bolivia.

At head of title, 1959-   : Escuela
de Administración Pública de la
Universidad Mayor de San Andrés en
cooperación con la Universidad de
Tennessee. Vol. 1 compiled by Katherine
L. Montague and Marcela Meneses Orozco.
"A fin de mantener al dia este índice,
suplementos sucesivos seran publica-
dos..."

CU 1-
DLC 1, 1959
FU v. 1, 1959
NNC 1-
TxU v. 1, 1959

INDUSTRIA.
año 1; diciembre 1945-   . [n.s.]
año 1, no. 1; octubre 1952-

La Paz, Bolivia.

                    monthly

"Revista mensual de la Cámara Nacional de Industrias".

                    (continued)

INDUSTRIA. (Cont'd.)

CU [12]-
DLC año 1-15, 1952-67
DNAL 1, 1945
DS 1-
NIC [14]-
NN [2-3, 12] no. 16-21, 23-34,
119-date; 1954-1955, 1964-
date (film)

INFORMACIONES JUDICIALES.
See Bolivia. Ministerio de Justicia e Industria. Informaciones judiciales.

INGENIERIA.
Oruro, Bolivia. Escuela Nacional de Ingenieros. 1; julio 1931-

Oruro, Bolivia.

OU [8-9, 11-12]-
PSt [11]-

INGENIERIA.
Oruro, Bolivia. Universidad Técnica de Oruro. Centro de Estudiantes de Ingeniería. año 1, no. 1; noviembre 1949-
Oruro, Bolivia.

INSTITUTO BOLIVIANO DEL CAFE.
Informe anual de labores.
1964-
La Paz, Bolivia.

INSTITUTO DE COLONIZACION Y DESARROLLO DE COMUNIDADES RURALES.
Informe. no. 1-
La Paz, Bolivia.

quarterly

No. 10, 1966 has been recorded.

INSTITUTO INDIGENISTA BOLIVIANO.
Boletín indigenista.
See its Boletín indigenista.

INSTITUTO LINGÜISTICO DE VERANO.
Informe anual al supremo gobierno de Bolivia.
[La Paz?, Bolivia]

1966 report has been recorded.

INSTITUTO NACIONAL DE BACTERIOLOGIA, LA PAZ.
See La Paz, Bolivia. Instituto Nacional de Bacteriología.

INSTITUTO ORIENTAL DE BIOLOGIA, BOLIVIA.
Serie divulgación. no. 1-2; 1942.
Santa Cruz, Bolivia.

INSTITUTO TECNOLOGICO BOLIVIANO.
See La Paz, Bolivia. Instituto Tecnológico Boliviano.

INVESTIGACIONES GANADERAS.
Bolivia. Ministerio de Economía; Misión FAO. no. 1: 1964-
La Paz, Bolivia.

No. 2, 1964? has been recorded.

KOLLASUYO.
Revista mensual de estudios bolivianos. año 1, no. 1; enero 1939-

La Paz, Bolivia, Universidad Mayor de San Andrés, Facultad de Filosofía y Letras, 1939-

quarterly

(continued)

KOLLASUYO. (Cont'd.)

Subtitle varies: Revista de la Escuela de Filosofía y Letras. Frequency varies: monthly; quarterly. Año 12, no. 70, March 1953 has been recorded.

CtY [1-7]
CU 1-
DLC 1-
ICU 1-
IU 2-
NNC 1-
TxU v. [1-4] 1939-1942; v. [12] 1953

LA PAZ, BOLIVIA. ADUANA DE LA COCA.
Estadística general de la extracción de productos agrícolas en las provincias de Nor y Sud Yungas, Inquisivi, Larecaja, Caupolican, Muñecas, Murillo y Loayza.
La Paz, Bolivia.

annual

1934-59 have been recorded.

LA PAZ, BOLIVIA. CAJA NACIONAL DE SEGURIDAD SOCIAL.
See Caja Nacional de Seguro Social, La Paz, Bolivia.

LA PAZ, BOLIVIA. CAJA NACIONAL DE SEGURO SOCIAL.
See Caja Nacional de Seguro Social, La Paz.

LA PAZ, BOLIVIA. CONSEJO UNIVERSITARIO.
Revista boliviana de instrucción pública.
See Revista boliviana de instrucción pública.

LA PAZ, BOLIVIA. ESCUELA DE ADMINISTRACION PUBLICA.
See La Paz, Bolivia. Universidad Mayor de San Andrés. Escuela de Administración Pública.

LA PAZ, BOLIVIA. ESCUELA DE DERECHO Y CIENCIAS POLITICAS.
See La Paz, Bolivia. Universidad Mayor de San Andrés. Facultad de Derecho.

LA PAZ, BOLIVIA. ESTACION SISMOLOGICA.
Boletín.
La Paz, Estación Sismológica, Colegio San Calixto.

Title varies: Boletín de la Estación Sismológica; Boletín sísmico del Observatorio, La Paz.

LA PAZ, BOLIVIA. HOSPITAL GENERAL DE MIRAFLORES. SERVICIO DE HEMATOLOGIA.
Cuadernos. 1; septiembre 1955-

La Paz, Bolivia.

DNLM [1]
ICJ 1-

LA PAZ, BOLIVIA. INSTITUTO GEOGRAFICO MILITAR Y DE CATASTRACION NACIONAL.
See Bolivia. Instituto Geográfico Militar y de Catastración Nacional.

LA PAZ, BOLIVIA. INSTITUTO NACIONAL DE BACTERIOLOGIA.
Informe.
La Paz, Bolivia.

DLC 1914/15

LA PAZ, BOLIVIA. INSTITUTO NACIONAL
DE BACTERIOLOGIA.
Revista de bacteriología e higiene.
See Revista de bacteriología e
higiene.

LA PAZ, BOLIVIA. INSTITUTO NACIONAL
DE BACTERIOLOGIA.
Suplemento del Instituto Nacional
de Bacteriología. 1933-

La Paz, Bolivia.

Supersedes: Revista de bacteriología y higiene. See also: Revista
de bacteriología e higiene.

DLC Oct. 1939-June 1941
DNLM 1941
NNNAM [1933, 1935, 1939, 1941, 1945]

LA PAZ, BOLIVIA. INSTITUTO TECNOLO-
GICO BOLIVIANO.
Boletín de informaciones. serie 1,
no. 1; marzo 1, 1962-
La Paz, Bolivia.

annual?

Agency created in Jan. 1962 as an
autonomous institution depending
upon the Ministerio de Educación.

DLC t. 1-6, 1960-66
TxU 1962

LA PAZ, BOLIVIA. LABORATORIO DE
FISICA COSMICA.
See La Paz, Bolivia. Universidad
Mayor de San Andrés. Laboratorio
de Física Cósmica.

LA PAZ, BOLIVIA. MUSEO NACIONAL.
Anales. 1; 1920.
La Paz, Bolivia, Escuela Tip.
Salesiana, 1920.

Agency's name varies: Museo Nacional "Tiahuanacu". No more published.

DLC 1, 1920
DSI
NNA 1
NNM
PU-Mu

LA PAZ, BOLIVIA. MUSEO NACIONAL
"TIAHUANACU".
Anales.
See La Paz, Bolivia. Museo Nacional.
Anales.

LA PAZ, BOLIVIA. OBSERVATORIO METEORO-
LOGICO.
Boletín del Observatorio meteoroló-
gico. no. 1-no. 9; 1894-1911?
La Paz, Bolivia, 1898-

At head of title: Sociedad Geográfica
de La Paz (Bolivia).

DLC no. 3-4, Mar./Apr. 1898; no. 3
    1899, 1901
DAS 1-2
ICU 1
IU [9]
N 4
OU 4

LA PAZ, BOLIVIA. OBSERVATORIO METEORO-
LOGICO.
Boletín mensual del Servicio meteo-
rológico de la República Boliviana.
no. 1-48; mes de octubre de 1907-1919?
La Paz, Bolivia, Tll. tip. de J.M.
Gamarra [1907-

(continued)

LA PAZ, BOLIVIA. OBSERVATORIO METEO-
ROLOGICO.
Boletin mensual...(Cont'd.)

At head of title: Ministerio de
Colonización y Agricultura.

CU 27-48
DAS 1-2
DLC año 1, no. 1-2, 1907
ICU 1
NN año 1, no. 4, Jan. 1908
NNA 1-48
OU 4
PPAmP no. 3-4

LA PAZ, BOLIVIA. UNIVERSIDAD. INSPEC-
TOR GENERAL DE INSTRUCCION PUBLICA.
Memoria.
La Paz, Bolivia.

At head of title; 1881-   , Distrito
Universitario de La Paz.

TxU 1881

LA PAZ, BOLIVIA. UNIVERSIDAD "MARISCAL
DE SANTA CRUZ".
See La Paz, Bolivia. Universidad
Mayor de San Andrés.

LA PAZ, BOLIVIA. UNIVERSIDAD MAYOR
DE SAN ANDRES.
Anuario estadístico.

La Paz, Bolivia.

DLC 1962-

LA PAZ, BOLIVIA. UNIVERSIDAD MAYOR
DE SAN ANDRES.
Cuaderno.

La Paz, Bolivia.

(continued)

LA PAZ, BOLIVIA. UNIVERSIDAD MAYOR DE
SAN ANDRES.
Cuaderno...(Cont'd.)

Issued by the University's Departamento de Publicaciones. No. 28,
August 1967 has been recorded.

DLC

LA PAZ, BOLIVIA. UNIVERSIDAD MAYOR
DE SAN ANDRES.
Estadística universitaria. no. 1;
1956/57?-
La Paz, Bolivia.

LA PAZ, BOLIVIA. UNIVERSIDAD MAYOR
DE SAN ANDRES.
Revista. año 1, no. 1; enero 1959-

La Paz, Bolivia.

Title varies: N'OHEIE (Pensamiento);
revista de la Universidad de La Paz.
Transliterated Noesis. Published by
the University's Consejo de Cultura.
Published as follows; no. 1, 1959;
no. 2, 1960; no. 3, 1964.

LNT-MA [1-2]
TxU 1-3, 1959-64

LA PAZ, BOLIVIA. UNIVERSIDAD MAYOR DE
SAN ANDRES.
Seminario de problemas socio-econó-
micos y de la educación. 1; 1969-
La Paz, Bolivia.

Subseries of its Publicación. Published jointly with the Asociación
Nacional de Trabajadores Sociales.

DLC

LA PAZ, BOLIVIA. UNIVERSIDAD MAYOR
DE SAN ANDRES. BIBLIOTECA.
Boletín. no. 1; enero 1958-
La Paz, Bolivia.

DPU 1

LA PAZ, BOLIVIA. UNIVERSIDAD MAYOR
DE SAN ANDRES. DEPARTAMENTO DE
EXTENSION CULTURAL.
Boletín extraordinario de infor-
maciones. no. 1-
La Paz, Bolivia.

No. 5, Feb. 1962 and no. 6, May
1962 have been recorded.

LA PAZ, BOLIVIA. UNIVERSIDAD MAYOR
DE SAN ANDRES. DEPARTAMENTO DE
EXTENSION CULTURAL.
Publicación.
La Paz, Bolivia.

DLC

LA PAZ, BOLIVIA. UNIVERSIDAD MAYOR
DE SAN ANDRES. DEPARTAMENTO DE
PUBLICACIONES.
Cuaderno.
See La Paz, Bolivia. Universidad
Mayor de San Andrés. Cuaderno.

LA PAZ, BOLIVIA. UNIVERSIDAD MAYOR
DE SAN ANDRES. DEPARTAMENTO DE RE-
LACIONES PUBLICAS E INFORMACIONES.
Carta UMSA de información. Suple-
mento. no. 1; 1966-

La Paz, Bolivia.

Suppl. 1-2 have been recorded.

LA PAZ, BOLIVIA. UNIVERSIDAD MAYOR DE
SAN ANDRES. ESCUELA DE ADMINISTRA-
CION PUBLICA. BIBLIOTECA.
Indice bibliográfico en adminis-
tración pública.
See Indice bibliográfico en adminis-
tración pública.

LA PAZ, BOLIVIA. UNIVERSIDAD MAYOR DE
SAN ANDRES. ESCUELA DE DERECHO Y
CIENCIAS POLITICAS.
See La Paz, Bolivia. Universidad Mayor
de San Andrés. Facultad de Derecho.

LA PAZ, BOLIVIA. UNIVERSIDAD MAYOR DE
SAN ANDRES. ESCUELA DE DERECHO Y
CIENCIAS POLITICAS.
Anales de legislación boliviana.
See Bolivia. Laws, statutes, etc.
Anales de legislación boliviana.

LA PAZ, BOLIVIA. UNIVERSIDAD MAYOR DE
SAN ANDRES. ESCUELA DE MEDICINA Y
CIRUGIA.
Boletín de la Cátedra de Clínica
Terapéutica. año 1, no. 1; enero/
febrero 1951-
La Paz, Bolivia.

LA PAZ, BOLIVIA. UNIVERSIDAD MAYOR DE
SAN ANDRES. ESCUELA DE MEDICINA Y
CIRUGIA. CATEDRA DE TISIOLOGIA.
Aparato respiratorio y tuberculósis.
See Aparato respiratorio y tubercu-
lósis.

LA PAZ, BOLIVIA. UNIVERSIDAD MAYOR DE
SAN ANDRES. ESTACION DE RADIO SONDEO
Y METEOROLOGIA.
Resumen meteorológico.

La Paz, Bolivia.

DLC 1967-

LA PAZ, BOLIVIA. UNIVERSIDAD MAYOR
DE SAN ANDRES. FACULTAD DE CIENCIAS
ECONOMICAS.
See La Paz, Bolivia. Universidad
Mayor de San Andrés. Facultad de
Economía.

LA PAZ, BOLIVIA. UNIVERSIDAD MAYOR
DE SAN ANDRES. FACULTAD DE CIENCIAS
SOCIALES.
See La Paz, Bolivia. Universidad
Mayor de San Andrés. Facultad de
Derecho.

LA PAZ, BOLIVIA. UNIVERSIDAD MAYOR
DE SAN ANDRES. FACULTAD DE DERECHO.
Anales de legislación boliviana.
See Bolivia. Laws, statutes, etc.
Anales de legislación boliviana.

LA PAZ, BOLIVIA. UNIVERSIDAD MAYOR
DE SAN ANDRES. FACULTAD DE DERECHO.
Cuaderno.
See its Publicaciones. Cuaderno.

LA PAZ, BOLIVIA. UNIVERSIDAD MAYOR
DE SAN ANDRES. FACULTAD DE DERECHO.
Memoria.
See its Publicaciones. Cuaderno.

LA PAZ, BOLIVIA. UNIVERSIDAD MAYOR
DE SAN ANDRES. FACULTAD DE DERECHO.
Publicaciones. Cuaderno no. 1;
194?-
La Paz, Bolivia.

Issued 194 -1952 by the faculty under
its earlier name: Escuela de Derecho y Ciencias Políticas. (No. 11
called Memoria, 1952).

(continued)

LA PAZ, BOLIVIA. UNIVERSIDAD MAYOR DE
SAN ANDRES. FACULTAD DE DERECHO.
Publicaciones...(Cont'd.)

CLSU 9-13, 15, 31-
DLC nos. 2-3, 5-13, 15-18, 20-25,
    28, 32, 34-39, 43
FU no. 24, 1961 (microcard)
MiU-L 4-7
NjP 10
NNC-L 2-7, 9-11, 13, 15-16, 21-22
TxU no. 11-14, 1952-53; no. 16-24,
    1955-61
WaU 8-11, 16-18, 20-
WU no. 16, 1955

LA PAZ, BOLIVIA. UNIVERSIDAD MAYOR DE
SAN ANDRES. FACULTAD DE DERECHO.
Revista de derecho.
See Revista de derecho.

LA PAZ, BOLIVIA. UNIVERSIDAD MAYOR DE
SAN ANDRES. FACULTAD DE ECONOMIA.
Dinámica económica.
See Dinámica económica.

LA PAZ, BOLIVIA. UNIVERSIDAD MAYOR DE
SAN ANDRES. FACULTAD DE FILOSOFIA
Y LETRAS. CENTRO DE ESTUDIANTES.
Publicaciones. no. 1-
La Paz, Bolivia.

DLC
FU no. 4, 1966
MB 7-
NIC

LA PAZ, BOLIVIA. UNIVERSIDAD MAYOR DE
SAN ANDRES. FACULTAD DE FILOSOFIA Y
LETRAS. INSTITUTO DE INVESTIGACIONES
DE HISTORIA Y FOLKLORE DE BOLIVIA.
Boletín. año 1, no. 1; marzo 1959-

La Paz, Bolivia.

LA PAZ, BOLIVIA. UNIVERSIDAD MAYOR DE
SAN ANDRES. FACULTAD DE MEDICINA.
Revista de medicina y cirugía. 1953?-
See Revista de medicina y cirugía.

LA PAZ, BOLIVIA. UNIVERSIDAD MAYOR DE
SAN ANDRES. FACULTAD DE ODONTOLOGIA.
Boletín.
La Paz, Bolivia.

The Faculty was created in March
1911 as Escuela de Odontología,
attached to the Facultad de Medicina.

LA PAZ, BOLIVIA. UNIVERSIDAD MAYOR DE
SAN ANDRES. INSTITUTO DE FILOSOFIA.
Cuaderno. 1; 1964-
La Paz, Bolivia.

CLSU 1-
CtY
DLC 1-2, 1964
NIC

LA PAZ, BOLIVIA. UNIVERSIDAD MAYOR DE
SAN ANDRES. INSTITUTO DE INVESTI-
GACIONES ARTISTICAS.
Publicaciones. no. 1; 196 -

La Paz, Instituto de Investiga-
ciones Artísticas, Facultad de
Arquitectura, Universidad Mayor de
San Andrés, 196 -

TxU no. 2, 1966

LA PAZ, BOLIVIA. UNIVERSIDAD MAYOR DE
SAN ANDRES. LABORATORIO DE FISICA
COSMICA.
Datos ionosféricos.

La Paz, Bolivia.

LA PAZ, BOLIVIA. UNIVERSIDAD MAYOR DE
SAN ANDRES. LABORATORIO DE FISICA
COSMICA.
Publicaciones. Cuaderno. no. 1; junio
1952-
La Paz, Bolivia.

                    irregular

The Publicaciones carry the subtitle
"cuadernos" and occasional series
subtitles of "informes", "monografías"
or "contribuciones". Began publication in 1952. Began its series Informes in 1952, its Monografías in 1954
and its Contribuciones in 1958.

DLC 2-6, 8-13, 16-17, 21, 24, 26,
     1954-64
NNC 13-

LA PAZ, BOLIVIA. UNIVERSIDAD MAYOR DE
SAN ANDRES. LABORATORIO DE FISICA
COSMICA.
Publicaciones. Serie A. Informes.
Cuadernos. no. 1-
La Paz, Bolivia.

No. 21, Oct. 1962 has been recorded.
Its Publicaciones. Cuadernos 1-3,
8, 10, 12, 13, 15

LA PAZ, BOLIVIA. UNIVERSIDAD MAYOR DE
SAN ANDRES. LABORATORIO DE FISICA
COSMICA.
Publicaciones. Serie B. Monografía.
no. 1; 1954-
La Paz, Bolivia.

Its Publicaciones. Cuaderno 4-7, 9,
11, 14, 16, 17, 18. 1954-61 have
been recorded.

DLC 2, 1955

LA PAZ, BOLIVIA. UNIVERSIDAD MAYOR
DE SAN ANDRES. LABORATORIO DE FISICA
COSMICA.
Publicaciones. Serie C. Contribu-
ciones. no. 1; 1958-
La Paz, Bolivia.

Its Publicaciones Cuaderno. Published as follows: no. 1-13, 1958;
no. 14, 1959; no. 15-25, 1960; no.
26-36, 1961.

DLC 1-2, 1958

LA PAZ, BOLIVIA. UNIVERSIDAD MAYOR
DE SAN ANDRES. LABORATORIO DE FISICA
COSMICA.
Resumen de labores. 1952-
La Paz, Bolivia.

(Its Publicaciones. Cuaderno. Serie
A. Informes. Subseries of its Publicaciones. 1967 as Cuaderno no. 31,
Marzo 1968. 1955, 1961, 1964 have
been recorded.

DLC 1953-63
NNC 1959-

LA PAZ, BOLIVIA. UNIVERSIDAD MAYOR
DE SAN ANDRES. OBSERVATORIO DE
FISICA COSMICA.
Cuaderno. 1; junio 1952-

La Paz, Bolivia.

DLC 1, 5-6, 9, 11, 1952-56

LA PAZ, BOLIVIA. UNIVERSIDAD MAYOR
DE SAN ANDRES. LABORATORIO DE
RADIACION COSMICA.
Publicaciones.
La Paz, Bolivia.

LEGISLACION DEL TRABAJO.
See Bolivia. Laws, statutes, etc.
Legislación del trabajo.

LEYES SOCIALES DE BOLIVIA.
See Bolivia. Laws, statutes, etc.
Leyes sociales de Bolivia.

MED.
Centro de Estudiantes, Facultad de
Medicina, Universidad Mayor de San
Andrés. 1; febrero 1968-

La Paz, Bolivia.

DNLM 1-

MEN; BOLETIN DE INFORMACION.
Bolivia. Ministerio de Economía
Nacional. no. 1-
La Paz, Bolivia.

No. 7-34, 1965-68 have been recorded.
Published by the Ministry's Relaciones Públicas y Prensa.

MOPC.
Publicación de la Dirección General
de Relaciones Públicas y Prensa y
Propaganda del Ministerio de Obras
Públicas y Comunicaciones. no. 1;
1963?-
La Paz, Bolivia.

No. 1, 1963-no. 2, Jan. 1964 have
been recorded.

MAGDALENA, BENI. CENTRO DE DEMONSTRA-
CIONES.
Informe anual.

Magdalena, Bolivia.

1964-65 have been recorded.

MEJORAS ADMINISTRATIVAS.
Organo oficial de la Dirección
General de Servicio Civil, Ministerio de Hacienda y Estadística.
año 1-

La Paz, Bolivia.

No. 2, Sept. 1962 has been recorded.

MENSAJERO AERONAUTICO.
Bolivia. Ministerio de Defensa.
no. 1; 1960-
La Paz, Bolivia.

EL MENSAJERO DEL HOGAR. BOLETIN
INFORMATIVO.
Bolivia. Ministerio de Agricultura, Servicio de Extensión Agrícola, Departamento de Mejoramiento
del Hogar. no. 1-

La Paz, Bolivia.

No. 2-7, 1965 have been recorded.

MINAS Y PETROLEOS DE BOLIVIA.
Publicación bimestral del Ministerio de Minas y Petróleos. año
1, no. 1; noviembre/diciembre
1960-
La Paz, Bolivia.

bimonthly

Año 2, no. 4, Nov.-Dec. 1961 have
been recorded.

DLC año 1, no. 1-2, 1960-61

MINERIA.
Banco Minero de Bolivia. Departa-
mento de Estudios Económicos y
Estadística. año 1, no. 1-6; marzo-
diciembre 1949.
La Paz, Bolivia.

bimonthly

No more published. "Publicación
bimestral del Banco Minero de Bolivia.

DLC 1-6, Mar.-Dec. 1949
DPU 1-
IASI no. 2-6, 1949
NN 1-
TxU 1-6, Mar.-Dec. 1949

MINKHA; REVISTA DE ESTUDIOS PEDAGOGI-
COS.
año 1, no. 1-año 2, no. 6; 2o. tri-
mestre 1956-3er. trimestre 1957.
La Paz, Bolivia, Ministerio de
Educación.

No more published.

DPU año 1, no. 1-año 2, no. 6,
1956-57

N'OHEIE (PENSAMIENTO).
See La Paz, Bolivia, Universidad
Mayor de San Andrés. Revista. 1959-

NOTAS DE ARQUEOLOGIA BOLIVIANA.
Bolivia. Comisión Nacional de la
UNESCO. v. 1, no. 1-3; agosto 1959-
1961.
La Paz, Bolivia.

Published by the Comisión Nacional
de la Unesco in cooperation with
the Sociedad Boliviana de Antropología. At head of title: Ministerio de Educación y Bellas Artes,

(continued)

NOTAS DE ARQUEOLOGIA BOLIVIANA. (Cont'd)

Departamento de Arqueología, Etno-
logía y Folklore.

DLC no. 1-3, 1959-61
DSI 1959-
IU 1959-
LNT-MA [1959-61]
TxU v. 1, no. 3, 1960

NOTAS LINGÜISTICAS DE BOLIVIA.
Instituto Lingüístico de Verano.
1; 1959-
Cochabamba, Bolivia.

Imprint varies. No.   "publicado
por el Instituto Lingüístico de
Verano en colaboración con el Minis-
terio de Asuntos Campesinos y el
Ministerio de Educación y Bellas
Artes."

CLSU
CSt 13-
DLC 1-2, 5-7, 1959-64
ICU 3-
LU
NIC 4-
TxU 1-6, 1959-62
WaU 1-
WU 5-

NUEVA RUTA.
Bolivia. Consejo Nacional de Educación. no. 1; junio 1943-

La Paz, Bolivia.

Has subtitle: revista del Consejo
Nacional de Educación. No more
published?

CU [1]
DLC año 1, no. 1-3, June-Aug. 1943

NUEVOS RUMBOS.
Organo de la Escuela Normal de
Sucre. no. 1; agosto 1936-

Sucre, Bolivia.

quarterly

DLC t. 9, no. 19/20, 1944

OBRAS PUBLICAS, COMUNICACIONES Y
TRANSPORTES.
Bolivia. Ministerio de Obras Públicas y Comunicaciones. Dirección
de Prensa y Relaciones.

La Paz, Bolivia.

Title varies: Obras públicas y
comunicaciones.

DLC [1967, 1969]-

OBRAS PUBLICAS Y TRANSPORTES.
See Bolivia. Ministerio de Obras
Públicas, Comunicaciones y Transportes. Obras públicas y transportes.

ORURO, BOLIVIA (CITY) UNIVERSIDAD
AUTONOMA DE SAN AGUSTIN.
See Oruro, Bolivia (City) Universi-
dad Técnica.

ORURO, BOLIVIA (CITY) UNIVERSIDAD
TECNICA.
Biblioteca de estudios jurídicos,
políticos y sociales. no. 1-

Oruro, Bolivia, Editora Universitaria.

(continued)

ORURO, BOLIVIA (CITY) UNIVERSIDAD
TECNICA.
Biblioteca...(Cont'd.)

Issued by the Departamento de Extensión Cultural. No. 3, Buran P.,
Manuel. Bibliografía jurídica boliviana (1825-1954). Oruro 1957.

DLC 2-5, 1956-58
NIC
TxU no. 3, 1957; no. 4, 1958; no.
    5, 1958

ORURO, BOLIVIA (CITY) UNIVERSIDAD
TECNICA.
Biblioteca de estudios técnicos.
See Biblioteca de estudios técnicos.

ORURO, BOLIVIA (CITY) UNIVERSIDAD
TECNICA.
Colección cultura. no. 1-
See Oruro, Bolivia (City) Universi-
dad Técnica. Departamento de Exten-
sión Cultural. Colección cultura.

ORURO, BOLIVIA (CITY) UNIVERSIDAD
TECNICA.
Informes.
Oruro, Bolivia.

1940 has been recorded.

ORURO, BOLIVIA (CITY) UNIVERSIDAD
TECNICA.
Poetas bolivianos. 1965-

Oruro, Bolivia.

                    annual

                (continued)

ORURO, BOLIVIA (CITY) UNIVERSIDAD
TECNICA.
Poetas...(Cont'd.)

Includes the poems prized in the
annual Concurso Nacional de Poesía
"Universidad Técnica de Oruro".
1965-66 have been recorded. Subseries of Oruro, Bolivia (City)
Universidad Técnica. Departamento
de Extensión Cultural. Serie Poesía.

DLC 1965-

ORURO, BOLIVIA (CITY) UNIVERSIDAD
TECNICA.
Publicaciones. Libros. [1] 1952-

Oruro, Bolivia.

Published by the University's Departamento de Extensión Cultural.

DLC 3, 1953
KU
TxU no. 21, 1959

ORURO, BOLIVIA (CITY) UNIVERSIDAD
TECNICA.
Universidad.
See Universidad. (Oruro).

ORURO, BOLIVIA (CITY) UNIVERSIDAD
TECNICA. CENTRO DE ESTUDIANTES DE
CIENCIAS ECONOMICAS.
Revista económica.
See Revista económica.

ORURO, BOLIVIA (CITY) UNIVERSIDAD
TECNICA. CENTRO DE ESTUDIANTES DE
DERECHO.
Revista de estudios jurídicos, polí-
ticos y sociales.
See Revista de estudios jurídicos,
políticos y sociales.

ORURO, BOLIVIA (CITY) UNIVERSIDAD
TECNICA. CENTRO DE ESTUDIOS ECONO-
MICOS Y FINANCIEROS.
Revista económica.
See Revista económica.

ORURO, BOLIVIA (CITY) UNIVERSIDAD
TECNICA. DEPARTAMENTO DE EXTEN-
SION CULTURAL.
Biblioteca de estudios económicos.
no. 1; 195 -
Oruro, Bolivia.

DLC 2-3
FU 2, 1955
TxDAM 2-3
TxU no. 2, 1955; no. 3, 1956
ViU

ORURO, BOLIVIA (CITY) UNIVERSIDAD
TECNICA. DEPARTAMENTO DE EXTEN-
SION CULTURAL.
Biblioteca de estudios técnicos.
See Biblioteca de estudios téc-
nicos.

ORURO, BOLIVIA (CITY) UNIVERSIDAD
TECNICA. DEPARTAMENTO DE EXTEN-
SION CULTURAL.
Colección cultura. 1; 195 -

Oruro, Bolivia.

                    monthly

CtY
DLC 1, 3-6, 1956-62
FU 3, 1958
MH
MiU
MoU
TxU no. 2, 3, 1958; no. 3 (sic)
    1960; no. 4-6, 1960-62

ORURO, BOLIVIA (CITY) UNIVERSIDAD
TECNICA. DEPARTAMENTO DE EXTEN-
SION CULTURAL.
Labores cumplidas en la gestión
académico-administrativa.

Oruro, Bolivia.

Cover-title: Informe de labores.
Issued by the Departamento's Sección [de] Publicaciones. 1958/61
issue published in 1962.

DLC 1952

ORURO, BOLIVIA (CITY) UNIVERSIDAD
TECNICA. DEPARTAMENTO DE EXTEN-
SION CULTURAL.
Páginas universitarias. año 1, no.
1; octubre 1959-
Oruro, Bolivia.

Issued by the Departamento's Sección de Publicaciones.

DLC año 1, no. 1, Oct. 1959

ORURO, BOLIVIA (CITY) UNIVERSIDAD
TECNICA. DEPARTAMENTO DE EXTEN-
SION CULTURAL.
Publicaciones. Libros.
See Oruro, Bolivia (City) Universidad
Técnica. Publicaciones. Libros.

ORURO, BOLIVIA (CITY) UNIVERSIDAD
TECNICA. DEPARTAMENTO DE EXTEN-
SION CULTURAL.
Serie Cuento. 1; 1965-
Oruro, Bolivia.

DLC no. 1, 1965

ORURO, BOLIVIA (CITY) UNIVERSIDAD
TECNICA. DEPARTAMENTO DE EXTEN-
SION CULTURAL.
Serie Poesía.
Oruro, Bolivia.

    IU

ORURO, BOLIVIA (CITY) UNIVERSIDAD
TECNICA. DEPARTAMENTO DE EXTEN-
SION CULTURAL. SECCION PUBLICA-
CIONES.
Colección Amauta.
See Colección Amauta.

ORURO, BOLIVIA (CITY) UNIVERSIDAD
TECNICA. FACULTAD DE CIENCIAS
ECONOMICAS Y FINANCIERAS.
Revista.
See Oruro, Bolivia (City) Universi-
dad Técnica. Facultad de Economía
y Finanzas. Revista.

ORURO, BOLIVIA (CITY) UNIVERSIDAD
TECNICA. FACULTAD DE CIENCIAS ECO-
NOMICAS Y FINANCIERAS. INSTITUTO
DE INVESTIGACIONES ECONOMICAS.
Revista.
See Oruro, Bolivia (City) Universi-
dad Técnica. Instituto de Investi-
gaciones Económicas. Revista.

ORURO, BOLIVIA (CITY) UNIVERSIDAD
TECNICA. FACULTAD DE CIENCIAS
JURIDICAS, POLITICAS Y SOCIALES.
Revista.
See Revista de derecho, ciencias
políticas y sociales.

ORURO, BOLIVIA (CITY) UNIVERSIDAD
TECNICA. FACULTAD DE DERECHO.
See Oruro, Bolivia (City) Universi-
dad Técnica. Facultad de Ciencias
Jurídicas, Políticas y Sociales.

ORURO, BOLIVIA (CITY) UNIVERSIDAD
TECNICA. FACULTAD DE ECONOMIA Y
FINANZAS.
Revista. año 1, no. 1; junio 1951-

Oruro, Bolivia.

            quarterly, irreg.

No. 1-20, 1951-63/64 and Jly.-Dec.
1964 have been recorded. Title varies:
año 1-4, no. 1-8/9 June 1951-Jly-
Dec. 1954 as Revista de la Facultad
de Economía y Finanzas; año 8, no.
10/11, 1955-1958-   as Revista de
la Facultad de Economía. Año 5
erroneously numbered año 8? Published as follows año 1, no. 1, 1951;
año 2, no. 2/3, 4/5, 1952; año 3,
no. 6/7, 1953; año 4, no. 8/9, 1954;
año 8 [sic] no. 10/11, 1955-58. Frequency varies: biannual irregular;
quarterly irregular.

DLC no. 4, 1954 (sample issue)
DPU [2]
FU año 4, no. 9, Jly.-Dec. 1954
    (sample)
IASI no. 1-3, 1951; 1953; no. 8-18,
    1954-58; no. 19, 1962-63
TxU v. 2, no. 4-5, 1952

ORURO, BOLIVIA (CITY) UNIVERSIDAD
TECNICA. INSTITUTO DE INVESTIGACIONES
ECONOMICAS.
Revista. año 1, no. 1; octubre/diciembre
1950-
Oruro, Bolivia.

See also Revista económica. 1945-

PACHAMAMA.
Bolivia. Dirección Nacional de
Desarrollo Rural. v. 1, no. 1;
segunda quincena de agosto 1964-

La Paz, Bolivia.

semi-monthly

Vol. 1-2, no. 1-5, Aug. 15-30, 1964-
Feb. 1-15, 1965 have been recorded.

PAGINAS UNIVERSITARIAS.
See Oruro, Bolivia (City) Universidad Técnica. Departamento de Extensión Cultural. Páginas universitarias.

PATACAMAYA, BOLIVIA. ESTACION EXPERI-
MENTAL GANADERA.
Boletín de divulgación. no. 1;
1967-
Patacamaya, Bolivia.

No. 1-3, 1967 have been recorded.

PATACAMAYA, BOLIVIA. ESTACION EXPERI-
MENTAL GANADERA.
Boletín experimental.

Patacamaya, Bolivia.

DLC

PATACAMAYA, BOLIVIA. ESTACION EXPERI-
MENTAL GANADERA.
Boletín informativo. no. 1; 1961-

Patacamaya, Bolivia, Ministerio de
Agricultura, Servicio Agrícola Inter-Americano.

(continued)

PATACAMAYA, BOLIVIA. ESTACION EXPERI-
MENTAL GANADERA.
Boletín...(Cont'd)

irregular

No. 1-6, 1962-63-   have been
recorded.

DNAL no. 2, 1962

PATACAMAYA, BOLIVIA. ESTACION EXPERI-
MENTAL GANADERA.
Circular [de] investigaciones
patológicas. no. 1; 1962-

Patacamaya, Bolivia.

No. 1-4, 1962 have been recorded.

PATACAMAYA, BOLIVIA. ESTACION EXPERI-
MENTAL GANADERA.
Informe anual. 1959-

Patacamaya, Bolivia.

1959-66 have been recorded.

PATACAMAYA, BOLIVIA. ESTACION EXPERI-
MENTAL GANADERA.
Remate de corderillo Corriedale.
no. 1-
Patacamaya, Bolivia.

No. 1-4 have been recorded.

PETROLEO BOLIVIANO.
Publicada por la Asociación de Ingenieros y Geólogos de YPFB (Yacimientos Petrolíferos Fiscales Bolivianos). v. 1, no. 1; 196 -

La Paz, Bolivia.

(continued)

PETROLEO BOLIVIANO. (Cont'd.)

Continues Yacimientos Petrolíferos
Fiscales Bolivianos. Boletín técnico.

DPU v. 3, no. 1, March 1961

PLANEAMIENTO.
Bolivia. Junta Nacional de Planeamiento. no. 1; octubre/diciembre
1960-
La Paz, Bolivia.

quarterly

"Organo oficial de la Junta Nacional de Planeamiento". Agency's name
varies: 1960-   Junta Nacional
de Planeamiento; 1962-   Secretaría Nacional de Planificación y
Coordinación (varies slightly);
196 -   Dirección Nacional de
Coordinación y Planeamiento. Published as follows: no. 1, 1960; no.
2-5, 1961; no. 6-8, 1963; no. 9-10,
Jan./Feb.-Mar./Apr. 1967; no. 11,
1968; no. 12, 1968. No. 11 contains
Cuentas Nacionales de Bolivia, 1958-
1966.

DLC 1-2, 1960-61
DPU 1-
FU no. 3/5, Sept. 1961
IASI no. 1, 1960; no. 2-5, 1961
MH 1-
NN 1-
TxU 1-5, 1961

PLANIFICACION Y ARQUITECTURA.
La Paz, Universidad Mayor de San
Andrés, Escuela de Arquitectura,
Centro de Estudiantes de Arquitec-
tura. año 1, no. 1; mayo 1944-

La Paz, Bolivia.

CSt 1

POETAS BOLIVIANOS.
See Oruro, Bolivia (City) Universidad Técnica.   Departamento de Extensión Cultural. Poetas bolivianos.

POTOSI, BOLIVIA. CASA NACIONAL DE
MONEDA.
Anales del museo.
See Bolivia. Casa Nacional de
Moneda. Potosí. Anales del museo.

POTOSI, BOLIVIA. UNIVERSIDAD AUTO-
NOMA "TOMAS FRIAS".
Anales.
See Universidad (Potosí).

POTOSI, BOLIVIA. UNIVERSIDAD AUTO-
NOMA "TOMAS FRIAS".
Discurso-informe.
Potosí, Bolivia.

TxU 1952/53, 1955/56, 1956/57

POTOSI, BOLIVIA. UNIVERSIDAD AUTO-
NOMA "TOMAS FRIAS".
Exposiciones permanentes de arte
y técnica. no. 1; noviembre 1960-

Potosí, Bolivia.

CoU 1-

POTOSI, BOLIVIA. UNIVERSIDAD AUTO-
NOMA "TOMAS FRIAS".
Publicaciones. no. 1-
Potosí, Bolivia, Editorial Uni-
versitaria.

TxU no. 22, 1945; no. 25, 1946

POTOSI, BOLIVIA. UNIVERSIDAD AUTO-
NOMA "TOMAS FRIAS".
Revista universitaria.
See Universidad (Potosí).

POTOSI, BOLIVIA. UNIVERSIDAD AUTO-
NOMA "TOMAS FRIAS".
Universidad.
See Universidad (Potosí).

POTOSI, BOLIVIA. UNIVERSIDAD AUTO-
NOMA "TOMAS FRIAS". BIBLIOTECA.
Boletín de la biblioteca universi-
taria. v. 1, no. 1; 1963?-

Potosí, Bolivia.

                    irregular

Mimeographed. No. 14 Dec. 1965 has
been recorded.

DPU v. 1, no. 9, Oct. 1963-

POTOSI, BOLIVIA. UNIVERSIDAD AUTO-
NOMA "TOMAS FRIAS". DEPARTAMENTO
DE CULTURA.
Cuadernos universitarias. v. 1,
no. 1-
Potosí, Bolivia.

V. 2, no. 6, Jan. 1952 has been
noted.

POTOSI, BOLIVIA. UNIVERSIDAD AUTO-
NOMA "TOMAS FRIAS". DEPARTAMENTO
DE CULTURA.
Encuesta. no. 1; 1963-

Potosí, Bolivia.

CLU no. 1, 1963

POTOSI, BOLIVIA. UNIVERSIDAD AUTO-
NOMA "TOMAS FRIAS". DEPARTAMENTO
DE CULTURA.
Informe de labores.

Potosí, Bolivia.

DLC 1962
IU 1964-

POTOSI, BOLIVIA. UNIVERSIDAD AUTO-
NOMA "TOMAS FRIAS". DEPARTAMENTO
DE CULTURA.
Problemas nacionales.

Potosí, Bolivia.

DLC 3rd. ser. 1957; 5th. ser. 1960;
    6th. ser. 1960
TxU

POTOSI, BOLIVIA. UNIVERSIDAD AUTO-
NOMA "TOMAS FRIAS". DEPARTAMENTO
DE CULTURA.
Publicaciones.

Potosí, Bolivia.

Unnumbered series. Includes its
Informe de labores.

DLC
FU 1960, 2 issue 1961
TxU 5 issues of 1959, 1960, 1961

POTOSI, BOLIVIA. UNIVERSIDAD AUTO-
NOMA " TOMAS FRIAS". FACULTAD DE
COMERCIO.
See Potosí, Bolivia. Universidad
Autónoma "Tomas Frías". Facultad
de Economía y Finanzas.

POTOSI, BOLIVIA. UNIVERSIDAD AUTO-
NOMA " TOMAS FRIAS". FACULTAD DE
DERECHO, CIENCIAS POLITICAS Y
SOCIALES.
Revista jurídica. 1948-
See Revista jurídica. (Potosí).

POTOSI, BOLIVIA. UNIVERSIDAD AUTO-
NOMA "TOMAS FRIAS". FACULTAD DE
DERECHO, CIENCIAS POLITICAS Y
SOCIALES. SEMINARIO DE DERECHO
PRIVADO.
See Potosí, Bolivia. Universidad
Autónoma "Tomas Frías". Seminario
de Derecho Privado.

POTOSI, BOLIVIA. UNIVERSIDAD AUTO-
NOMA "TOMAS FRIAS". FACULTAD DE
ECONOMIA Y FINANZAS.
Estudios económicos.
See Estudios económicos.

POTOSI, BOLIVIA. UNIVERSIDAD AUTO-
NOMA "TOMAS FRIAS". FACULTAD DE
ECONOMIA Y FINANZAS.
Revista de estudios económicos.
See Estudios económicos.

POTOSI, BOLIVIA. UNIVERSIDAD AUTO-
NOMA "TOMAS FRIAS". FACULTAD DE
ECONOMIA Y FINANZAS. INSTITUTO
DE ECONOMETRIA.
Boletín. no. 1-5; junio/julio 1947-
enero/diciembre 1950. Potosí,
Bolivia.

See also Estudios económicos.

DLC no. 1-5, 1947-50
DPU [1949]
NN [1947, 1949]

POTOSI, BOLIVIA. UNIVERSIDAD AUTO-
NOMA "TOMAS FRIAS". FACULTAD DE
INGENIERIA.
Revista técnica. ler. semestre
1950-
Potosí, Bolivia.

                            semi-annual

DLC Jan.-June 1950
FU 1950-
InIA 1950-

POTOSI, BOLIVIA. UNIVERSIDAD AUTO-
NOMA "TOMAS FRIAS". INSTITUTO DE
ECONOMETRIA.
Boletín.
See Potosí, Bolivia. Universidad
Autónoma "Tomas Frías". Facultad
de Economía y Finanzas. Instituto
de Econometría. Boletín, 1947-50.

POTOSI, BOLIVIA. UNIVERSIDAD AUTO-
NOMA "TOMAS FRIAS". INSTITUTO DE
INVESTIGACIONES HISTORICAS.
Cuadernos. Serie 1. Archivos. 1;
1959-
Potosí, Bolivia.

                            irregular

DLC 1, 1959
ViU

POTOSI, BOLIVIA. UNIVERSIDAD AUTO-
NOMA "TOMAS FRIAS". INSTITUTO DE
INVESTIGACIONES HISTORICAS.
Cuadernos. Serie 2. Bibliografía.
1; 1958-
Potosí, Bolivia.

No. 1 "Apartado del tomo VIII de
la Revista Universidad".

DLC 1, 1958
FU 1, 1958
IU 1
TxU no. 1, 1958

POTOSI, BOLIVIA. UNIVERSIDAD AUTONOMA
"TOMAS FRIAS". INSTITUTO DE INVES-
TIGACIONES HISTORICAS.
Cuadernos. Serie 3. Minería, Mita.
1; 1959-
Potosí, Bolivia.

DLC 1, 1959
NN 1-
TxU no. 1, 1959
ViU

POTOSI, BOLIVIA. UNIVERSIDAD AUTONOMA
"TOMAS FRIAS". INSTITUTO DE INVES-
TIGACIONES HISTORICAS.
Cuadernos. Serie 4. Arte. 1; 1959-

Potosí, Bolivia.

CoU 1-
DLC 1-6, 1959-60
FU no. 4, 1960
TxU no. 4, 1960

POTOSI, BOLIVIA. UNIVERSIDAD AUTONOMA
"TOMAS FRIAS". INSTITUTO DE INVES-
TIGACIONES HISTORICAS.
Cuadernos. Serie 5. Historia ecle-
siástica. 1; 1960-

Potosí, Bolivia.

DLC 1, 1960
TxU 1, 1960
ViU

POTOSI, BOLIVIA. UNIVERSIDAD AUTONOMA
"TOMAS FRIAS". INSTITUTO DE INVES-
TIGACIONES HISTORICAS.
Cuadernos. Serie 6. Teatro. 1; 1960-

Potosí, Bolivia.

DLC 1, 1960
FU 1, 1960
TxU no. 1, 1960

POTOSI, BOLIVIA. UNIVERSIDAD AUTONOMA
"TOMAS FRIAS". INSTITUTO DE INVES-
TIGACIONES HISTORICAS.
Cuadernos. Serie 7. Arqueología. 1;
1960-
Potosí, Bolivia.

FU no. 1, 1960
ViU

POTOSI, BOLIVIA. UNIVERSIDAD AUTONOMA
"TOMAS FRIAS". INSTITUTO DE INVES-
TIGACIONES HISTORICAS.
Cuadernos. Serie 8. Historia com-
parada. 1; 1962-
Potosí, Bolivia.

MiU

POTOSI, BOLIVIA. UNIVERSIDAD AUTONOMA
"TOMAS FRIAS". INSTITUTO DE INVES-
TIGACIONES HISTORICAS.
Cuadernos. Serie 9. Literatura.
1; 1960-
Potosí, Bolivia.

No. 1, "apartado del volumen I no.
2 de la Revista del Instituto de
Investigaciones Históricas".

TxU no. 1, 1960

POTOSI, BOLIVIA. UNIVERSIDAD AUTONOMA
"TOMAS FRIAS". INSTITUTO DE INVES-
TIGACIONES HISTORICAS.
Revista. 1; 1959-60-
Potosí, Bolivia.

V. 1-   also called no. 1-
V. 1, no. 2 has been recorded.

DLC 1, enero 1959/60
DPU 1-
FU v. 1, no. 1, 1959/60
NN 1-
TxU v. 1, no. 1, 1959/60
ViU [1]

POTOSI, BOLIVIA. UNIVERSIDAD AUTONOMA
"TOMAS FRIAS". INSTITUTO PRACTICO DE
AGRICULTURA.
Calendario agrícola ganadero. no.
1-
Puna, Bolivia, Departamento de Pu-
blicaciones y Difusión Cultural,
IPA, Editorial Universitaria.

No. 3, 1969 has been recorded.

POTOSI, BOLIVIA. UNIVERSIDAD AUTONOMA
"TOMAS FRIAS". INSTITUTO PRACTICO
DE AGRICULTURA.
Catálogo del Instituto Práctico de
Agricultua. no. 1; 1961-62-

Puna, Departamento de Potosí.

POTOSI, BOLIVIA. UNIVERSIDAD AUTONOMA
"TOMAS FRIAS". SEMINARIO DE DERECHO
PRIVADO.
Boletín. año 1, no. 1; julio 1954-

Potosí, Bolivia.

DLC año 1, no. 1, 1954

PROTECCION SOCIAL.
See Seguridad Social.

PUBLICACIONES MILITARES.
[Bolivia. Ejército] v. 1-

La Paz, Bolivia.

At head of title: Ejército de
Bolivia.

TxU v. 19, 1948; v. 25, 1950

PUTUTU.
Publicación semanal de la Subsecre-
taría de Prensa, Informaciones y
Cultura. año 1, no. 1; julio 18,
1953-
La Paz, Bolivia. 1953-

weekly irreg.

FU año 1, no. 3, 4, 5, 6, 7, Aug.
8-Sept. 19, 1953; año 2, no. 25,
July 3, 1954
TxU [v. 1]

REDACTORES.
See Bolivia. Congreso. Redactor del
H. Congreso Nacional; Bolivia. Con-
greso. Cámara de Diputados. Redactor;
Bolivia. Congreso. Cámara de Senadores.
Redactor.

REGISTRO CIVIL DE BOLIVIA.
See Bolivia. Ministerio de Justicia.
Registro civil de Bolivia.

REVISTA AEREA MILITAR.
año 1, no. 1; 1958?-
La Paz, Bolivia.

3 times a year

No. 14, Dec. 1963 has been recorded.

DLC año 4, no. 7, Oct. 1961
NN [v. 6]-

REVISTA BIOQUIMICO-FARMACEUTICA.
La Paz, Bolivia. Universidad Mayor de
San Andrés. Facultad de Farmacia y
Bioquímica. 1953?-

La Paz, Bolivia.

Jan. 1956 has been recorded.

REVISTA BOLIVIANA DE INSTRUCCION
  PUBLICA.
  Consejo Universitario de La Paz.
  v. 1, no. 1; junio 1, 1922-v. 1,
  no. 4; marzo 1923.
  La Paz, Bolivia.

                    irregular

  "Organo mensual del H. Consejo
  Universitario de La Paz".

REVISTA DE ADUANAS.
  See Bolivia. Dirección General de
  Aduanas. Revista de aduanas.

REVISTA DE AGRICULTURA.
  Universidad Mayor de San Simón,
  Facultad de Ciencias Agronómicas.
  año 1, no. 1; julio 1943-

  Cochabamba, Impr. Universitaria.

                    annual

  Publicaciones de la Universidad
  Mayor de San Simón. "Organo oficial
  de la Escuela Superior de Agronomía
  de la Universidad Autónoma "Simón
  Bolívar" de Cochabamba. University's
  name varies: Universidad Autónoma
  "Simón Bolívar"; Universidad Mayor
  de San Simón. Published 1943-
  under the Faculty's earlier name:
  Escuela Superior de Agronomía. No.
  2-9, 1944-53; no. 11, 1968 have
  been recorded.

  DLC año 1-3, no. 1-3, 1943-Jan. 1945
  DNAL 1-
  NBG 1-
  TxU v. 6, no. 5, 1949; v. 7, no. 6,
    1951; v. 10, no. 7, 1952; v. 11,
    no. 8, 1953; v. 12, no. 9, 1953

REVISTA DE AGRICULTURA Y GANADERIA.
  Bolivia. Dirección General de
  Agricultura y Ganadería. año 1-4,
  no. 1-5; mayo 1927-marzo 1930.
  La Paz, Bolivia.

  CU 1-4
  DLC año 1-4, 1927-30 (lacks no. 1, 3)
  DNAL [1, 3]
  DPU

REVISTA DE AGRICULTURA, GANADERIA Y
  COLONIZACION.
  See Bolivia. Ministerio de Agricultura. Revista de agricultura, ganadería y colonización.

REVISTA DE ANTROPOLOGIA.
  Bolivia. Instituto Tihuanacu de
  Antropología, Etnografía y Prehis-
  toria. v. 1, no. 1; enero 1942?.
  La Paz, Bolivia.

  No more published. "Organo oficial
  del Instituto "Tihuanacu" de Antropología, Etnografía y Prehistoria."

  CU 1
  In 1
  PU-Mu

REVISTA DE BACTERIOLOGIA E HIGIENE.
  La Paz, Instituto Nacional de Bac-
  teriología. 1-6; 1912-1920?
  La Paz, Bolivia.

  MWhB [3-5]
  NNNAM [2-4]
  PPWI [3-6]

REVISTA DE CIENCIAS BIOLOGICAS.
  Cochabamba. 1; junio 1940-

  Cochabamba, Bolivia.

                    (continued)

REVISTA DE CIENCIAS BIOLOGICAS. (Cont'd.)

Also published in La Paz? Vol. 1, nos. 1-7, 1940-v. 3, no. 16, 1943 have been recorded.

DPAHO 1-

REVISTA DE CIENCIAS JURIDICAS, POLI-
TICAS Y SOCIALES.
See Revista de Derecho, Ciencias Políticas y Sociales.

REVISTA DE COLONIZACION Y AGRICULTURA.
See Bolivia. Ministerio de Agricultura. GEO.

REVISTA DE CRIMINOLOGIA Y CIENCIAS PENALES.
Potosí, Bolivia. Universidad Autónoma "Tomas Frías". año 1-9, no. 1-
10; mayo 1945-1956.
Potosí, Bolivia.

DLC [1-4]
DPU
MiU-L
NN [2-3] 4

REVISTA DE CULTURA.
Cochabamba, Universidad Mayor de San Simón. no. 1, no. 1; junio 1954-

Cochabamba, Departamento de Cultura, Universidad Mayor de San Simón.

biannual irregular

Published 1954-   under the University's earlier name: Universidad
Autónoma Simón Bolívar. Published
as follows: 1, 1954; 2, 1956; 3,
Dec. 1958; v. 4, no. 4, Dec. 1964.

CU 1-
DLC año 1-3, no. 1-3, 1954-58
DPU 1-

(continued)

REVISTA DE CULTURA. (Cont'd.)

FU v. 3, no. 3, Dec. 1958; v. 4,
Dec. 1964
ICMILC 1-
NN 1-
NNC 1-
TxU no. 1-3

REVISTA DE DERECHO.
año 1, no. 1; septiembre? 1949-

La Paz, Editorial U.M.S.A., 1949-

quarterly irreg.

"Organo de la Escuela de Derecho y
Ciencias Políticas." Vols. 1-4
issued by the Facultad under its
earlier name: Escuela de Derecho y
Ciencias Políticas. No. 52, 1966
has been recorded.

CLL 3
CU 1-
DLC año 1-16, no. 1-48/49, 1949-65
DPU 1-
FMU-L [3]-
MH-L 1-
NNC-L 1-
TxU año [4]-año 8, 1952-56
WaU [1-2]-

REVISTA DE DERECHO, CIENCIAS POLITI-
CAS Y SOCIALES.
Oruro, Bolivia (City) Universidad
Técnica. Facultad de Ciencias Jurí-
dicas, Políticas y Sociales. año
1, no. 1; octubre 1957-

Oruro, Bolivia.

Supersedes Revista de estudios jurídicos, políticos y sociales published
in Oruro 1949-   . Title varies:
v. 1-3, no. 1, Oct. 1957-Jan. 1960,
Revista de ciencias jurídicas, políticas y sociales; v. 3, no. 2, Oct.
1960-   Revista de derecho, ciencias

(continued)

REVISTA DE DERECHO, CIENCIAS POLITI-
CAS Y SOCIALES. (Cont'd.)

políticas y sociales. Vol. 3, no.
2, Oct. 1960; v. 7, t. 1, Oct.
1965 have been recorded.

CU 2-
DLC año 1-3, no. 1-3, 1957-60
DPU 2-
NN 1 [2]-

REVISTA DE ESTUDIOS ECONOMICOS.
See Estudios económicos.

REVISTA DE ESTUDIOS ECONOMICOS Y
FINANCIEROS.   (
Sucre. Universidad Mayor Real y
Pontifícia de San Francisco Xavier,
Facultad de Ciencias Económicas y
Financieras.

Sucre, Bolivia.

REVISTA DE ESTUDIOS JURIDICOS, POLI-
TICOS Y SOCIALES.
Oruro, Universidad Técnica, Facultad de Ciencias Jurídicas, Políticas y Sociales. no. 1; enero/marzo
1949-
Oruro, Bolivia.

                    annual

Año   -   : "órgano oficial del
Centro de Estudiantes de Derecho".
At head of title, año   -   :
Universidad Técnica de Oruro, Facultad de Derecho, Ciencias Políticas
y Sociales. Superseded by Revista
de derecho, ciencias políticas y
sociales, 1957-   (formerly revista
de ciencias jurídicas, políticas y
sociales).

TxU [v. 1, 1949; v. 3, 1951]

REVISTA DE ESTUDIOS JURIDICOS, POLITI-
COS Y SOCIALES.
Sucre, Bolivia (City) Universidad
Mayor de San Francisco Xavier. Facul-
tad de Derecho, Ciencias Políticas
y Sociales. año 1, no. 1; mayo/julio
1940-
Sucre, Bolivia.

                    irregular

Año 17, no. 25, Dec. 1956 have been
recorded.

CLSU 1-
CtY-L [2]-
DLC 1-2 [4], 7-11, 13-16, 19/20-27,
    1940-64
MH 1-
MiU 1-2
NjP 4-
NN 2-
TxU no. 10 (extraordinary); no. 22

REVISTA DE HACIENDA.
Bolivia, Ministerio de Hacienda y
Estadística. v. 1, no. 1; marzo
1954-
La Paz, Bolivia.

DLC v. 1, no. 1, 5/6, 1954; v. 1,
    no. 1/2, 1955
NN

REVISTA DE HACIENDA. 1939-
See Bolivia. Ministerio de Hacienda.
Revista de hacienda. 1939-

REVISTA DE INGENIERIA.
La Paz, Instituto de Ingenieros;
Centro de Estudiantes de Ingeniería.
1; 1942-
La Paz, Bolivia.

CSt [3]

REVISTA DE INSTRUCCION PUBLICA.
  Bolivia. Ministerio de Justicia e
  Instrucción Pública. año 1-año 2,
  no. 1-24; septiembre 1, 1907-
  noviembre 1909.
  La Paz, Bolivia.

                    monthly

At head of title: República de Bolivia. Issued by the Ministerio de
Justicia e Instrucción Pública (later Ministerio de Educación). A
periodical with same title was published by the Ministry in 1896-97.
Ceased publication with June 1910
issue? ULS gives v. 1-3, no. 1-22,
1908-June 1910 as beginning and
closing dates.

  DLC año 1-2, no. 1-24, 1907-Nov.
     1909 (lacking nos. 22-23)
  DPU 1-2
  ICU [2-3]
  NN [1-2]

REVISTA DE INSTRUCCION PUBLICA.
  Bolivia. Ministerio de Instrucción
  Pública y Colonización. v. 1, no.
  1; enero 1896-v.   no.   ; 1897.
  La Paz, Bolivia.

  Superseded by Revista de Instruc-
     ción Pública, 1907-1909.

  DLC t. 1, no. 1-6, Jan.-June 1896

REVISTA DE LA BIBLIOTECA Y ARCHIVOS
  NACIONALES DE BOLIVIA.
  See Bolivia. Biblioteca y Archivos
  Nacionales. Revista.

REVISTA DE LA FUERZA FLUVIAL Y LACUS-
  TRE.
  Bolivia. Fuerza Fluvial y Lacustre.
  año 1, no. 1; 1963?-
  La Paz, Bolivia.

                  (continued)

REVISTA DE LA FUERZA FLUVIAL Y LACUSTRE.
  (Cont'd.)

  Año 2, no. 2-3, March-Apr.-Aug. 1964
  have been recorded.

  DLC año 2-3 (no. 2, 3, 5) 1964-65

REVISTA DE LA POLICIA BOLIVIANA.
  La Paz, Dirección General de Poli-
  cías. 1938?-
  La Paz, Bolivia.

  "Auspiciada por la Dirección General de Policías. No. 190, Dec. 1962
  has been recorded.

  DLC año 2-18, 1940-58, nos 14, 21-22,
     24, 26-29, 32/33-33/34, 40-54,
     66-71, 72/74, 78, 137, 171-181

REVISTA DE LA RENTA.
  Bolivia. Dirección General de la
  Renta. 1; agosto 1951-
  La Paz, Bolivia.

  DLC v. 1, no. 1-2, 1951; v. 2, no.
     2-3, 1952
  TxU v. 1, 1951

REVISTA DE LEGISLACION Y JURISPRU-
  DENCIA ADMINISTRATIVA.
  Bolivia. no. 1-10; enero-octubre
  1923.
  La Paz, Bolivia.

  DLC 1-10
  DPU 1-10

REVISTA DE MEDICINA Y CIRUGIA.
  La Paz, Universidad Mayor de San Andrés.
  Facultad de Medicina. v. 1; 1953-

  La Paz, Bolivia.

  Agency name varies: Escuela de Medicina
  y Cirugía, Facultad de Medicina.

REVISTA DE PLANIFICACION Y DESARROLLO.
Bolivia. Ministerio de Planificación
y Coordinación. Dirección de Progra-
mación Global, Departamento de Cuentas Nacionales. no. 1; 1970-

La Paz, Bolivia.

No. 2 has title: Análisis crítico
del decenio del desarrollo, 1960-
1970. La Paz, 1971.

DLC

REVISTA DE SALUD PUBLICA BOLIVIANA.
Sociedad Boliviana de Salud Pública.
año 1, no. 1; 1960-
La Paz, Bolivia.

bimonthly

Cover title: Salud Pública Boliviana.
Published by Instituto Nacional de
Salud Ocupacional attached to Ministerio de Salud Pública and U.S. AID.
The Institute was created in Nov.
1962 substituting the División de
Salud Ocupacional of the Ministerio
de Salud Pública, which functioned
1960-62. 18 numbers were published
1960-63.

DLC año 1-3 (no. 1-15), 1960-63
DNLM 1-

REVISTA DE SANIDAD MILITAR.
Bolivia. Dirección de Sanidad Militar. no. 1; 1er.-2o. trimestres 1936-

La Paz, Bolivia.

DLC no. 11, 1942 (sample)
DPAHO no. 3, 1938-

REVISTA DEL SERVICIO DE INTENDENCIA.
See Bolivia. Intendencia General
de Guerra. Revista del servicio de
intendencia.

REVISTA DEL TRABAJO.
año 1, no. 1; 1944-
nueva era. año 1, no. 1; junio 1952-

La Paz, Bolivia.

monthly

Organo del Ministerio del Trabajo,
Salubridad y Previsión Social. Agency's
name varies: Ministerio del Trabajo,
Salubridad y Previsión Social; Ministerio de Trabajo y Seguridad Social.

DLC año 1, no. 1, 1944; n.s. año 3,
    no. 2-12, Jan.-Dec. 1954
TxU v. 1, no. 1, 1944
WaU 1-

REVISTA ECONOMICA.
Oruro, Bolivia. Universidad Técnica.
Centro de Estudios Económicos y Finan-
cieros. v. 1; 1945-

Oruro, Bolivia.

semi-annual irreg.

"Organo oficial del Centro". Vols.
for   -Jan. 1955/June 1956,
issued by the center under earlier
names: Apr./Oct. 1954 Centro de Estudios Económicos y Financieros;
Jan. 1955/June 1956-   Centro
de Estudiantes de Economía y Finanzas.
19 -19   Instituto de Investigaciones
Económicas, Centro de Estudiantes de
la Facultad de Economía. Vol. 15, no.
25, 1960; v. 16, no. 26, 1961; v. 18,
no. 27/28 1962-63 have been recorded.

CU 6-11, 13-15, 21
DLC no. 13-18, 1953-57; no. 24-26,
    1959-61
DPU v. 9-11, 13-
IASI v. 14-16, 1958-61
TxU v. 8, nos. 9-11, 1952; v. 11,
    no. 13-14, 1953-54; v. 15, no.
    23-25, 1960

REVISTA INDUSTRIAL.
La Paz. v. 1, no. 1; agosto 1939-

La Paz, Bolivia.

semimonthly

Issued by the Oficina de Propiedad
Industrial (called in
-Feb. 1/15, 1944 Sección Propiedad
Industrial of the Ministerio de Industria y Comercio; in Feb. 16/29,
1944-Dec. 1/15, 1945, Sección Propiedad Industrial of the Ministerio de
Economía Nacional). Issued   -
Dec. 1/15, 1945 in cooperation with
the Sección Fomento Industrial. Año
1-6, no. 1-103 issued by Ministerio
de Industria y Comercio; año 6, no.
104, by Ministerio de Economía
Nacional. Continues Bolivia. Oficina de Propiedad Industrial. Boletín departamental, 1917-1938?

CU
DLC no. 83-433, 1943-57 (scattered
    issues missing)
NN año 1-7, nos. 1-128, 1939/40-45
    (lacking no. 29, 120-23, 127)

REVISTA JURIDICA.
año 1, no. 1; septiembre 1937-

Cochabamba, Bolivia [Impr. Uni-
versitaria]

quarterly

Some nos. issued in combined form.
Published   by the Facultad de Derecho (called   -March/
Dec. 1954, Facultad de Derecho, Ciencias Sociales, Políticas y Económicas; Mar./Dec. 1955-   . Facultad
de Derecho, Ciencias Sociales, Políticas y Jurídicas) of the Universidad Mayor de San Simón, Cochabamba,
Bolivia (called   -June 1948,
Universidad Autonóma Simón Bolívar).

(continued)

REVISTA JURIDICA. (Cont'd.)

Año 10, no. 40, 1947; año 24, no.
91/94, 1960 as Boletín bibliográfico
de la revista jurídica. Año 25, no.
95-98, 1961 have been recorded.

CLL no. 10, 15-18
CtY 1-
DLC año 1-24, 1937-60
MH-L [2]-
NN [3]-
NNC 2-4
TxU no. 47, 1949; no. 52, 1950; no.
    59-74, 1952-55; no. 87-98

REVISTA JURIDICA.
Potosí, Bolivia. **Facultad de Derecho,**
Ciencias Políticas y Sociales. Universidad Autónoma "Tomas Frías". año
1, no. 1; diciembre 1948-

Potosí, Bolivia.

Año 2-5, 1950-56; año 7, no. 6, Dec.
1961; año 8, no. 7, Dec. 1962 have
been recorded.

REVISTA JURIDICA DE LEGISLACION DEL
TRABAJO.
Oruro, Bolivia, Universidad Técnica.
v. 1; noviembre 1951-
Oruro, Bolivia.

REVISTA MEDICA.
Caja Nacional de Seguridad Social.
no. 1; 195 -
La Paz, Bolivia.

No. 5-6, 1957 have been recorded.

DNLM [1]
ICJ [1]-

REVISTA MILITAR.
Bolivia. Ministerio de Defensa Nacional. 1a. epoca: 1; julio 16, 1885-
2a. epoca: no. 1-56; 1904-marzo 1911.
3a. epoca: no. 1-126; enero 1922-
julio 1932. 4a. epoca: no. 1/2; enero/
febrero 1937-   5a. epoca:
                7a. epoca:
La Paz, Bolivia, 1885-

                monthly

Frequency varies. Publication suspended from April 1911-21 inclusive,
and from Aug. 1932-36 inclusive.
Epoca 4 erroneously called epoca 7
from 15, 1938-no. 46?, 1940? Epoca
6 omitted. Official organ of the
Ministerio de Guerra 19 -19   ;
of the Ministerio de Defensa Nacional,
1937- . 19 -1939, 1942-   issued
by the Estado Mayor General; 1940-41
by the Ministerio de Defensa Nacional;
19 -19   by the Ejército Nacional.
Issues numbered continuously from
epoca 4-epoca 7 [sic]. No. 15/16 Mar./
Apr. 1938, contains "Bibliografía
del periodismo militar by León M.
Loza, pp. 237-244. Epoca 7, año 76,
no. 263, Nov. 1963 has been recorded.

DAL n.s. 1946, 1949, [1954]
DLC epoca 3, nos. 95-96, 98-117,
    1929-31; epoca 4, nos. 1-13/14,
    1937-38; epoca 7 [sic], no. 15/
    16, 1938; no. 17-41/42, 1938-40;
    epoca 5, no. 43-60, 63-66, 1940-
    1942; no. 69/70-77/78, 1943-44;
    no. 83/84-85/86, 1943-44; no. 87/
    88, 1945; no. 92/94-95/96, 1945;
    epoca 7, no. 101/102, 109/110,
    1946; no. 115/117, 121/122, 1947;
    no. 123/124, 130/132, 1948; no.
    138/140-152/53, 1949; no. 155/57,
    159/161, 165/167, 1951; no. 173/
    174-175, 1952; no. 183-206/207,
    1953-54; no. 209/210-125/216,
    217/218, 1955; no. 231/234, 1957;
    no. 239/242, 1957
DNLM 9-
NN n.s. 1938-[1947]-[1950-1951]

REVISTA MINERA BAMIN.
See Banco Minero de Bolivia,
La Paz. Carta informativa.
1965-

REVISTA MINERA DE BOLIVIA.
Bolivia. Dirección General de
Minas y Petróleos. v. 1-v. 3, no.
10; agosto 1926-octubre 1928.
Oruro, Bolivia.

Continued by Bolivia. Dirección
General de Minas y Petróleo. Boletín minas y petróleo, 1939-

CtY 1-[3]
CU 1-[3]
DI-GS
MCM
MnU 1-2
NN 1-[3]
NNC

REVISTA NACIONAL DE CULTURA.
Bolivia. Ministerio de Educación,
Departamento de Prensa. año 1, no.
1; abril 1970-
La Paz, Bolivia.

                quarterly

DLC 1-
FU año 1, no. 1-2, Apr.-Jly. 1970

REVISTA NACIONAL DE JURISPRUDENCIA,
LEGISLACION Y ADMINISTRACION.
Sucre. v. 1-6, no. 1-109; 1907-
enero 1912:
Sucre, Bolivia.

MH-L no. 1-14, 16-105, 107-109, 1907-12

REVISTA POSTAL Y TELEGRAFICA BOLI-
VIANA.
Bolivia. Dirección General de Co-
rreos y Telégrafos. año 1, no. 1;
enero 1932-
La Paz, Bolivia, 1932-

        monthly irregular

Issued by the Dirección General de
Correos y Telégrafos.

NN 1-

REVISTA TECNICA DE LA FACULTAD DE
INGENIERIA.
See Potosí, Bolivia. Universidad
Autónoma "Tomas Frías". Facultad
de Ingeniería. Revista técnica.

REVISTA UNIVERSITARIA (LA PAZ).
See La Paz, Bolivia. Universidad
Mayor de San Andrés. Revista.

REVISTA UNIVERSITARIA (POTOSI).
See Universidad. (Potosí).

REVISTA UNIVERSITARIA (SUCRE).
See Sucre, Bolivia (City) Universidad Mayor de San Francisco Xavier.
Facultad de Derecho, Ciencias Políticas y Sociales. Revista universitaria.

REVISTA VETERINARIA.
See Santa Cruz, Bolivia (City) Univer-
sidad Mayor "Gabriel René Moreno".
Facultad de Medicina Veterinaria
"José Benjamín Burela". Revista vete-
rinaria.

REYES (BENI) BOLIVIA. RANCHO EXPERI-
MENTAL GANADERO.
Informe anual. 1957?-
Reyes, Bolivia.

1957-1961 have been recorded.

RIBERALTA (BENI) BOLIVIA. ESTACION
EXPERIMENTAL AGRICOLA DE LOS TRO-
PICOS.
Boletín experimental.

Riberalta, Bolivia.

No. 13, 1956; no. 22, 1959 have
been recorded.

RIBERALTA (BENI) BOLIVIA. ESTACION
EXPERIMENTAL AGRICOLA DE LOS TRO-
PICOS.
Boletín técnico. no. 1; 1962-

Riberalta, Bolivia.

No. 1-5, 1962 have been recorded.

RIBERALTA (BENI) BOLIVIA. ESTACION
EXPERIMENTAL AGRICOLA DE LOS TROPI-
COS.
Divulgación. 1962-
Riberalta, Bolivia.

RIBERALTA (BENI) BOLIVIA. ESTACION
EXPERIMENTAL AGRICOLA DE LOS TROPI-
COS.
Informe anual.
Riberalta, Bolivia.

1953-1967-   have been recorded.

RIBERALTA (BENI) BOLIVIA. ESTACION
EXPERIMENTAL AGRICOLA DE LOS TROPI-
COS.
Hoja divulgativa.
Riberalta, Bolivia.

No. 8, 1962 has been recorded.

RIBERALTA (BENI) BOLIVIA. ESTACION
EXPERIMENTAL AGRICOLA DE LOS TROPI-
COS.
Informe trimestral. 1961-

Riberalta, Bolivia.

RIBERALTA (BENI) BOLIVIA. ESTACION
EXPERIMENTAL AGRICOLA DE LOS TROPI-
COS.
Noticias del SAI en Riberalta.
Divulgación. no. 1-7; 1961-

Riberalta, Bolivia.

No. 1-7, 1961-   have been recorded.

SPIC.
See Bolivia. Subsecretaría de
Prensa, Informaciones y Cultura.

SAAVEDRA, BOLIVIA. ESTACION EXPERI-
MENTAL DE SANTA CRUZ.
See Santa Cruz, Bolivia (City)
Estación Experimental Agrícola de
Los Llanos.

SALUD PUBLICA BOLIVIANA.
See Revista de Salud Pública Boliviana.

SALUD Y PATRIA.
Revista de educación sanitaria del
Ministerio de Salud Pública. año
1, no. 1; 1962?-
La Paz, Bolivia.

Año 2, no. 3-4 May-Dec. 1963 have
been recorded.

SANTA ANA DE YACUMA, BOLIVIA. CENTRO
DE DEMOSTRACIONES.
Informe anual.
Santa Ana de Yacuma.

1964-65 have been recorded.

SANTA CRUZ, BOLIVIA (CITY) ESTACION
EXPERIMENTAL AGRICOLA DE LOS LLANOS.
Boletín de divulgación. no. 1;
septiembre 1965-
General Saavedra, Bolivia.

SANTA CRUZ, BOLIVIA (CITY) ESTACION
EXPERIMENTAL AGRICOLA DE LOS LLANOS.
Boletín informativo. no. 1; marzo
1961-
General Saavedra, Santa Cruz.

                    irregular

No. 1-5, 1961-Feb. 1965 have been
recorded. Agency attached to Ministerio de Agricultura, Ganadería y
Colonización. Published in cooperation with the Servicio Agrícola
Inter-americano, SAI.

DLC not retained
DNAL 1-

SANTA CRUZ, BOLIVIA (CITY) ESTACION
EXPERIMENTAL AGRICOLA DE LOS LLANOS.
Circular. no. 1; 1961-

General Saavedra, Bolivia.

No. 8, March 1962 has been recorded.

SANTA CRUZ, BOLIVIA (CITY) ESTACION
EXPERIMENTAL AGRICOLA DE LOS LLANOS.
Hoja divulgativa. no. 1; 1967-

General Saavedra, Bolivia.

SANTA CRUZ, BOLIVIA (CITY) ESTACION
EXPERIMENTAL AGRICOLA DE LOS LLANOS.
Informe anual. 1949-

General Saavedra, Bolivia.

1949-1966 have been recorded.

SANTA CRUZ, BOLIVIA (CITY) ESTACION
EXPERIMENTAL AGRICOLA DE LOS LLANOS.
Informe mensual. febrero 1963-

General Saavedra, Bolivia.

SANTA CRUZ, BOLIVIA (CITY) ESTACION
EXPERIMENTAL AGRICOLA DE LOS LLANOS.
Informe trimestral. julio-septiembre
1961?
General Saavedra, Bolivia.

SANTA CRUZ, BOLIVIA (CITY) UNIVERSI-
DAD MAYOR "GABRIEL RENE MORENO".
Revista. año 1, no. 1; noviembre
1938-
Santa Cruz, Bolivia.

quarterly irregular

Title varies: v. 1, no. 1-   Revista
Universidad. Occasional summaries
in English. No. 27-28, 1967 have
been recorded.

DLC año 1, no. 1-8, 1938-40; año 3,
   no. 8, 1950; año 7, no. 12, 1955;
   año 7/8, no. 15-17, 1961-62;
   año 13, no. 23-24, 1965
TxU v. 3, 1950; v. 4, 1951; v. 7, no.
   13-22, 1958-64; v. 11

SANTA CRUZ, BOLIVIA (CITY) UNIVERSIDAD
MAYOR "GABRIEL RENE MORENO".
Revista Universidad.
See its Revista.

SANTA CRUZ, BOLIVIA (CITY) UNIVERSIDAD
MAYOR "GABRIEL RENE MORENO". ESCUELA
GRANJA DE AGRONOMIA Y VETERINARIA.
Revista. no. 1; 1939-

Santa Cruz, Bolivia.

quarterly

SANTA CRUZ, BOLIVIA (CITY) UNIVERSIDAD
MAYOR "GABRIEL RENE MORENO". FACULTAD
DE DERECHO, CIENCIAS SOCIALES Y
POLITICAS.
Memoria de labores.

Santa Cruz, Bolivia.

annual

SANTA CRUZ, BOLIVIA (CITY) UNIVERSIDAD
MAYOR "GABRIEL RENE MORENO". FACULTAD
DE DERECHO, CIENCIAS SOCIALES Y POLI-
TICAS.
Revista. 1960-
Santa Cruz, Bolivia.

1960 has been noted. Agency's name
varies: Facultad de Derecho y Ciencias Sociales; Facultad de Derecho,
Ciencias Sociales y Políticas.

SANTA CRUZ, BOLIVIA (CITY) UNIVERSIDAD
MAYOR "GABRIEL RENE MORENO". FACULTAD
DE ECONOMIA. INSTITUTO DE INVESTIGA-
CIONES ECONOMICAS Y SOCIALES.
Publicación. no. 1-
Santa Cruz, Bolivia.

TxU no. 5, 1966?

SANTA CRUZ, BOLIVIA (CITY) UNIVERSI-
DAD MAYOR "GABRIEL RENE MORENO".
FACULTAD DE MEDICINA VETERINARIA
"JOSE BENJAMIN BURELA".
Revista veterinaria. 1961?-
La Paz?

SEGURIDAD SOCIAL.
Caja Nacional de Seguro Social.
año 1, no. 1; 1938-
La Paz, Bolivia.

monthly irreg.

Publication of the Caja Nacional
de Seguro Social, called in Oct./
Nov. 1948 Caja de Seguro y Ahorro
Obrero. Title varies: no. 1-199/210
1938-Sept. 1954/Jly. 1955 as Pro-
tección Social. Año 15, no. 175-176
Sept./Oct. 1952 is a special issue
on the naturalization of the mines.

DLC año 1-19, 20-22, (nos. 1-236,
    237-245) 1938-61
FU año 12, no. 142, Dec. 1949; año
    15, no. 169-170, 175-176, Mar./
    Apr.-Sept./Oct. 1952; año 16, no.
    179-184, Jan./June 1953; año 16,
    no. 191/192, Jan./Feb. 1954; año
    16, no. 193/194, Mar./Apr. 1954;
    no. 195/196, May/June 1954; no.
    197/198 Jly./Aug. 1954; año 16-
    17, no. 199/210, Sept. 1954-Jly.
    1955; año 19, no. 235, Mar. 1958;
    no. 236, Oct. 1959; año 21, no.
    237/239, Jan./Mar. 1960
IASI 1945, 1950, 1951, 1960, [1961]
NN 1938-date; on film: año 18, no.
    222/232-año 22, no. 243/245, Jly.
    1956/Apr. 1957-Jan./Apr. 1961

SEMAFORO.
Bolivia. Dirección de Tránsito y
Rodaje. 1; 1954-
La Paz, Bolivia.

SEMILLA DE PROGRESO.
Bolivia. Ministerio de Agricultura.
Servicio de Extensión Agrícola. v.
1, no. 1; agosto 1963-

La Paz, Bolivia.

SERIE CUENTO.
See Oruro, Bolivia (City) Universidad Técnica. Departamento de Extensión Cultural. Serie Cuento.

SERIE POESIA.
See Oruro, Bolivia (City) Universidad Técnica. Departamento de Extensión Cultural. Serie Poesía.

SERVICIO SOCIAL.
See Boletín Servicio Social.

SIEMBRA.
Bolivia. Ministerio de Agricultura,
Ganadería y Colonización. v. 1, no.
1; 1949-
La Paz, Bolivia, 1949-

No more published?

DLC v. 1, nos. 1/2-4, 1949
DNAL [1-2]

SUCRE, BOLIVIA (CITY) BIBLIOTECA Y
ARCHIVOS NACIONALES.
See Bolivia. Biblioteca y Archivos
Nacionales.

SUCRE, BOLIVIA (CITY) MUSEO COLONIAL
"CHARCAS".
Boletín.
See Sucre, Bolivia (City) Universi-
dad Mayor de San San Francisco Xavier.
Museo Colonial "Charcas".

SUCRE, BOLIVIA (CITY) UNIVERSIDAD
DE CHUQUISACA.
See Sucre, Bolivia (City) Universi-
dad Mayor de San Francisco Xavier.

SUCRE, BOLIVIA (CITY) UNIVERSIDAD
MAYOR DE SAN FRANCISCO XAVIER.
Biblioteca Universidad de San Fran-
cisco Xavier.
See Colección "Universidad de San
Francisco Xavier".

SUCRE, BOLIVIA (CITY) UNIVERSIDAD
MAYOR DE SAN FRANCISCO XAVIER.
Boletín informativo. 1957-
See Sucre, Bolivia (City) Universi-
dad Mayor de San Francisco Xavier.
Departamento de Cultura. Boletín
cultural e informativo.

SUCRE, BOLIVIA (CITY) UNIVERSIDAD
MAYOR DE SAN FRANCISCO XAVIER.
Boletín mensual de noticias univer-
sitarias. no. 1; 1956?-

Sucre, Bolivia.

Nos. 3-4, Mar.-Apr. 1959 have been
recorded.

DLC 1959-1960

SUCRE, BOLIVIA (CITY) UNIVERSIDAD
MAYOR DE SAN FRANCISCO XAVIER.
Colección "Universidad de San Fran-
cisco Xavier".
See Colección "Universidad de San
Francisto Xavier.

SUCRE, BOLIVIA (CITY) UNIVERSIDAD
MAYOR DE SAN FRANCISCO XAVIER.
Discurso, informe del rector.
See its Informe rectoral.

SUCRE BOLIVIA (CITY) UNIVERSIDAD MAYOR
DE SAN FRANCISCO XAVIER.
Gaceta universitaria.
See Gaceta universitaria.

SUCRE, BOLIVIA (CITY) UNIVERSIDAD. MAYOR
DE SAN FRANCISCO XAVIER.
[Informe rectoral]
Sucre, Bolivia.

Title varies slightly: 19 -
as Discurso, informe del rector; 19 -
    Informe rectoral. Issued separately
for 1938 at least. Also included in
the University's Publicaciones.

DLC 1958/59, 1961

SUCRE BOLIVIA (CITY) UNIVERSIDAD MAYOR
DE SAN FRANCISCO XAVIER.
Publicación de la Universidad de
San Francisco Xavier de Chuquisaca.
año 1, no. 1; 1941-
Sucre, Bolivia.

FU 1948
TxU 1944, 1948, 1962

SUCRE, BOLIVIA (CITY) UNIVERSIDAD MAYOR
DE SAN FRANCISCO XAVIER.
Revista.
See Universidad de San Francisco
Xavier.

SUCRE, BOLIVIA (CITY) UNIVERSIDAD MAYOR
DE SAN FRANCISCO XAVIER. BIBLIOTECA.
Serie de folklore, 1950-
See Colección "Universidad de San
Francisco Xavier". Serie de Folk-
lore.

SUCRE, BOLIVIA (CITY) UNIVERSIDAD MAYOR
DE SAN FRANCISCO XAVIER. BIBLIOTECA.
Serie de ensayos.
See Colección "Universidad de San
Francisco Xavier". Serie de ensayos.

SUCRE, BOLIVIA (CITY) UNIVERSIDAD
MAYOR DE SAN FRANCISCO XAVIER.
DEPARTAMENTO DE CULTURA.
Boletín cultural e informativo.
1; 1957-
Sucre, Bolivia.

bimonthly

Title varies: 1957-   Boletín
informativo. Frequency varies: monthly, bimonthly, quarterly. Año 7,
no. 1, Jan./Mar. 1963 has been recorded. V. 1-6 issues in the University's Publicación.

CU 6-
DLC 5-6, 1961-62

SUCRE, BOLIVIA (CITY) UNIVERSIDAD
MAYOR DE SAN FRANCISCO XAVIER.
DEPARTAMENTO DE CULTURA.
Boletín informativo.
See its Boletín cultural e informa-
tivo.

SUCRE, BOLIVIA (CITY) UNIVERSIDAD
MAYOR DE SAN FRANCISCO XAVIER.
FACULTAD DE CIENCIAS MEDICAS.
Archivos bolivianos de medicina.
See Archivos bolivianos de medicina.

SUCRE, BOLIVIA (CITY) UNIVERSIDAD
MAYOR DE SAN FRANCISCO XAVIER.
FACULTAD DE DERECHO, CIENCIAS
POLITICAS Y SOCIALES.
Boletín del Centro de estudiantes
de derecho. 1942?-
Sucre, Bolivia.

No more published? See also its
Revista del Centro de Estudiantes
de Derecho.

DPU no. 23, Apr. 1961

SUCRE, BOLIVIA (CITY) UNIVERSIDAD MAYOR
DE SAN FRANCISCO XAVIER. FACULTAD
DE DERECHO, CIENCIAS POLITICAS Y
SOCIALES.
Publicaciones.

Sucre, Bolivia.

Unnumbered.

FU 1 issue for 1944

SUCRE, BOLIVIA (CITY) UNIVERSIDAD MAYOR
DE SAN FRANCISCO XAVIER. FACULTAD
DE DERECHO, CIENCIAS POLITICAS Y
SOCIALES.
Publicaciones. Biblioteca "Estudios
social-enciclopédicos".
See Biblioteca "Estudios social-
enciclopédicos".

SUCRE, BOLIVIA (CITY) UNIVERSIDAD MAYOR
DE SAN FRANCISCO XAVIER. FACULTAD
DE DERECHO, CIENCIAS POLITICAS Y
SOCIALES.
Revista de estudios jurídicos, polí-
ticos y sociales.
See Revista de estudios jurídicos,
políticos y sociales.

SUCRE, BOLIVIA (CITY) UNIVERSIDAD MAYOR
DE SAN FRANCISCO XAVIER. FACULTAD
DE DERECHO, CIENCIAS POLITICAS Y
SOCIALES.
Revista del Centro de Estudiantes
de Derecho. 1942?-
Sucre, Bolivia.

No. 7, Dec. 1950 has been recorded.
See also its Boletín del Centro de
Estudiantes de Derecho. No more
published?

SUCRE, BOLIVIA (CITY) UNIVERSIDAD
MAYOR DE SAN FRANCISCO XAVIER.
FACULTAD DE DERECHO, CIENCIAS
POLITICAS Y SOCIALES.
Revista universitaria. año 1, no.
1; mayo 25, 1900-
Sucre, Bolivia.

monthly

Año 1, no. 1-4, May 25-Sept. 14,
1900 and año 2, 1902 have been
recorded.

SUCRE, BOLIVIA (CITY) UNIVERSIDAD
MAYOR DE SAN FRANCISCO XAVIER.
FACULTAD DE DERECHO, CIENCIAS
POLITICAS Y SOCIALES. BIBLIOTECA.
Boletín.
Sucre, Bolivia.

monthly

Title varies slightly: Boletín
bibliográfico mensual.

DLC 6, 9-12, 14-15, 17-21, 28-
    30, 34-39, 1958-63
DPU 23-

SUCRE, BOLIVIA (CITY) UNIVERSIDAD
MAYOR DE SAN FRANCISCO XAVIER.
FACULTAD DE DERECHO, CIENCIAS
POLITICAS Y SOCIALES. BIBLIOTECA.
Catálogo de la biblioteca. v. 1-

Sucre, 1946-

Its Publicaciones.

DLC
TxU v. 2

SUCRE, BOLIVIA (CITY) UNIVERSIDAD MAYOR
DE SAN FRANCISCO XAVIER. INSTITUTO
DE SOCIOLOGIA BOLIVIANA.
Revista. año 1, no. 1; julio/diciembre
1941-
Sucre, Bolivia, 1941-

irregular

Año 1-3 also called no. 1-3. Año 21,
no. 6, 1961 has been recorded.

CSt 1-2
CtY
DLC no. 1-2, Jly./Dec. 1941-1942/43
DPU 2-3
ICU 1-
MH 1-2
NjP
NN 1-
NNC 1-
TxU [v. 2, 1942/43] v. 13, 1953

SUCRE, BOLIVIA (CITY) UNIVERSIDAD MAYOR
DE SAN FRANCISCO XAVIER. MUSEO
ARQUEOLOGICO.
Anales.

Sucre, Bolivia.

SUCRE, BOLIVIA (CITY) UNIVERSIDAD MAYOR
DE SAN FRANCISCO XAVIER. MUSEO
ARQUEOLOGICO.
Boletín antropológico.
See Boletín antropológico. Sucre.

SUCRE, BOLIVIA (CITY) UNIVERSIDAD MAYOR
DE SAN FRANCISCO XAVIER. MUSEO
COLONIAL "CHARCAS".
Biblioteca de arte y cultura boliviana.
See Biblioteca de Arte y Cultura
Boliviana. Serie Arte y Artistas.
Epocas y Museos.

SUCRE, BOLIVIA (CITY) UNIVERSIDAD
MAYOR DE SAN FRANCISCO XAVIER.
MUSEO COLONIAL "CHARCAS".
Boletín.
Sucre, Bolivia.

SUPERACION.
Bolivia. Empresa Nacional de Ferrocarriles. v. 1, no. 1; marzo/abril
1967-
La Paz, Bolivia.

                    monthly

SUR, REVISTA DE HISTORIA Y ARTE.
Bolivia, Casa Nacional de Moneda.
no. 1; 1943-
Potosí, Bolivia.

                    irregular

Published as follows: no. 1, 1943;
no. 2 [1953-54], 1955

TxU no. 2

SURCO; REVISTA DE EDUCACION CAMPESINA.
Bolivia. Jefatura de Educación Fun-
damental, Inspección Departamental
de Educación Rural. año 1, no. 1;
junio 1951-
Potosí, Bolivia.

                    monthly

DLC año 3, no. 6, Oct. 1953; año
6, no. 6, Oct. 1957

TARIJA, BOLIVIA. UNIVERSIDAD "JUAN
MISAEL SARACHO".
Biblioteca de la Universidad Juan
Misael Saracho.
Tarija, Bolivia.

                (continued)

TARIJA, BOLIVIA. UNIVERSIDAD "JUAN
MISAEL SARACHO".
Biblioteca...(Cont'd.)

Unnumbered.

TxU 2 issues 1950, 1952

TARIJA, BOLIVIA. UNIVERSIDAD "JUAN
MISAEL SARACHO".
Informe de labores.
Tarija, Bolivia.

DLC 1953, 1957, 1959, 1960, 1961

TARIJA, BOLIVIA. UNIVERSIDAD "JUAN
MISAEL SARACHO".
Universidad.
See Universidad. (Tarija).

TARIJA, BOLIVIA. UNIVERSIDAD "JUAN
MISAEL SARACHO".
Universidad; boletín de informa-
ción.
See Universidad; boletín de informa-
ción.

TARIJA, BOLIVIA. UNIVERSIDAD "JUAN
MISAEL SARACHO". FACULTAD DE ECONO-
MIA.
Revista. año 1, no. 1; noviembre
1961-
Tarija, Bolivia.

TEATRO NACIONAL POPULAR.
Cuaderno de información teatral del
Ministerio de Educación. no. 1;
agosto 1963-
La Paz, Bolivia.

TEMAS SOCIALES.
Publicación de la Facultad de Derecho, Ciencias Políticas y Sociales,
Sección Sociología, Universidad Mayor
de San Andrés. no. 1; septiembre/
octubre 1968-
La Paz, Departamento de Publicaciones
Facultad de Derecho, Ciencias Políticas y Sociales, Universidad Mayor
de San Andrés.

Journal of the Faculty. No. 1-5,
1968-March 1970 have been recorded.

CSt 2-3
FU no. 1, Sept./Oct. 1968; no. 2,
    Feb. 1969; no. 3, Jly. 1969. no.
    5, Mar. 1970
ICU 1-
MH 1-
PPiU 2-3
WaU 1-

TORALPA, BOLIVIA. CENTRO DE DEMOSTRA-
CION Y PRODUCCION DE SEMILLAS DE
PAPA.
Folleto. no. 1; 1967-
Toralpa, Cochabamba.

TORALPA, BOLIVIA. CENTRO DE DEMOSTRA-
CION Y PRODUCCION DE SEMILLAS DE
PAPA.
Hoja divulgativa. no. 1-

Toralpa, Cochabamba.

No. 3-4, 1965

TORALPA, BOLIVIA. CENTRO DE DEMOSTRA-
CION Y PRODUCCION DE SEMILLAS DE
PAPA.
Informe anual.
Toralpa, Cochabamba.

1964-65-   have been recorded.

TRIBUTACION INTERNA.
Bolivia. Dirección General de la
Renta Interna. 1; febrero 1968-

La Paz, Bolivia.

DLC 1-

TROMPO.
Revista infantil boliviana para los
niños bolivianos. año 1, no. 1;
enero 1941-

La Paz, Bolivia, Ministerio de Educación, Bellas Artes y Asuntos Indígenas.

                    monthly

TURISMO EN BOLIVIA.
1; abril/mayo 1966?-

La Paz, Bolivia.

DLC 1-

UNIVERSIDAD.
Oruro, Bolivia. Universidad Técnica.
Departamento de Extensión Cultural.
año 1, no. 1; 2o. semestre 1952-

Oruro, Bolivia.

                    semi-annual

Published as follows: año 1, no. 1,
1952; año 2, no. 2/3, 1953; año 3,
no. 4-5, 1954; año 5/7, no. 8/13,
1956/58; año 8/9, no. 14/16, 1st-
2nd trimester 1959/60-

CSt 1-
DLC año 3, no. 4, 1954; año 4, no.
    6/7, 1955
TxU no. 1, 1952; no. 5, 1954

UNIVERSIDAD.
Universidad Autónoma "Tomás Frías".
año 1, no. 1; mayo 1938-
Potosí, Bolivia, Departamento de
Extensión Cultural.

irregular

No. 1-2 as Revista universitaria.
v. 2 has subtitle: Anales. Running
title, v. 3-   Revista universitaria.

CU [6-27]-
DLC año 1-9 (nos. 1-20), 1938-46;
    año 12-14 (nos. 27-34), 1949-
    1951; año 16 (nos. 39/40-41),
    1954; año 18 (nos. 46/47-48),
    1965 (Jan.-Dec.)
FMU 3 [12-15]
NcU 3-6
NN 1-5
TxU año [11, 13, 14, 17] 1945/48,
    1949/50, 1951, 1958

UNIVERSIDAD.
Universidad "Juan Misael Saracho".
año 1; 1950?-
Tarija, Bolivia.

Publication began 1951? Quarterly?
Subtitle: revista de la Universidad
"Juan Misael Saracho". Año 13, no.
27, Oct. 1964 has been recorded.

DLC año 1-5, 8-13, 1950-54, 1957-64
FMU [1-3]
TxU v. 3, no. 14, 1953-v. 5, no.
    16, 1954; [v. 6, 1955-v. 10,
    no. 24, 1960]

UNIVERSIDAD; BOLETIN DE INFORMACION.
Tarija, Bolivia. Universidad "Juan
Misael Saracho". año 1, no. 1;
1958-
Tarija, Bolivia.

(continued)

UNIVERSIDAD; BOLETIN DE INFORMACION.
(Cont'd.)

Contains information on the University
activities. Año 6, no. 42 June 1955
have been recorded.

DLC año 1, no. 4-6, 1959
DPU año 2, no. 18, Apr. 1961-

UNIVERSIDAD DE SAN FRANCISCO XAVIER.
v. 1, no. 1; junio 1927-

Sucre, Bolivia. [19

Quarterly,   -1939; semiannual,
1940-19 . Title varies: Revista de
la Universidad de Chuquisaca; Universidad de San Francisco Xavier.
Vol. 20, no. 47/48, 1956/57 published
in June 1964 have been recorded. Has
index for v. 1-19, no. 1-46, 1927-55.

CLSU 20-23
CSt [3, 6]
CU [3, 6-7] 13-
DLC [año 1-20] nos. 1-15, 17-18, 21-
    22, 24-47/48, 1927-56/57
DPAHO 6-
FMU 9-17
FU no. 18, Oct.-Dec. 1938; v. 6,
    no. 21-v. 10, no. 26, 1939-41;
    v. 12, no. 29/30, 1943/44; v.
    14, no. 33/34, 1946; v. 15, no.
    35/36-v. 18, no. 43/44, Dec. 1950-
    1953
IU [2, 6]
LNHT [3]
MH 19-
MiU [3, 6]
NcD v. 14, no. 33/34, 1946-v. 17,
    no. 41/42, 1952
NcW 4-16
NjP 6-
NN 3-11, 14/16, 18-
TxU v. 11-20, 1942-57, Index v. 1-9
ViBP [6] 7-12, 14-16

VILLA MONTES (TARIJA) BOLIVIA. SUB-
ESTACION EXPERIMENTAL.
Informe anual.
Villa Montes, Bolivia.

1956-58 have been recorded.

VIVIENDA.
Boletín oficial del Instituto Nacional de Vivenda de Bolivia. no. 1;
febrero 1963?

La Paz, Bolivia.

No. 2, March/Apr. 1963 has been recorded.

YACIMIENTOS PETROLIFEROS FISCALES
BOLIVIANOS.
Created by a decree of law of Dec.
21, 1936. It deals with the exploi-
tation of petroleum and its pro-
ducts, as well as its sales, trans-
portation and export. It is managed
by a board appointed by the Chief
Executive.

YACIMIENTOS PETROLIFEROS FISCALES
BOLIVIANOS.
Bibliografía. no. 1; diciembre 1961-

La Paz, Bolivia.

irregular

Prepared by the agency's Biblioteca Central.

DLC 1, 1961
NN 1
OkU 1-
TxU [v. 1]

YACIMIENTOS PETROLIFEROS FISCALES
BOLIVIANOS.
Boletín estadístico mensual.

La Paz, Bolivia.

IASI Dec. 1960; Jan.-May, Jly. 1961

YACIMIENTOS PETROLIFEROS FISCALES
BOLIVIANOS.
Boletín técnico.
La Paz, Bolivia.

Superseded by Petróleo Boliviano.

YACIMIENTOS PETROLIFEROS FISCALES
BOLIVIANOS.
Memoria. 19
La Paz, Empresa Editora "Universo,
19 -

At head of title: República de Bolivia.

DLC 1954, 1956-59
FU 1948-49, 1955-57, 1968

YACIMIENTOS PETROLIFEROS FISCALES
BOLIVIANOS.
Noticias.
La Paz, Bolivia.